JN447046

전정5판

환리스크관리

직장인을 위한 파생금융상품 이야기

Foreign Exchange Risk Management

김운섭 저

한국금융연수원
KOREA BANKING INSTITUTE

머리말

우리나라는 이미 무역 1조 달러 시대를 열었습니다. 그에 따라 우리나라 기업들의 국제적인 경영과 관련되는 불확실성인 환리스크를 적절하게 관리하는 것이 얼마나 중요한지를 IMF사태와 글로벌 금융위기를 거치면서 실감했습니다. 특히 키코사태를 통해 올바른 환리스크 관리가 기업의 사활을 결정한다는 것을 보았습니다.

우리나라 금융산업의 성장통이었던 키코거래를 통해 금융기관은 이제 모든 금융상품을 완전판매해야 한다는 것과 기업 스스로도 활용하는 금융상품을 완전히 분석할 수 있는 전문가 수준의 능력을 배양해야 한다는 것을 너무나 큰 대가를 치르고 깨달았습니다.

본서를 처음 집필한 뒤 많은 시간이 흘렀습니다. 그 동안 금융기관뿐만 아니라 기업에서 관련 업무에 종사하는 담당자들의 많은 사랑을 받았습니다. 그 이후 해당 분야의 강의를 하면서 터득한 내용 등을 참고해서 비록 어려운 내용이지만 쉽고 재미있으면서도 유익하게 새로 개정했습니다.

최근에 필자가 개정한 한국금융연수원의 '외환딜링'과 더불어 본서를 함께 공부한다면 꼭 하고 싶었지만 어렵다고 포기했던 외환거래, 외환시장, 환율 및 통화관련 파생금융상품을 완전히 정복할 수 있습니다.

제1장에서 외환거래, 외환시장 및 외환시장 분석에 대해 '외환딜링'의 중요한 내용을 중심으로 살펴봄으로써 통화관련 파생금융상품의 학습을 준비합니다.

제2장은 환리스크의 개요와 관리방안에 대해 금융감독원의 가이드라인을 중심으로 설명했습니다.

제3장에서 본격적으로 통화관련 파생금융상품을 학습하기 이전에 꼭 알아야 할 파생금융상품의 개론을 아주 쉽게 이해할 수 있습니다. 그리고 우리나라 기업들이 환리스크 관리에 가장 널리 활용하고 있는 선물환거래, 선물환거래와 더불어 시너지를 발휘할 수 있는 외환스왑을 학습할 수 있습니다. '외환딜링'을 완벽하게 학습한 독자는 제1장과 제3장은 쉽게 이해할 수 있고, 일부 내용은 서로 보완하면서 공부할 수 있습니다.

제4장에서 선물환거래의 대안인 통화선물을 간략하게 설명했습니다.

제5장에서 통화스왑을 쉽게 학습할 수 있습니다.

제6장에서 통화옵션에 대해 가장 많은 지면을 할애하여 아주 자세하게 설명했습니다. 파생금융상품 가운데 향후 지속적으로 수요가 증가할 옵션은 금융에서 매우 중요하지만 오프라인 강의실에서 수강생들이 가장 어려워하는 것을 보고 이를 기준으로 이해하기 쉽고 새로운 여러

방법으로 설명했기 때문에 그 원리를 정확히 이해할 수 있을 것이라 확신합니다. 그 원리만 잘 이해하면 옵션이 내재된 구조화상품 등도 완벽하게 이해하는 데 큰 도움이 될 것으로 보입니다.

통화관련 파생금융상품인 선물환거래, 외환스왑, 통화선물, 통화스왑 및 통화옵션을 각 거래의 정의, 가격 산출, 거래하는 방법 및 용도 등을 중심으로 서로 비교하여 설명하였기 때문에 일목요연하게 구조적으로 학습할 수 있습니다.

외환딜링에 이어 본서를 통해 독자들이 지금까지 가지고 있던 잘못된 선입견, 즉 '외환거래나 환율은 어렵고 나와는 큰 상관이 없다는 생각'과 더불어 '통화관련 파생금융상품은 진짜 어렵고 책으로는 공부할 수 없다는 생각'을 확실하게 버리는 계기가 될 것입니다.

취업을 준비하는 대학생, 기업에 갓 취업한 신입직원이나 현업의 담당자들, 그리고 금융기관에 다니지만 관련 부서에서 일하지 않아 지금까지 공부를 미뤘던 금융인 등 모든 직장인들이 이 책을 통해 큰 도움을 얻을 수 있을 것으로 확신합니다.

그 동안 학계와 금융기관에 종사하신 여러분의 연구결과와 저서들이 저의 저술의 밑거름이 되었습니다. 한국금융연수원에서 필자의 강의를 경청하고 좋은 피드백을 주신 수강생들의 도움도 컸습니다. 특히 그간 한국금융연수원의 여러 관련 과정에서 강의할 수 있도록 기회를 허락하셨던 관계자들께 이 자리를 빌어 진심으로 감사의 말씀을 드립니다.

그리고 부족한 점이 많은 본 서를 출간할 수 있도록 허락하신 한국금융연수원 원장님께 깊이 감사 드립니다. 그리고 읽기 좋은 책을 만들기 위해 애쓰신 한국금융연수원 도서출판부 직원들께도 감사의 마음을 전합니다.

그 외 너무나 많은 고마운 분들의 이름은 보은하겠다는 다짐과 함께 저의 마음 속에 깊이 새깁니다.

이 책이 모든 독자들에게 좋은 양식이 되어 실생활과 업무수행에 여러모로 도움이 되길 바라며, 독자들의 건승을 빕니다.

2015년 3월

김운섭 드림

CONTENTS

환리스크 관리
직장인을 위한 파생금융상품 이야기

제3장 선물환거래와 외환스왑

CONTENTS

환리스크 관리

직장인을 위한 파생금융상품 이야기

제4장 선물

제1절 | 선물거래의 개요

제2절 | 통화선물

제5장 스왑

제1절 | 스왑의 개요

제2절 | 통화스왑

제6장 옵션

제1절 | 옵션의 기초

제2절 | 옵션전략

제3절 | 장외 통화옵션전략

제1장

외환거래와 외환시장

제1절 | 외환거래

제2절 | 외환시장

제3절 | 외환시장 분석

학습목표

1. 통화관련 파생금융상품을 학습하기 위해 외환거래와 환율 등에 대해 학습한다.
2. 환리스크 관리를 학습하기 위해 외환의 개요 및 외환시장에 대해 이해한다.
3. 환율의 중요성을 인식하고 환율을 예측하는 방법에 대해 알아본다.

학습개요

1. 향후 학습할 통화관련 파생금융상품을 학습하기 위한 준비로 외환거래의 기본인 현물환거래와 거래하는 방법 등에 대해 한국금융연수원에서 출간한 '외환딜링'의 중요한 내용을 중심으로 설명했다.
2. 국제금융과 관련되는 외환의 개요와 일반 상품시장과 비교하여 외환시장의 특징에 대해 설명했다.
3. 기초적 분석 방법으로 선진국 통화 및 달러/원 환율의 변동요인들을 설명하여, 향후 환율 예측에 대한 견해를 정립할 수 있도록 설명했다.

제1절 외환거래

내수가 부족한 우리나라는 수출이 매우 중요하다. 이러한 수출에 따라 발생하는 외환거래에 대해 예를 들어 설명해보자. 국내에서 어떤 기업이 휴대폰을 만들어 미국이나 유럽 등으로 수출하게 되면 그 대가로 달러나 유로를 받게 되고, 그 수출기업은 외화를 원화로 바꾸는 외환거래를 한다. 이러한 외환거래를 쉽게 정의하면 '환전'이다.
이에 환리스크 관리에 대해 알아보기 전에 외환거래의 중요한 부분들을 간략하게 학습하자. 그리고 외환거래에 대한 보다 상세한 내용은 한국금융연수원에서 출간된 『외환딜링[1]』을 참고하자.

1. 외환거래의 목적

우리나라 사람은 누구나 해외를 자유롭게 여행할 수 있다. 그리고 많은 기업이 국제적인 경영을 하기 때문에 이제 외환거래는 일상의 한 부분이기도 하다. 이러한 글로벌시대를 살아가는 우리가 어떤 목적으로 외환거래를 하는지 살펴보자.

1-1. 실수요 목적

여러 나라들이 다자간 FTA를 체결하여 무역장벽을 허물고, 자본시장도 거의 완전히 개방하는 추세이다. 이에 따라 기업이나 개인은 무역뿐만 아니라 해외투자 등 자본거래를 활발하게 한다.

수출을 하는 기업들은 제품을 수출한 대가로 받은 달러 또는 다른 외화를 원화로 환전하기도 한다. 그리고 개인을 살펴보면, 미국으로 유학가는 자녀나 태국으로 여행가는 부모님에게 원화를 드리는 것보다는 그 나라에서 사용하는 달러로 송금하거나 타이바트로 환전하여 드린다.

위의 사례처럼 이는 모든 대외거래와 관련하여 필요한 외환을 사거나 파는 목적으로 하는 외환거래이다.

1 김운섭(2004), 외환딜링, 한국금융연수원

1-2. 환리스크 관리 목적

잠시라도 세차게 내리치는 소나기를 맞으면 잘 다린 양복은 엉망이 되기 때문에 소나기는 피하는 게 상책이다. 이러한 경우처럼 단기간일지라도 환율이 급등락하면 대외거래가 많은 기업은 심각한 환리스크를 감당해야 한다.

환리스크는 해당 통화를 사거나 파는 선물환거래 등으로 관리할 수 있으며, 환리스크 관리 목적으로도 외환거래를 한다.

1-3. 투기적 목적

외환시장의 중요한 참가자 가운데 소로스와 같은 투기꾼들은 무역거래는 없지만 환율을 예측하여 외환매매 차익을 얻기 위한 투기적 목적으로 외환거래를 한다. 이런 목적의 외환거래는 외환시장에 풍부한 유동성을 제공한다.

오늘날 국제외환시장에서 무역이나 자본거래와 관련되는 외환거래의 비중은 매우 낮다. 전 세계 외환시장에서 거래하는 외환거래의 90% 정도는 투기적 목적으로 하는 거래이다.

2. 환율

어떤 거래를 하려면 가격이 필요하다. 외환거래의 가격은 두 통화를 교환하는 비율, 즉 교환비율을 줄여서 환율이라 한다. 환율의 의의, 표시방법 및 환율고시 등에 대해 살펴보자.

2-1. 환율의 의의

일반 상품시장에서 돈의 가치는 상품을 살 수 있는 상품구매력이다. 외환시장에서는 '한 나라의 화폐 1단위와 교환하는 상대국 화폐 몇 단위에 해당하느냐'의 방법으로 화폐의 가치를 표시한다.

자국의 입장에서 보면 자국통화의 대외가치이고, 상대국 통화의 입장에서 보면 상대국 통화의 국내 시장가치이다.

2-2. 환율의 중요성 및 영향

정리하는 코너

금융시장의 3대 지표는 …

'금리, 주가, 환율'이며, 그 가운데서 환율이 가장 중요하다. 금리와 주가는 주로 그 나라 안에서 영향력이 크고 다른 나라에 미치는 영향은 환율보다 적다. 환율은 금리나 주가보다 거시경제 전체에 더 큰 영향을 준다.

예를 들어 일본이 자국통화 약세 환율정책을 펴게 되면 이웃 나라의 기업들은 수출할 때 이전보다 경제 사정이 어려워진다. 그리고 자기 나라로부터 외국자본이 빠져나가면서 국제적인 자본의 흐름이 바뀐다.

모든 세상사와 마찬가지로 환율의 영향도 양면성이 있다. 예를 들어, 달러/원 환율이 오르거나 내리면 그 당시, 외환거래를 하는 당사자의 입장, 즉 어떤 통화를 살 사람인지 팔 사람인지에 따라 그 결과가 다르다.

표 1-1 환율의 영향

구 분	환율 하락	환율 상승
수출	수출채산성 악화 → 수출감소	수출채산성 호조 → 수출증가
수입	수입상품가격 하락 → 수입증가	수입상품가격 상승 → 수입감소
국내물가	수입원자재 가격하락 → 물가안정	수입원자재 가격상승 → 물가상승
외화차입기업	원금상환부담 → 감소	원금상환부담 → 증가

2-3. 환율의 표시방법

환율을 표시할 때, 기준이 '자국통화인지 또는 달러인지'에 따라 나눈다.

가. 자국통화 표시법과 외국통화 표시법

자국통화 표시법(또는 직접표시법)은 외국통화 1단위와 교환하는 자국통화의 단위 수로 환율을 표시하는 방법이다. 우리나라를 비롯한 대부분의 국가들이 사용한다. 예를 들어 1미국달러당 원화 환율이 1,050원이면 이를 USD1=KRW1050으로 표시한다.

외국통화 표시법(또는 간접표시법)은 자국통화 1단위와 교환할 수 있는 외국통화의 단위 수로 표시하는 방법이다. 유로 및 영국, 호주, 뉴질랜드 등 일부 영연방국가들이 사용한다. 예를 들면 1미국달러당 원화 환율이 1,050원이면 이를 KRW1=USD0.000952로 표시하는 방법이다.

나. 유럽식 표시법과 미국식 표시법

유럽식 표시법은 미국달러 1단위를 기준통화로 하고 이에 해당하는 외국통화의 단위 수로 환율을 표시한다. 미국식 표시법은 외국통화 1단위를 기준통화로 하고 이에 해당하는 미국달러의 단위 수로 환율을 표시한다.

정리하는 코너

외환시장에서 …

대부분의 환율고시는 유럽식 표시법을 사용한다. 그러나 예외적으로 유로, 일부 영연방국가 통화(영국파운드, 호주달러, 뉴질랜드달러 등) 및 미국 선물거래소의 통화선물거래에서는 미국식 표시법을 사용한다.

2-4. 우리나라의 환율구조

우리나라는 복수통화바스켓제도(1980.2~1990.2), 시장평균환율제도를 거쳐 1997년 12월 16일부터 자유변동환율제도를 도입했다. 우리나라의 환율구조는 매매기준율, 재정된 매매기준율, 은행간 매매율, 은행의 대고객 매매율 등으로 나뉘며 「외국환거래법」 제5조에 의거 기획재정부장관은 필요한 경우 「매매기준율」, 「외국환의 매도율과 매입율」 및 「재정된 매매기준율」을 정할 수 있다.

가. 매매기준율

미국달러와 원화 간 은행의 대고객 외환거래 및 기업 등의 회계처리의 기준이 되는 환율이다. 은행간 외환시장, 즉 현재 두 개의 국내 외국환중개회사가 중개하여 거래한 이전 영업일의 현물환거래 환율을 거래량으로 가중평균하여 산출한다.

나. 재정된 매매기준율

미국달러 이외의 기타 통화와 원화 사이의 은행의 대고객 외환거래 및 기업 등의 회계처리의 기준이 되는 환율이다. 해당일 오전 8시 30분경 주요 국제금융시장에서 형성된 미국달러와 기타 통화의 매매중간율을 매매기준율로 재정하여 산출한다.

정리하는 코너

예를 들면 …

엔/원 재정된 매매기준율은 국제외환시장의 달러/엔 환율과 달러/원 매매기준율로 산출한다. 유로/원 재정된 매매기준율도 마찬가지이다.

다. 은행간 매매율

은행간 외환시장에서 은행 사이에 거래하는 환율로 1997년 12월 16일 이전에는 매매기준율을 중심으로 상·하 각각 일정 범위 이내로 제한하였지만, 그 이후 범위를 완전히 철폐했다.

라. 은행의 대고객 매매율

은행이 고객과 외환거래를 할 때 적용하는 환율로, 당일자 매매기준율 또는 재정된 매매기준율 및 은행간 매매율을 감안하여 은행이 자율적으로 결정한다.

은행의 대고객 매매율에는 외국환의 결제방법에 따라 전신환 매매율, 현찰 매매율 및 여행자수표 매도율 등이 있다.

1) 전신환 매매율

은행이 고시하는 환율 가운데 가장 기본이 되는 전신환 매매율(telegraphic transfer rate)은 환어음 결제를 전신으로 할 때 적용하는 환율이다. 이는 환어음의 송달이 1일 이내에 완료되기 때문에 우송 기간에 대한 금리 요인이 포함되지 않는 순수한 의미의 환율 이다.

2) 현찰 매매율

주로 은행의 창구에서 환전할 때의 환율을 말한다. 현찰은 수송에 따르는 비용과 보관비용 등이 발생하고 운용수익이 전혀 없는 무수익성 자산이기 때문에 이 점을 환율고시에 감안한다.

정리하는 코너

전신환 매매율과 달리 …

반대거래를 하기 위한 기간이 길어 환리스크가 크기 때문에 스프레드가 가장 크며, 현찰 매입율과 현찰 매도율이 있다.

3) 여행자수표 매도율

은행이 원화를 대가로 여행자수표를 판매할 때 적용하는 환율이다. 판매위탁회사의 위탁수수료 및 관리비용 등을 감안한 일정 수수료를 가산하기 때문에 일반적으로 전신환 매도율보다 높고 현찰 매매율 가운데 외화를 매도하는 현찰 매도율보다 낮다.

2-5. 환율고시

스포츠나 오락을 신나게 즐기려면 게임 룰(game rule)을 정확히 알아야 한다. 이처럼 환율이 시시각각으로 급변하는 가운데 큰 금액을 신속하고 정확하게 외환거래하려면 외환시장의 규칙(룰)을 숙지해야 한다.

외환거래를 위한 중요한 룰에는 환율을 표시할 때 FC가 기준이며, 금융기관은 환율을 two-way quotation한다는 것 등이다.

가. FC/VC

프로축구 구단인 'FC Seoul'에서 'FC'는 'Football Club'을 말한다. 외환거래에도 'FC'가 있어 재미있으면서도 놀랍다.

외환딜러들이 환율을 표시할 때 달러나 유로 및 일부 영연방통화(GBP, AUD, NZD 등)를 기준통화로 정하고, 그것과 교환하는 상대국 통화의 단위로 표시한다. 이렇게 환율을 표시할 때 기준이 되는 기준통화가 Fixed Currency(FC)이고, 그에 상대가 되는 상대통화가 Variable Currency(VC)이다.

정리하는 코너

전문가들인 …

외환딜러들 사이에는 '원/달러'가 아니라 '달러/원(USD/KRW)'이 된다. 미국달러는 'USD'로, 원화는 'KRW'로 표기하며, 이는 국제표준화기구(ISO)의 통화코드이다.

모든 환율 표시에서 '/'의 왼쪽에 있는 통화가 FC이고, '/'의 오른쪽에 있는 통화가 VC이다. 예를 들면 USD/JPY, USD/CHF, 일부 영연방통화(GBP/USD, AUD/USD, NZD/USD 등) 및 EUR/USD 등이 전문적인 표시방법이다.

외환거래 행위인 '사거나(buy)' 또는 '파는(sell)' 거래 의사를 표시할 때 기준은 FC이다. 환율의 강세 또는 약세의 기준도 FC이다. 그리고 다음에 공부할 포지션의 기준도 FC이다.

나. Two-way quotation

은행은 고객(개인, 기업 또는 상대방 금융기관으로 calling party라고 부른다)이 한 나라 통화를 사거나 팔 수 있는 환율을 고시한다. 은행(주로 은행 등의 금융기관이며 quoting party라고 부른다)은 예를 들어 기준통화인 달러를 상대통화인 원화를 대가로 파는 환율, 즉 은행 창구 전광판의 '사실 때'에 해당하는 환율을 고시한다.

그리고 고객이 한 나라 통화를 팔 때 적용하는 환율, 즉 은행이 달러를 사는 환율로 전광판의 '파실 때'에 해당하는 환율을 동시에 고시한다.

정리하는 코너

전광판의 '파실 때'의 환율이…

매수호가(bid rate)이고, '사실 때'의 환율이 매도호가(offered rate)이다. 이처럼 고객이 어떤 통화를 환전할 수 있도록 은행이 매수호가와 매도호가를 동시에 고시하는 것이 two-way quotation 이다.

달러/엔(USD/JPY) 환율을 109.21/25로 고시하면 그 은행은 109.21엔을 주고 1달러를 사고, 109.25엔을 받고 1달러를 팔겠다는 의사 표시이다. 이때 109.21은 매수호가이고, 109.25는 매도호가이다.

매수호가와 매도호가의 차이가 스프레드(spread)이다. 스프레드는 환율을 고시하는 은행의 이익의 원천이다. 왜냐하면 환율을 고시하는 은행은 기준통화를 낮은 환율인 매수호가에 사고, 높은 환율인 매도호가에 팔기 때문이다.

반대 입장인 calling party는 낮은 환율인 매수호가에 팔고 높은 환율인 매도호가에 사기 때문에 스프레드가 부담스럽다. 즉, calling party는 스프레드만큼 손해를 보며 거래하는 입장이기 때문이다. 왜냐하면 calling party는 1달러를 살 때는 화끈하게 109.25엔을 주고, 1달러를 팔 때는 겸손하게 109.21엔만 받기 때문이다.

3. 현물환거래

외환거래는 외환시장 참가자 가운데 가장 중요한 은행의 상대방에 따라 구분한다. 즉, 은행이 기업이나 개인과 같은 외환의 최종수급자와의 대고객 외환거래와 다른 은행과의 은행간 외환거래로 나눈다.

대고객 외환거래는 소매거래, 은행간 외환거래는 도매거래라고 보면 된다.

쉬어가는 코너

그리고 …

외환거래를 하는 거래장소에 따라 선물거래소를 통한 장내거래와 그렇지 않은 장외거래로 나눈다. 또 외환거래의 만기일에 따라 현물환거래와 선물환거래로 나눈다.

3-1. 현물환거래의 의의

영어로 spot dealing이며, 거래일(trade date)부터 주로 2영업일이 결제일(value date)인 외환거래이다. 모든 외환거래의 근간인 은행간 외환거래는 현물환거래이다.

앞으로 공부할 선물환거래, 통화선물이나 통화옵션과 같은 통화관련 파생금융상품은 현물환거래에서 파생된 거래들이다.

대고객 외환거래에서는 고객의 편의를 위해 외환거래와 동시에 외환을 주고받기도 한다. 2영업일 이내에 결제가 이루어지는 당일물거래, 익일물거래 등도 넓은 의미의 현물환거래이다.

표 1-2 만기별 외환거래 이름

거래일	결제일	외환거래 이름
오늘	오늘	당일물거래(value today)
오늘	1영업일	익일물거래(value tomorrow)
오늘	2영업일	현물환거래(value spot)
오늘	2영업일 이후	선물환거래

3-2. 포지션

외환거래에서 중요한 포지션이라는 용어에 대해 살펴보자. 예를 들어, 프로 축구선수의 궁극적인 관심사가 높은 연봉이라면, 많은 연봉을 받기 위해 공격수는 골을 많이 넣고, 수비수나 골키퍼는 골을 잘 막아야 한다. 골을 많이 넣거나 상대적으로 잘 막으려면 축구장에서 그들의 위치가 매우 중요하다. 축구의 신으로 불리었던 마라도나, 그의 뒤를 잇고 있는 메시의 축구장 안에서 위치를 살펴보라.

이처럼 외환딜러나 기업 나아가 개인이 외환거래를 할 때 가장 중요한 것은 외환거래를 하는 도중에 처해지는 그들의 위치이다. 이렇게 외환거래하는 사람의 위치가 바로 포지션이다.

정리하는 코너

금융기관이나 기업이 …

어떤 통화를 사거나 파는 것을 반복하는 특정한 시점에 매입액과 매도액은 차이가 난다. 특정 외화표시 자산과 외화표시 부채의 차이가 외환거래에서 가장 중요한 개념인 외환포지션 또는 포지션이다. 외환거래를 달리 표현하면 포지션의 조작행위이다.

가. 포지션의 형태

포지션은 외환거래와 환리스크 관리에서 가장 중요한 개념이며, 여러 포지션의 형태와 종류가 있다. 먼저 포지션의 형태에 대해 알아보자.

1) 롱 포지션(Long Position)

은행이나 수출기업이 특정 통화를 산 금액이 판 금액보다 많아서 외화표시 자산이 외화표시 부채보다 많은 상태이다. 예를 들면, 수출기업이 앞으로 받을 달러 금액이 지불할 달러 금액보다 많으면 롱 포지션이다. 롱 포지션의 만기손익구조(pay-off)는 다음과 같다. 예를 들어 A은행 달러/원 은행간 딜러가 1050원에 1백만 달러를 사면 롱 포지션이다. 롱 포지션 상태에서 달러/원 환율이 오르면 외환차익이 발생한다. 반대로 달러/원 환율이 떨어지면 외환차손이 발생한다.

물론 환율이 변하지 않으면 손익은 발생하지 않는다.

【그림 1-1】 롱 포지션의 만기손익구조

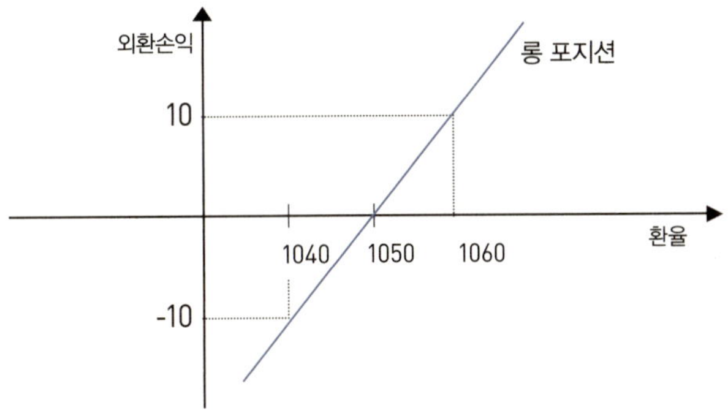

2) 숏 포지션(Short Position)

롱 포지션과 반대로 은행이나 수입기업이 특정 통화를 판 금액이 산 금액보다 많아서 외화표시 부채가 외화표시 자산보다 많은 상태이다. 실제의 예를 찾아보면, 수입기업이 앞으로 지불할 달러 금액이 받을 달러 금액보다 많아도 숏 포지션이다. 숏 포지션의 만기손익구조(pay-off)는 아래와 같으며, 롱 포지션과 반대이다.

【그림 1-2】 숏 포지션의 만기손익구조

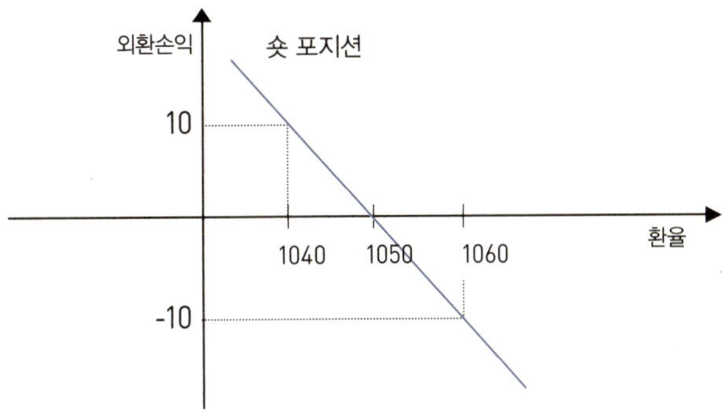

3) 스퀘어 포지션(Square Position)

롱이나 숏 포지션과 달리 은행이나 기업의 딜러가 여러 외환거래를 하고 난 뒤 외환매입액과 외환매도액이 정확히 일치하여 같은 규모의 외화표시 자산과 외화표시 부채인 상태로, 환리스크에 노출되지 않는 상태이다.

정 리 하 는 코 너

롱 또는 숏 포지션은 …

환리스크에 노출되기 때문에 환리스크에 노출되지 않는 스퀘어 포지션과 다르다. 스퀘어 포지션과 대비하여 롱이나 숏 포지션은 오픈 포지션(open position)이다.

나. 포지션의 종류

포지션의 형태도 중요하지만, 포지션의 종류는 더욱 중요하다. 만일 어떤 기업이나 금융기관의 여러 가지 달러/원 외환거래의 만기일이 아래와 같을 때, 해당 기업이나 금융기관이 관리해야 할 환리스크의 대상은 무엇일까?

	T_0		T_1		T_2		T_{3M}
1번	+USD −KRW	2번	−USD +KRW	3번	+USD −KRW	4번	−USD +KRW

기업이나 금융기관뿐만 아니라 개인이 외환거래를 하게 되면 그에 따른 포지션이 발생한다. 그런데 외환거래의 만기일은 다양하다. 이처럼 외환거래를 할 때마다 발생되는 포지션은 만기일에 따라 그 종류는 다르다.

이를 포지션의 종류라고 하며 다음과 같이 네 가지가 있다.

1) 현금 포지션(Cash Position)

외환거래를 하고 자금을 인수도한 뒤의 외환매입액으로 언제든지 현금처럼 사용할 수 있는 포지션이다. 주로 다른 은행에 개설한 해당 은행의 외화 당좌예금계정(nostro account)에 남아 있는 예치잔액이다. 그림의 '1번'이 현금 포지션이다.

2) 현물환 포지션(Spot Position)

정리하는 코너

만기일이 …
2영업일 이내인 현물환거래에 따른 외환매입액과 외환매도액의 차이이다. 현물환 포지션은 외환매매는 이루어졌으나 아직 현금화되지 않은 외환까지를 고려한 포지션을 가리킨다.

현금 포지션(1번)과 1영업일 전에 현물환거래로 거래한 포지션(2번)도 현물환 포지션에 속한다. 물론 현물환거래에 따른 포지션도 현물환 포지션(3번)에 포함된다. 그림의 '1번, 2번 및 3번' 모두 현물환 포지션이다.

3) 선물환 포지션(Forward Position)

선물환거래에 따른 외환매입액과 외환매도액의 차이이다. 2영업일보다 먼 만기일에 외환을 인수도하기로 약정한 선물환거래는 현금결제가 미래에 이루어지기 때문에 현재의 외화자산 또는 부채에 변화를 일으키지 않는다.

그렇지만 미래의 외화자산 또는 부채에 영향을 주기 때문에 선물환 포지션도 다른 포지션과 마찬가지로 환리스크를 관리해야 하는 대상이 되는 포지션이다. 그림의 '4번'이 선물환 포지션이다.

4) 종합 포지션(Overall Position)

환리스크가 있는 은행이나 기업은 앞에서 말한 세 가지 포지션을 전부 종합하여 차액을 산출하여 포지션을 관리한다. 현금 포지션, 현물환 포지션, 선물환 포지션을 모두 합하여 산출한 외환매입액과 외환매도액의 차액이 종합 포지션이다. 그림의 '1번, 2번, 3번과 4번'의 합이 종합 포지션이다.

정리하는 코너

환율이 변하면 …

현금 포지션뿐만 아니라 현물환 포지션, 선물환 포지션에도 영향을 주기 때문에 환리스크 관리는 항상 종합 포지션이 기준이다.

또 포지션이 전체적으로 스퀘어 포지션을 유지하고 있다고 하더라도 각 외환거래의 만기일이 다르면 해당 두 통화의 이자율 차이에 의한 위험은 여전히 존재하기 때문에 시간가치를 포함한 종합 포지션의 관리가 중요하다.

3-3. 외환거래를 위한 전문용어

외환거래를 배우려면 '외환시장의 전문가들'인 딜러들이 자주 사용하는 전문용어를 알아야 한다.

가. Pip

아래 중요 통화들의 환율고시를 살펴보자.

USD/KRW 1050.20/40
USD/JPY 109.22/25
EUR/USD 1.0635/40
GBP/USD 1.2240/45

달러/원이나 달러/엔과 같이 환율의 절대치가 큰 환율들은 소수점 둘째 자리까지 고시한다. 그러나 유로/달러나 파운드/달러와 같이 환율의 절대치가 작은 환율들은 소수점 넷째 자리까지 고시한다.

정리하는 코너

어떤 통화이든 …

소수점 위치에 관계없이 맨 뒤의 숫자가 'pip' 또는 'point'이다. 유로/달러 bid rate의 소수점 넷째 자리인 '5'가 pip이다. 달러/원의 offered rate인 1050.40에서도 맨 마지막의 '0'이며, 원화의 '전'이다.

나. Big figure

100단위 pip 이상에 해당하는 숫자로서, 자주 바뀌지 않는 큰 숫자라는 의미에서 붙여졌다. 유로/달러의 offered rate인 1.0640에서는 '1.06'이 big figure이다.

다. Firm price

은행이나 기업의 딜러가 외환거래할 때 외환시세를 참고하기 위해 로이터 등과 같은 금융정보매체를 활용한다. 이들 매체에서 볼 수 있는 환율은 실제로 거래되는 환율이 아니라 금융기관들이 참고용으로 예시하는 환율인 예시환율(indicative price) 이다.

한편 어떤 은행이 외환거래를 위해 브로커에 주문을 접수했거나, 두 은행 사이의 장외거래에서 quoting party가 고시한 환율로 calling party가 거래의사만 표시하면 거래할 수 있는 환율은 firm price 또는 dealing price이다.

3-4. 현물환거래 요약

정리하는 코너

외환거래의 두 당사자는 …

외환거래를 하려고 환율고시를 요청하는 자와 그 요구에 응해 환율을 고시하는 자이다. 대고객 외환거래에서는 외환거래를 하려는 기업이나 개인이 calling party이고, 이에 응하는 은행이 quoting party이다.

한편 은행간 외환거래에서는 먼저 환율고시를 요청하는 은행이 calling party이고, 이에 응하여 환율을 고시하는 은행이 quoting party이다.

Quoting party가 고시하는 환율에는 bid rate와 offered rate 두 가지가 있다. 그리고 외환거래는 어떤 통화를 사거나 파는 행위이다. 그런데 앞에서 살펴본 대로 '어떤 통화를 사거나 판다'라고 할 때 FC를 기준으로 하고 그 대가는 VC이다. calling party와 quoting party가 아래에서 예시한 환율에서 할 수 있는 현물환거래를 요약하면 다음과 같다.

USD/KRW	BID		OFFERED
	1050.20	–	1050.40
Quoting Party:	Buy USD 1		Sell USD 1
	Sell KRW 1050.20		Buy KRW 1050.40
Calling Party:	Sell USD 1		Buy USD 1
	Buy KRW 1050.20		Sell KRW 1050.40

예시된 환율을 살펴보면, bid rate는 quoting party가 1050.20원을 대가로 1달러를 사는 환율이다. 반대로 calling party는 1050.20원을 대가로 1달러를 파는 환율이다.

Offered rate는 quoting party가 1050.40원을 대가로 1달러를 파는 환율이다. 반대로 calling party는 1050.40원을 대가로 1달러를 사는 환율이다.

3-5. 결제일

외환거래 당사자들은 은행간 외환거래이건 은행과 고객과의 환전이건 거래한 두 통화를 서로 주고받으면서 외환거래를 마무리한다. 은행은 창구에서 고객과 환전할 때는 그 자리에서 달러와 원화를 교환하고 거래를 마무리한다.

그러나 은행간 외환거래에서 오늘 거래를 하고 나중에 주고받는다. 외환거래한 두 통화의 인수도는 해당 두 통화의 국가에 있는 외국환거래 은행에 있는 계좌(nostro account)를 통해 이루어진다.

정리하는 코너

외환거래의 기준인 …

은행간 외환거래에서 원활한 결제를 위한 충분한 시간이 필요하기 때문에 대부분은 거래일부터 두 통화 해당국이 모두 2영업일인 날이 결제일이다. 그러므로 대부분의 통화에 대한 은행간 현물환거래의 결제일은 2영업일이다.

예외로 미국달러/캐나다달러(USD/CAD) 거래에서는 결제일이 1영업일인데, 그 이유는 이들 두 나라가 같은 시간대이기 때문이다.

제2절 외환시장

본절에서 외환의 정의 및 특징, 외국돈(외환)이 발생하는 이유에 대해 살펴본다. 외환이 거래되는 외환시장의 의의, 특징, 외환시장의 참가자에 대해 학습하고, 외환시장과 자금시장을 비교한다. 그리고 국내외환시장과 국제외환시장의 차이를 정리한다.

1. 외환의 정의 및 특징

쉬어가는 코너 **환(換, exchange)은 …**

멀리 떨어진 상대방과 물건을 사고팔면서 발생한 채권과 채무관계에 대해 직접 현금을 수송하지 않고, 제3자인 금융기관을 통하여 지급하거나 수탁하는 방법으로 결제하는 업무이다. 예를 들어, 고향에 계신 부모님께 돈을 송금하는 것은 내국환이다. 반면 환거래 당사자가 무역거래를 할 때 국내·외로 자금이 이동하는 것은 외환 또는 외국환(foreign exchange)이다.

외환은 통화가 다른 나라 사이의 결제수단이다. 서로 다른 통화를 교환할 때 환율이 관련된다. 그런데 각국의 환율은 여러 가지 변동요인 때문에 쉴 새 없이 변하기 때문에 환리스크가 발생한다.

2. 외환의 발생 원인

외환, 즉 외국 화폐가 언제 생길까? 다음의 경우 외국 화폐가 발생하며, 그 다음 단계로 외환거래를 한다.

2-1. 재화나 용역 등의 수출입

예를 들어보자, 우리나라 수입상이 중국에서 상품을 수입하기 위해 상품대금을 지급할 때 외환이 발생한다. 이처럼 우리나라와 중국뿐만 아니라 세계 각국이 무역장벽을 낮추면 원활한 수출입거래에 따른 외환은 더욱 증가할 것이다.

2-2. 이전거래

이전거래에 대해 다음과 같은 예를 들어보자, 한국에 계신 할머니의 생신을 맞아 외국에 있는 고모가 할머니께 소액 우편환을 보냈다면 할머니가 외환거래의 당사자가 된다. 이런 이전거래 형태는 거주자와 비거주자 사이의 증여, 정부 간 배상금 지급 등의 경우에 발생하게 된다.

2-3. 국가 간의 투자

쉬어가는 코너

거주자와 …

비거주자 사이의 직접투자, 대부 및 차관의 원리금 지급 등 국제자본거래를 하게 될 때 외환이 발생한다. 그리고 각국 정부들은 자본시장에 대해 거의 완전히 개방하는 추세이기 때문에 다른 나라에 대한 직접 또는 간접투자가 활발하며, 이때 외환이 발생한다.

외국인이 우리나라 주식을 사거나 팔 때에도 외환이 발생한다. 이처럼 외환은 여러 나라 자본시장의 연결고리 역할을 한다.

2-4. 투기적 거래

변동환율제도를 채택하면서 국제외환시장에서 가장 대표적인 투기자는 조지 소로스(George Soros)였다. 1992년에 영국파운드를 투매하여 영국 중앙은행을 굴복시켰고, 1997년 아시아 외환위기 때는 달러/말레이시아링기트(USD/MYR)를 공격했다.

국제외환시장에서 무역거래나 국제자본거래에 따른 외환거래의 규모보다 헤지펀드 등의 외환매매차익을 얻기 위해 투기적인 목적으로 하는 외환거래 규모가 훨씬 더 크다. 투기적 목적의 외환거래가 전체 외환거래량의 90% 이상을 차지하는 것으로 추정한다.

3. 외환시장의 의의

외환시장은 외환을 거래하는 시장이다. 선물거래소나 외환브로커를 통해서 거래하거나 은행들 사이에 직접 거래하기 때문에 서울 어느 지역에 위치하여 성업하고 있는 '가락동시장'처럼 직접 가서 볼 수 있는 형태가 아니다.

이는 외환거래가 이루어지는 장소라기보다 무역거래나 자본거래에 따른 채권이나 채무를 결제하려는 여러 외환의 수급자들이 주로 은행을 통해 환전하는 메커니즘이기 때문에 일반인들에게 다소 추상적인 시장으로 여겨질 수도 있다.[2]

4. 외환시장의 특징

외환시장은 다른 일반 상품시장과 달리 다음과 같은 특징이 있다.

4-1. 범세계적 시장(One Global Market)

선진국을 포함한 대부분의 나라들이 외환규제를 완화하고 있다. 그리고 정보통신 기술이 눈부시게 발전하면서 환율이나 외환시장에 영향을 줄 수 있는 시장정보가 그야말로 빛의 속도처럼 빠르게 전달된다. 그 결과 국제외환시장은 마치 전 세계가 하나의 시장처럼 형성되는 범세계적 시장이다.

4-2. 24시간 시장(24-Hour Market)

국제외환시장은 날짜변경선을 기준으로, 뉴질랜드 외환시장을 기점으로 미국 샌프란시스코에 이르기까지 각 시간대별로 중요한 모든 국가들을 거치며 거래한다. 토요일과 일요일 및 주요 국제외환시장의 공휴일을 제외하고는 하루 24시간 동안 거래할 수 있다.

2 외환시장은 말 그대로 눈에 보이는 명동이나 남대문 등에서 쉽게 볼 수 있는 환전상의 형태가 아니다. 물건을 종류대로 대규모로 판매하는 가락동시장의 형태도 아니다. 하나의 메커니즘이다.

4-3. 장외시장(OTC; Over-the-Counter Market)

외환거래의 대부분은 외환시장 참가자들이 일정한 거래장소나 시간에 얽매이지 않고 외환거래 플랫폼 또는 딜링머신 등을 이용하여 거래한다. 장내거래인 선물거래와 달리 장외거래이다. 장외거래가 대부분이기 때문에 전세계적으로 하루에 외환거래가 얼마나 이루어지는지 그 금액을 정확하게 파악하기 어렵다.

4-4. 미국달러 기준시장

기축통화인 미국달러는 대부분의 통화에 대한 환율표시의 기준이다. 즉, 1미국달러를 기준으로 상대국 통화 얼마와 교환하는지로 환율을 표시한다.

예외적으로 영국파운드나 호주달러와 같은 일부 영연방국가들의 통화에 대한 환율표시는 미국달러가 아니라 영국파운드나 호주달러를 기준으로 표시한다.

정 리 하 는 코 너

그런데 …

교역대상국이 다양해지면서 이전과 달리 미국달러를 포함하지 않는 유로/엔 등 크로스거래가 활발하다.

4-5. 제로섬시장(Zero Sum Market)

제로섬시장은 어떤 시장에 참가하는 모든 시장참가자들의 거래에 따른 손익을 합하면 영(零)이 되는 시장을 말한다. 예를 들어 특정 영업일에 우리나라 달러/원 현물환거래를 하는 은행들 사이의 외환시장(이를 흔히 '은행 간 외환시장' 이라고 한다)에 참가하는 모든 외국환은행들의 외환차익과 외환차손을 합하면 영(零)이 되기 때문에 외환시장은 일반적으로 제로섬시장의 특징이 있다고 볼 수 있다.

5. 외환시장 참가자

외환시장 참가자로는 개인과 기업, 은행 등의 금융기관, 중앙은행과 정부 및 환전상 등으로 매우 다양하다.

5-1. 기업과 개인

많은 기업의 경우, 다른 나라와 무역이나 자본거래를 하기 때문에 외환이 남거나 부족한 상태를 유지하는 경우가 많다. 반면 개인의 경우, 해외에서 공부하는 아이에게 유학자금을 송금하기도 하고, 효도여행이나 신혼여행을 떠나는 관광객은 일정한 시기에 그 나라 돈이 필요할 것이다.

이처럼 매우 다양한 경우에 기업이나 개인은 환전을 한다.

5-2. 은행

개인이나 기업 등 외환의 최종 수급자들은 은행이나 환전상과 외환거래를 한다. 여러 외환시장 참가자 가운데 은행이 가장 중요한 참가자이다.

은행은 기업이나 개인 고객과 다양한 외환거래에 따른 반대거래를 하기 위해 외환시장에 참가한다. 또 자체 위험을 관리하거나 나아가 외환차익을 목표로 하는 투기적 목적으로도 외환거래를 한다.

5-3. 중앙은행

일반 은행은 수익을 내기 위해 외환시장에 참가한다. 그러나 각국의 중앙은행은 이들 은행과 다른 입장에서 외환시장에 참가한다. 중앙은행은 자국통화 가치를 조절하거나 외환시장을 안정시키기 위해 외환시장에 참가하며, 이를 흔히 말하는 스무딩 오퍼레이션 또는 미세조정이라 한다.

정리하는 코너

한 나라의 환율이 …
강세 또는 약세를 보이면 그 나라의 모든 대외거래에 영향을 주기 때문에 국제수지가 바뀐다. 예를 들어 달러/원 환율이 약세를 보이면 우리나라 기업의 수출경쟁력이 나빠져서 수출이 줄어들 수 있다.

그렇기 때문에 국제수지를 안정적으로 유지하려는 정부를 대신하여 중앙은행이 직접 또는 간접적으로 외환시장에 개입할 때가 있다.

5-4. 브로커

외환브로커는 전세나 월세를 중개하는 부동산중개소와 같은 중간 역할을 한다. 외환브로커가 없다면 은행은 한 건의 외환거래를 하기 위해 많은 은행들에게 일일이 전화를 해야 할 것이다. 이처럼, 외환브로커는 은행과 은행 사이의 외환거래를 중개하여 외환거래에서 발생되는 비용을 줄인다.

5-5. 투기자

외환차익을 얻기 위하여 금융기관이나 기업이 투기적 목적으로 외환시장에 참가한다. 조지 소로스와 같은 사람들이 운용하는 각종 헤지펀드가 대표적인 투기자 가운데 하나이다. 이들 투기자들은 외환시장에 많은 거래물량을 제공하는 점에서는 긍정적이다.

5-6. 환전상

성경에 보면 지금부터 2천년 전에도 환전상들이 있었다. 이처럼 아주 오래된 직업 가운데 하나가 환전상이다. 우리나라나 특히 외국을 여행하다 보면 환전상을 쉽게 볼 수 있으며, 이들도 외환시장의 참가자이다.

6. 외환시장과 자금시장의 비교

국제금융시장에서 가장 기본은 외환시장과 자금시장이다. 따라서 표〈1-3〉은 이 두 시장을 다음과 같이 비교한다. 아울러 이 두 시장의 차이와 특징은 제3장에서 공부할 선물환율을 산출할 때 필요하다.

표 1-3 외환시장과 자금시장의 비교

구 분	행 위	대 상	가 격	결 과
외환시장	매입 또는 매도 (환전)	두 나라 통화 (예를 들면 유로와 달러)	환율	외환차익 또는 외환차손
자금시장	차입 또는 예금	한 나라 자금 (예를 들면 엔자금)	이자율	이자비용 또는 이자수익

7. 국내외환시장과 국제외환시장

우리나라 은행들은 달러/원 및 위안/원의 경우 주로 국내외환시장 그리고 달러/엔이나 파운드/달러 등 해외 주요 통화의 경우 주로 국제외환시장을 통해 거래한다. 흔히 국내외환시장을 역내외환시장, 국제외환시장을 역외외환시장이라 말한다.

다음 〈표1-4〉에서 두 외환시장의 비교를 볼 수 있다. 다만 국내외환시장은 우리나라의 외환중개회사를 통한 외환거래에 대해 살펴보기로 한다.

표 1-4 국내외환시장과 국제외환시장의 비교

구분	국내외환시장	국제외환시장
거래통화	USD/KRW 및 CNH/KRW와 일부 이종통화 (USD/JPY, EUR/USD 등)	USD/JPY, EUR/USD, GBP/USD USD/CHF, AUD/USD, NZD/USD 등의 대부분의 외국통화
거래시간	09:00~15:30(공휴일 제외)	24시간(공휴일 제외)
결제일	현물환거래(value spot)	현물환거래(value spot)
일일최대 변동폭	상한가·하한가 없음	상한가·하한가 없음
거래단위	– USD/KRW: 최저 1백만 달러로 하며, 거래단위는 1백만 달러의 배수 – CNH/KRW: 최저 1백만 CNH로 하며, 거래단위는 1백만 CNH의 배수 – 이종통화: 1십만 기준통화를 최저로 하며, 거래단위는 1십만 기준통화의 배수	통상 1백만 기준통화를 최저로 하며, 거래단위는 1백만 기준통화의 배수
거래참가자	국내은행, 외국은행 국내지점, 증권회사, RFI 등	세계 각국의 은행, 증권회사 등
거래방법	장외거래 또는 브로커 경유 (서울외국환중개, 한국자금중개)	장외거래 또는 다수의 브로커 경유

제3절 외환시장 분석

환리스크를 관리할 때는 늘 환율에 대한 예측을 병행해야 하며 지속적인 관심이 필요하다.
외환딜러들은 주로 기초적 분석과 기술적 분석을 통해 외환시장을 분석하고 거래한다.

정리하는 코너

기초적 분석과 기술적 분석

기초적 분석이란 환율 변동요인을 기초로 하여 도출한 적정환율과 현재 시장환율과의 차이를 찾아내 이를 이용하는 방법이다.
기술적 분석은 환율의 본질적 가치를 무시하고 오로지 과거의 환율변동 자체, 즉 차트를 분석하여 미래환율을 예측하는 방법이다.

이들 두 가지의 분석방법은 같은 목적을 완전히 다른 방법론으로 접근한다. 일반적으로 기초적 분석은 학계에서 비교적 장기 전망에 활용한다. 한편 기술적 분석은 학자들보다 외환딜러들이 실무에서 선호하며 주로 단기적인 외환거래에 활용한다.

1. 선진국 통화 환율 변동요인

선진국 통화들의 외환거래량 및 환율변동성에 영향을 미치는 주된 환율 변동요인들은 GDP, 고용지표(비농업 부문 고용 동향(non-farm payroll)), 소매판매, 생산자 물가지수(PPI), FOMC 성명서 등이다.

1-1. 거시적 요인

나무가 아니라 먼저 숲을 보라는 말이 있다. 이처럼 시장을 분석할 때도 먼저 큰 흐름을 확인한 뒤 차츰 작은 움직임까지 보라는 말이다. 이런 맥락에서 환율을 예측할 때도 분석하려는 통화와 관련되는 두 나라의 보다 거시적인 요인들을 먼저 살펴보아야 한다

가. 경기변동

경기변동은 한 나라의 국민경제가 어느 정도 양호한지, 즉 전반적인 활동상태를 알려주는 거시적인 개념이다. 이는 경기(景氣)가 일정기간을 주기(cycle)로 하여 어느 정도의 규칙성을 갖고 변하는지를 보여주며 경기순환(business cycle)이라고도 한다.

경기변동은 물가, 임금, 고용, 생산 및 국민소득과 같은 거시적인 지표가 시간의 흐름에 따라 변하는 것을 나타낸다.

정 리 하 는 코 너

2008년에 …

미국에서 터진 서브프라임사태는 미국 금융기관과 미국의 대외신인도(對外信認度)에 치명타를 안겨 주었다. 미국의 소비가 위축되고 경기는 하향 곡선을 그리기 시작했다.

그에 비해 일본의 금융기관들은 서브프라임사태에서 상대적으로 피해가 적었기 때문에 일본의 경기가 미국과 비교하여 양호할 것이라는 기대감으로 인해 달러/엔 환율은 90엔 아래로 크게 하락했다.

그러나 아베정권의 일본 경기를 진작하기 위한 아베노믹스와 미국의 경기 회복으로 달러를 선호하면서 달러/엔 환율이 급등했다.

위와 같이 달러/엔 환율을 예측하려면 미국과 상대국인 일본의 경기변동에 유의해야 한다. 물론 각국의 경기변동만이 환율에 영향을 주는 것은 아니지만 다른 여러 요인과 함께 꼭 확인해야 할 중요한 사항이다.

나. 투자자금의 흐름

투자자금은 수익을 따라 움직인다. 지금 이 시각에도 지구촌의 구석구석에서 끊임없이 실물이나 금융상품에 대한 투자가 이루어지고 있으며 그에 따라 자금이 움직인다.

그것이 장기적인 투자이든 단기적인 수익을 목표로 하는 투기적인 소로스펀드의 자금이든, 설령 마피아의 자금일지라도 자금 흐름의 하나임은 부인할 수 없다.

자본시장의 개방화 추세를 감안하면 외환시장은 이런 자본의 국경 간 이동을 가능하게 하는 연결고리 역할을 수행한다. 이런 자금의 이동은 외환시장 분석에서 가장 중요한 요인의 하나이다.

국제적인 투자는 각국의 경기 및 기타 요인에 의해 이루어지기 때문에 이에 대한 정확한 이해는 외환시장 수급분석에 가장 중요한 덕목이다.

다. 정부정책

한 나라의 환율정책은 해당국 중앙은행의 외환시장 개입으로 이루어진다. 서방 선진7개국(G7) 중앙은행이 필요하다고 판단할 때에는 1990년대에 자주 목격할 수 있었던 것처럼 공동으로 외환시장에 개입하는 경우도 많다.

쉬어가는 코너 Mr. JPY

1995년 8월, 일본 대장성의 사카기바라 에이스케 당시 국제금융국장은 소위 '역플라자합의'를 주도했다. 일본중앙은행은 독일, 미국, 스위스의 중앙은행과 공동으로 국제외환시장에 개입하여 달러/엔 환율을 79.75엔에서 100엔까지 끌어올렸다.

2003년 두바이 G7회의에서는 당시 막대한 미국의 대중국 무역수지 적자를 해소하기 위해 달러/위안의 하락을 유도하려고 중국을 겨냥했다. 이를 위해 다른 통화에 대한 달러 약세의 합의를 도출하여 글로벌 달러 약세를 이끌어 냈다.

결국 2005년 7월에 중국은 달러/위안 하락을 용인했고, 그때까지 달러에 페그(peg)된 환율제도를 복수통화바스켓제도로 전환했다.

정부의 환율정책은 특히 단기적으로 외환시장에서 가장 직접적이고 확실한 환율의 변동요인이다. 외환딜러들이 당국의 외환시장 개입을 등에 업고서 아주 단기적으로 이익을 얻으려고 애를 쓰기 때문에 외환시장 개입은 단기적인 환율변동의 중요한 요인이다.

정리하는 코너

환율정책이 …

장기적으로도 각국 환율에 큰 영향을 준다는 것을 쉽게 알 수 있다. 그래서 딜러들은 "Do not fight against the central bank."라고 말한다.

1-2. 각종 경기지표

경제신문이나 심지어 일간지 등에도 많은 사람들의 관심을 불러 일으키는 각종 경제관련 정보들이 넘쳐 나고 있어, 우리가 경제상식이 보편화된 사회에 살고 있는 것을 실감할 수 있다. 굳이 거창하게 말하지 않더라도, 경제라는 개념은 생활 속에 깊이 관여하고 있고 나아가 시급하게는 당장 투자자의 주식 포트폴리오에 큰 영향을 미치니 어떻게 할 것인가?

따라서 과연 '무엇에 근거하여 판단하고 소중한 재산을 운용할 것인가'를 고민하지 않을 수 없다. 근래 몇 년간 우리나라 주식시장의 중요한 테마의 하나는 미국 증시와의 coupling과 decoupling 현상이다.

어쩌면 많은 주식 투자자들은 가끔 불면의 밤을 지새며 인터넷을 통해 다우지수나 나스닥 지수를 체크할지도 모른다. 이럴 때는 정말 지구촌이란 말이 실감난다. 주식시장 못지않게 외환시장에서도 각국의 경기지표들은 초미의 관심사가 아닐 수 없다.

가. 국내총생산(GDP; Gross Domestic Product)

일정기간 동안(분기별) 한 나라에서 생산된 재화와 서비스의 최종 생산물의 가치를 달러로 표시한 것이다. 미국은 1991년까지는 국민총생산(GNP)을 사용했다.

GDP는 한 나라의 경제적 생산과 성장을 전반적으로 반영하므로 그 나라 경기의 확장이나 위축 여부를 알 수 있는 가장 기본이 되는 지표이다. 따라서 환율 변동요인의 하나로 각국의 GDP 성장률을 들 수 있다.

정 리 하 는 코 너

한 나라의 경제성장률이 …

상대국에 비해 높거나 낮다면 일반적으로 외환의 수요와 공급에 변동이 생겨 환율변동이 예상된다. 국제 외환시장에서 대부분의 선진국 통화에 대한 실증분석에 의하면 경제성장률이 높은 나라의 통화가 강세를 나타내는 경향이 있다.

나. 무역수지

무역수지를 보면 한 나라의 경쟁력을 어느 정도 가늠할 수 있다. 이 경쟁력은 당연히 환율에도 영향을 미친다. 만일 한 나라의 무역수지 적자가 심해지면 결국 상대국 통화에 대한 수요가 늘어 해당국 통화가 약세를 보인다. 이전에 있었던 하나의 예를 들어보면, 플라자합의(Plaza Agreement)[3] 이후 발표되었던 미국과 일본의 무역수지 통계는 달러/엔 환율에 큰 영향을 미치곤 했다.

한때 GDP의 5%를 넘는 무역수지 적자와 관련되는 미국 제조업체들의 불만은 극에 달해 있었다. 그래서 미국 정부는 중국과 우리나라 등에 대한 환율전쟁의 포화를 퍼부었다. 미국 상무성(United States Department of Commerce)은 매월 무역수지를 발표한다.

다. 물가변동

환율결정의 전통적 이론인 구매력평가이론에 따르면 각국의 물가상승률의 차이는 장기적인 환율 변동요인이다. 즉, 해당국의 물가상승률이 상대국에 비해서 상대적으로 높은 경우 해당국의 수출경쟁력이 약화된다.

쉬어가는 코너

한편 …

수입에 대한 수요는 증대되어 이에 따른 경상수지의 악화로 외환에 대한 초과수요가 발생하여 해당국 통화는 약세가 된다. 이에 따라 해당국의 상대적 물가상승은 상대국 통화에 대한 해당국 통화의 환율이 상승하는 요인이 된다.

3 1985년 9월 22일, 미국 뉴욕에 위치한 플라자 호텔에서 프랑스, 독일, 일본, 미국, 영국으로 구성된 G5의 재무장관들이 모여 달러화 강세를 시정하기로 결의하고 조치하여 '플라자합의'라고 일컫는다.

딜러들은 주로 소비자 물가지수(CPI; Consumer Price Index)와 생산자 물가지수(PPI; Producer Price Index)를 주목한다.

라. 고용관련 지표

가장 중요한 지표 가운데 하나가 바로 실업률인데 이는 노동할 의욕과 능력을 가진 자에게 자기의 능력에 상응하는 노동의 기회가 주어지지 않는 상태이다. 즉, 한 나라의 전체 노동가능 인구 가운데 비자발적으로 실직한 노동자의 비율을 가리킨다.

실업률을 살펴보면 향후 인플레이션이나 경기침체 등을 예측할 수 있으며 이에 따라 금리상승과 환율변동을 예측할 수 있다. 미국의 경우는, 매월 실업률을 노동부의 한 부서인 노동통계국(The Bureau of Labor Statistics)에서 취합 발표한다.

고용과 관련하여 눈여겨 보아야 할 것들로는 고용자가 피고용자에게 임금 및 수당을 어느 만큼 지급하는지를 알려주는 지표인 고용비용(ECI; Employment Cost Index)과 비농업분야 신규고용지수(non-farm payroll)가 있다.

마. 개인소비관련 지표

1) 소비자 신뢰지수(Consumer Confidence Index)

이 지표는 앞으로 소비자들이 국내경기, 노동시장 및 자신들의 경제적 능력에 대해 이전 기간에 비해 향상될지 악화될지에 대한 견해를 설문조사하여 발표하는 지표이다.

정 리 하 는 코 너

다양한 기관들이 소비자 신뢰지수를 발표한다.

경제상황에 대한 소비자들의 견해를 계량화한 지수로서 미국의 민간경제조사기관인 컨퍼런스 보드(Conference Board)에서 발표하는 것이 대표적이다. 다른 여러 기관들도 발표한다.

현재 지수와 아울러 전망 지수도 발표하며 기준 연도를 100으로 하여 발표하는데 연속기간에 대한 변화율도 함께 발표한다.

미국이나 일본과 같은 선진국의 경우 GDP의 60% 이상을 점하는 것이 소비인 만큼 이것을 나타내 주는 소비자 신뢰지수 동향은 현재 또는 앞으로 한 나라 경기에 대한 중요한 좌표가 된다.

특히 경기가 확장 또는 침체국면에 있을 때 소비자 신뢰지수의 발표에 따른 주가 및 환율의 변동이 큰 것이 일반적이다.

2) 소매판매 지수(Retail Sales)

미국 내 소매상점과 통신판매를 포함한 모든 판매에서 나타난 총금액이다. 미 상무성은 이 금액과 전월비율을 같이 발표한다.

이와 관련하여 같이 발표되는 지수로는 개인소득에서 세금을 뺀 가처분소득(disposable income)이 있는데 이는 곧 소매판매와 직결되는 결정요인이 된다. 소매판매 지수의 경우 그 발표되는 수치는 금리결정에 아주 중요한 실마리를 제공하기 때문에 환율과 관련이 깊다.

바. 생산관련 지표

1) 산업생산 지수(Industrial Production Index)

미국 내 공장, 광산 및 전력회사 등에서 생산한 재화를 월별로 발표하는 지수로 서비스 부문은 제외된다. 미국 연준(연방준비제도이사회)에서 발표하며 경기선행지표의 하나로 기준 연도를 100으로 하여 발표된다.

정 리 하 는 코 너

이는 …

GDP와 더불어 미국 경기가 확장국면인지 위축국면인지를 가늠할 수 있는 중요한 지표이다. 특히 GDP는 분기별로 발표되지만 산업 생산지수는 월별로 발표되므로 GDP에 대한 선행지수이다.

만일 산업생산 지수가 두 달 연속 급하게 하락하면 GDP도 같이 하락할 것이라 예상할 수 있다. 반면 산업생산 지수가 3개월 연속 상승하면 경기회복을 예측할 수 있다.

2) 공급관리자협회(ISM; Institute for Supply Management) 지수

2002년부터 이전의 전국 구매관리자협회(NAPM; National Association of Purchasing Management) 지수를 대체한 것으로 미국 내 주요 기업의 구매관리 책임자들을 대상으로 원자재 등을 얼마나 구매할지를 파악하는 지수이다.

만일 그들이 향후 경기 확장을 예상하면 추가 생산을 위한 원자재 등에 대해 구매를 늘리게 되어 이 지수가 상승하게 된다.

기준이 되는 수치는 50이다. 즉, 이 지수가 50을 넘어서면 경기확장을, 50을 하회하면 경기수축으로 해석되어 외환시장에 영향을 미친다.

1-3. 기타 요인

앞에서 살펴본 보다 거시적인 요인들만큼이나 외환시장에 영향을 미칠 수 있는 기타 요인들에 대해서도 살펴보기로 하자. 일회적인 것들도 더러 있지만 지속적인 관심이 필요하다.

특히 보고서 등은 매번 발표되는 내용 못지 않게 각 보고서의 발표된 내용의 전체 맥락을 파악하여 큰 시각으로 바라볼 수 있어야 환율예측을 더 잘 할 수 있다.

가. 각국의 중요회의 및 보고서

1) 연방 공개 시장 위원회(FOMC; Federal Open Market Committee)

정 리 하 는 코 너

FOMC

연방준비제도이사회(FRB; Federal Reserve Board) 산하단체로서 금리, 은행의 지불준비금, 통화량 등을 결정하는 통화 및 신용정책에 관한 최고 결정기구이다.
회의에서는 의장을 비롯한 FRB 이사 7명과 12개 연방은행 총재 중 5명만이 의결권을 가진다. 모든 결정은 다수제로 하며, 회의는 철저하게 비공개로 개최되며 회의록은 1개월 후에 공표한다.

회의록은 향후 미국의 금융정책 동향을 가늠하는 시금석이 된다. 대부분의 월가(Wall street) 금융기관들은 자체적으로 유수한 경제학자를 고용하여 FRB의 동향에 대해 관심을 집중하며 이들을 fed watcher라 한다.

회의는 6~8주 간격으로 1년에 8차례 개최한다. 또 회의결과 발표는 현지 오후 2시로 고정되어 있다.

2) 단칸리포트(Tankan Report)

일본 중앙은행이 발표하는 단칸리포트는 일본기업들의 체감경기를 조사하는 기업 경기동향지수이다. 기업환경이 호의적이라고 응답한 업체 숫자에서 기업환경이 비호의적이라고 답한 업체 숫자를 빼서 퍼센트로 발표한다.

제조업체와 비제조업체로 구분하고 각각에 대해 대기업, 중소기업, 소기업으로 분류하여 매 분기별로 발표하며, 일본 체감경기를 대표하는 중요한 지표이다.

나. 중요 인물

1) 미국 연방준비제도이사회 총재

미국 연방은행 총재는 12개 지역 연방준비은행의 정책을 감독하는 FRB의 대변인 구실을 할 뿐만 아니라 실제 정책 입안에 결정적인 역할을 하는 인물이기 때문에 미국뿐만 아니라 세계 경제를 좌우할 수 있는 인물이다.

쉬어가는 코너

총재는 …

일년에 두 번씩 의회에서 미국 경제와 통화정책에 대해 증언한다. 이는 특히 다른 발언들처럼 주의 깊게 분석하여야 하며 증언과 관련된 모든 언론들의 논평까지도 유의해야 한다.

2) 미국 재무장관

미국의 환율정책이나 재정정책 등에 큰 영향을 미칠 수 있는 자리이며, G7 회의 등에서 미국의 발언권이 강력하기 때문에 미국 재무장관의 외환시장에 대한 영향력 또한 막강하다.

3) 일본의 중요 인물

일본의 외환시장에서 중요한 인물로는 일본 대상성 장관과 차관 등이 있다. 이들은 달러/엔에 대한 발언에 매우 막강한 힘을 가지고 있으며 그 동안 일본경제가 국내소비와 투자의 위축으로 회복의 조짐이 보이지 않을 때에는 엔화 약세를 통하여 수출증진을 꾀하려고 도모하기도 했다.

특히 G7 재무장관 및 중앙은행장 회담 등을 앞두고 발표되는 그들의 발언은 외환시장의 중요한 환율변동의 요인으로 작용하였다.

다. 일회적 사건

1) 전쟁

전쟁은 불확성이라는 점에서 환율변동과 무관하지 않다. 특히 금융시장에서 전쟁 등과 같은 불확실성에 대한 우려가 나오면 외환시장 참가자들은 안전선호현상(flight-to-quality)을 떠올린다.

> **쉬어가는 코너** 불확실성이 팽배하면 …
>
> 외환시장을 포함한 금융시장의 즉각적인 반응은 가장 안전하다고 할 수 있는 자산인 금이나 달러를 매입하는 경향을 보인다. 2014년의 경우 우크라이나 사태 때에 안전통화(safe-haven currency)로의 움직임은 달러강세 요인으로 작용했다.
> 비단 그때뿐만 아니라 그 이전에도 그리고 앞으로도 안전선호현상을 예상할 수 있다.

2) 중요한 이벤트

환율에 영향을 줄 수 있는 G7 회의 같은 국제적인 회의나 미국의 연방준비제도의 공개시장회의(FOMC) 등 중요한 이벤트를 앞두고 있을 때, 외환시장 참가자들은 신규 포지션을 삼가하거나 기존 포지션을 청산한다. 그래서 시장유동성이 떨어지거나 급격한 움직임을 보이는 때가 있기 때문에 늘 유의하여야 한다.

특히 G7 재무장관 및 중앙은행 총재회의에서 환율이 의제로 채택될지 여부가 외환딜러들에게는 중요한 관심사가 된다. 특히 기축통화인 달러의 변동성이 커지는 시기에 이 회의의 결정사항은 앞으로의 환율에 지대한 영향을 미친다.

2. 달러/원 환율 변동요인

2-1. 외국인의 국내 직접·간접투자 및 내국인의 해외투자

외국인의 국내투자를 살펴보면, 우리나라에 직접투자 및 간접투자를 많이 한다. 따라서 달러/원 환율을 예측하려면 이들 투자자금과 관련되는 수급을 확인해야 한다. 아울러 외화의 유출입이 빈번한 외국인의 우리나라 주식시장에서 매수와 매도 동향 및 그 규모는 달러/원 외환시장의 큰 관심사가 된다.

외국인들의 국내 주식 시장에서의 움직임은 집중적으로 매수하거나 매도하는 경우가 많기 때문에 그 규모가 크고 이에 당국의 강력한 의지와 개입 등에도 불구하고 달러/원 환율이 크게 움직이는 경우를 자주 보게 된다.

> 쉬어가는 코너
>
> **매년 꽃피는 4월이면 …**
>
> 외국인들이 보유한 국내 주식에서 받은 배당금을 해외로 송금하면서 달러/원 환율이 강세가 되는 것을 종종 볼 수 있다. 딜러들이나 환율당국은 이런 수요에 대해 늘 예의주시한다.

물론 내국인도 그 규모가 외국인이 우리나라에 투자하는 것과 비교할 정도는 아니지만 다른 나라에 대한 직접투자 또는 간접투자를 한다. 요즈음은 개인들도 해외에 부동산을 사거나 주식에 투자하기도 한다. 이런 요인들도 달러/원 환율에 영향을 줄 수 있다.

2-2. 외환당국의 외환정책 및 의지

우리나라를 비롯한 대부분의 선진국들은 자유변동환율제도를 채택하고 있기 때문에 환율의 결정을 원칙적으로는 시장에 맡겨두지만 필요할 때는 자국의 이익을 위해 환율정책을 수립하여 운용한다.

특히 우리나라처럼 외환시장의 규모가 작은 경우에는 더욱 외환당국의 정책에 주의를 기울여야 한다.

> 쉬어가는 코너
>
> **우리나라 외환시장은 …**
>
> 아직도 양적인 면에서나 질적인 면에서 선진국 외환시장에 비해 덜 성숙되어 있다. 가장 중요한 이유 가운데 하나는 다른 선진국의 중앙은행과 비교해 볼 때 한국은행이 너무 자주 외환시장에 개입한다.

우리나라는 내수가 취약하기 때문에 경제성장을 위해서는 수출이 매우 중요하다. 대략 수출이 GDP의 45% 이상을 기여한다. 그만큼 수출이 우리나라 경제에 중요하기 때문에 달러/원 환율 강세를 통해 수출경쟁력을 확보하려는 정부의 의지가 강하게 반영되는 경우가 많다.

특히 무역수지의 흑자폭이 대폭 줄어들고 있거나 무역수지 적자가 지속되는 상황에서 달러/원 환율이 하락할 때는 당국이 활발하게 달러/원 외환시장에 개입하곤 한다.

2-3. 해외 외환시장 동향

가. 달러/엔 동향

우리나라의 기업들이 수출을 할 때, 일본 기업들과 긴밀한 경합관계에 있다. 즉, 많은 우리나라 수출기업들이 일본 수출기업들과 중국 등으로 수출을 하기 위해 경쟁하고 있다. 그래서 달러/엔 환율의 움직임이 달러/원 환율에 큰 영향을 미친다.

결국 엔/원 환율의 움직임에 따라, 수출 분야에 있어 우리나라 기업들이 일본 기업들에 비해 어느 정도의 가격경쟁력이 있는지가 결정된다. 우리 정부당국은 달러/원 환율을 달러/엔 환율과 연계하여 구두 또는 실제로 시장에 개입하는 것을 볼 수 있다.

나. 달러/위안 동향

일본 못지않게 국제무역에 있어 우리나라와 경쟁관계에 있는 나라가 중국이다. 그 동안 중국은 달러 페그제도나 현행 복수통화바스켓제도를 활용하여 종종 '달러/위안 강세 정책'을 잘 활용하여 자국 기업들의 수출을 장려했다.

정 리 하 는 코 너

미국이나 유로존 국가들은 …

이러한 중국 정부의 환율정책에 대해 불만이 많은 편이다. 그러나 중국 정부가 미래에도 추가적인 환율정책을 활용할 여지는 있다. 만일 달러/위안 환율이 큰 폭으로 상승하면 달러/원 환율도 상승할 가능성이 높다.

2-4. NDF(Non Deliverable Forward)

NDF거래는 차액정산 선물환거래이다. 일반적인 달러/원 선물환거래는 거래일에 미래의 특정일(선물환거래 만기일)에 특정환율(선물환율)로 특정 통화를 매입하거나 매도하는 거래이다. 만기일에 두 통화를 인수도하고 거래를 마무리한다.

그러나 달러/원 NDF거래는 거래일에 선물환율(계약환율)을 정하고, 만기일에 전일 매매기준율(결제환율)과 계약환율과 차액을 달러로 정산하는 거래이다.

주로 국내 주식시장 등에 포트폴리오를 구성한 해외투자가가 향후 달러/원 환리스크를 헤지하기 위해 사용한다. 그들은 NDF거래를 실수요 목적 이외에 투기적 목적으로도 자주 활용하며 그 거래량이 대규모인 경우가 많아 외환시장의 변동성이 커지는 때가 많다.

NDF거래는 우리나라에서 중개회사를 통한 외환거래가 끝난 뒤에도, 런던이나 뉴욕 등지에서도 활발하게 거래되며 뉴욕의 NDF 종가가 다음날 달러/원 개장가에 영향을 미친다.

2-5. 국제수지

외환시장과 자본시장이 본격적으로 외국인들에게 개방되기 이전에 국내 외환시장의 큰손들은 정유업체들이었다. 외환시장의 규모가 영세할 당시 그들의 원유수입 관련 결제수요가 환율에 큰 영향을 주었다. 그러므로 당시에는 무역수지 동향이 외환시장에 아주 절대적이었다.

정리하는 코너

그러나 …

자본시장이 거의 완전 개방된 현재는 무역수지보다는 경상수지에 보다 무게를 두어 자본유출입이 외환시장에 미치는 영향을 분석해야 한다.

그러나 매달 발표되는 무역수지 동향과 당국의 발언 등에 따라 외환시장이 어느 정도 영향을 받는 것을 쉽게 목격할 수 있다.

2-6. 기업의 수급 및 거주자 외화예금 동향

달러/원 외환시장은 아직도 투기적 거래의 비중이 국제외환시장과 비교하여 적은 편이다. 그렇기 때문에 정유 업체나 IT 업체 등이 큰 금액을 결제하거나 수출대금을 매도할 때는 아주 단기적으로는 환율에 영향을 주는 경우가 많다.

정리하는 코너

그리고 …

주로 수출기업을 중심으로 한 거주자 외화예금의 규모에도 관심을 가질 필요가 있다. IMF사태와 글로벌 금융위기가 발생했을 때 많은 기업들은 달러 부족을 뼈저리게 경험했다. 그래서 기업들은 회사의 사정에 맞게 주로 달러를 거주자 외화예금 형태로 보유하고 있다.

따라서 이 예금의 규모는 우리나라 기업들의 향후 환율에 대한 기대치를 반영하는 하나의 중요한 지표이다. 특히 달러/원 외환시장의 변동성이 커질 때마다 외화예금의 규모가 달라지는 것을 쉽게 확인할 수 있다.

주요내용 종합정리

⊙ 환리스크 관리 학습 이전에 외환거래, 환율 및 외환시장 등 기본적인 내용을 이해하자.
외환거래의 목적으로는 ① 실수요 목적 ② 환리스크 관리 목적 ③ 환투기 목적이 있다.
환율은 외환거래의 가격으로 어떤 나라의 입장에서 보면 자국통화의 대외가치이고, 상대국 통화의 입장에서 보면 상대국 통화의 국내시장가치이다.
환율의 표시방법은 자국통화 표시법과 외국통화 표시법 그리고 유럽식 표시법과 미국식 표시법이 있다.
우리나라의 환율에는 매매기준율, 재정된 매매기준율, 은행간 매매율, 은행의 대고객 매매율이 있으며, 이들의 차이를 구분할 수 있어야 한다.

⊙ 전문적인 은행간 외환거래에 사용되는 환율표시 관행은 달러나 영연방통화 등 기준통화(FC)를 중심으로 표시한다. 외환거래에서 어떤 통화를 사거나 파는 거래행위의 기준과 어떤 통화의 강세 및 약세를 표시할 때 기준통화를 기준으로 표시한다.
환율을 고시하는 자(quoting party)는 환율고시를 요구하는 자(calling party)의 요구에 응하여 상대통화(VC)를 대가로 기준통화를 매입하는 bid rate와 기준통화를 매도하는 offered rate을 동시에 고시하는 two-way quotation을 한다. 매수호가와 매도호가의 차이가 스프레드(spread)이다.

⊙ 현물환거래는 거래일(trade date)부터 주로 2영업일이 결제일(value date)인 외환거래이다. 모든 외환거래의 근간인 은행간 외환거래는 현물환거래이다.
외환거래 및 환리스크 관리에 가장 중요한 포지션의 형태에는 롱, 숏 포지션 및 스퀘어 포지션이 있다.
포지션의 종류에는 현금, 현물환, 선물환 및 종합 포지션이 있다. 환리스크 관리의 대상은 종합 포지션으로 산출한다.
외환거래를 위한 전문용어인 pip(또는 point), big figure, firm price 등의 의미를 숙지하자.

⊙ 환(換, exchange) 가운데 환거래 당사자가 무역거래를 할 때 자금이 이동하는 것이 외환 또는 외국환(foreign exchange)이다. 외환은 통화가 다른 나라 사이의 결제수단이다. 서로 다른 통화를 교환할 때 환율이 관련되며, 환율이 변동하기 때문에 환리스크가 발생한다.

⊙ 외환시장의 특징은 ① 범세계적 시장(one global market) ② 24시간 시장(24-hour market) ③ 대부분은 장외시장(over-the-counter market)에서 거래되고 ④ 영연방통화를 제외하고는 달러를 기준으로 환율을 표시하는 시장 ⑤ 제로섬 시장(zero sum market)이다.

주요내용 종합정리

⊙ 외환시장 참가자에는 ① 기업과 개인 ② 은행 ③ 중앙은행 ④ 브로커 ⑤ 투기자 등이 있다. 그 가운데 은행은 가장 중요한 외환시장 참가자로서 고객들의 외환거래를 충족시키기 위해서 또는 은행 자체의 포지션 관리 및 투기적 목적을 달성하기 위하여 외환거래를 한다.

⊙ 외환시장 분석 방법의 하나인 기초적 분석에 근거하여 달러/엔, 유로/달러 등과 같은 선진국 통화 및 달러/원의 환율 변동요인에 대해서도 살펴보았다. 여기에는 경기변동, 투자자금의 흐름, 정부정책, 중요한 보고서나 중요 인물들의 발언 및 각국에서 시시각각 발표되는 각종 경기지표 등이 있다.
달러/원 환율 변동요인으로는 ① 외국인 국내 직접·간접 투자 및 내국인 해외투자 ② 외환당국의 외환정책 및 의지 ③ 달러/엔 및 달러/위엔 또는 아시아 통화 등 해외 외환시장 동향 ④ 해외 비거주자들 간의 원화에 대한 차액정산 선물환거래인 NDF 동향 ⑤ 국제수지 ⑥ 기업 수급 및 거주자 외화예금 동향 등이 있다.

연습문제

01. 외환시장 참가자에 대한 설명 중 옳지 않은 것은?

① 일반기업과 개인은 대외거래의 발생에 따라 외환의 매매가 필요하다.

② 은행은 가장 중요한 외환시장 참가자이다. 은행은 고객들의 외환거래 중개자로서 또는 은행 자체의 포지션을 운용하기 위하여 외환거래를 한다.

③ 중앙은행은 자국 통화가치를 안정시키는 역할만 하고 외환시장을 안정시키기 위하여 외환시장에 참가하는 경우는 없다.

④ 외환브로커는 은행과 은행 사이의 외환거래를 중개하여 거래비용을 줄인다.

02. 향후 소비자들이 국내경기, 노동시장 및 자신들의 경제적 능력에 대해 이전 비교기간에 비해 향상될지 악화될지에 대한 견해를 설문조사하여 발표하는 지표로 미국의 민간 경제조사기관인 컨퍼런스보드(Conference Board)에서 발표하는 지표는 무엇인가?

① housing starts

② CPI

③ retail sales

④ consumer confidence index

03. 다음의 질문에 환율로 답하시오.

A기업이 B은행에 GBP/USD 환율고시를 요청하였다. B은행은 "1.3075/85"로 고시했다.

1) B은행은 어떤 환율로 GBP를 매도하는가?

2) A기업은 어떤 환율로 GBP를 대가로 USD를 B은행에 매도할 수 있는가?

정답해설

01. ③ 〈해설〉 중앙은행은 환율이 국제수지에 영향을 주기 때문에 국제수지의 안정을 기하기 위하여 외환시장에 참가하는 경우가 있다.

02. ④

03. 1) 1.3085

2) 1.3085

〈해설〉 문제에서 USD를 매도한다는 것은 GBP를 매입하는 것을 의미한다. A기업이 calling party이기 때문에 quoting party의 offered rate에 GBP를 매입한다.

제2장

환리스크 관리

학습목표

1. 환리스크 및 헤지의 개념에 대해 이해한다.
2. 환리스크 관리기법에 대해 살펴본다.
3. 기업들이 환리스크를 효율적으로 관리할 수 있도록 컨설팅할 수 있는 역량을 기른다.

학습개요

1. 환리스크가 발생하는 이유, 환리스크의 유형, 환리스크가 발생하는 기업들의 형태 등에 대해 설명했다.
2. 환리스크 관리의 내부적(매칭, 네팅 등) 및 외부적 관리기법의 정의 및 활용 방법에 대해 설명했다.
3. 기업들이 환리스크 관리를 하는 데에 필요한 프로세스 등에 대해 금융감독원의 '기업 외환리스크 관리방안'을 중심으로 설명했다

제1절 환리스크의 개념

환율의 변화는 특히 기업들에게 원가 및 매출 등 경영전반에 걸쳐 큰 영향을 미친다. 환리스크의 개념 및 유형, 내부적 및 외부적 관리 기법에 대해 살펴본다. 환리스크의 원인과 결정요인 및 헤지에 대해 학습한다.

1. 환리스크의 개념 및 유형

1-1. 환리스크 발생의 전제 조건

강의실에서 '환리스크관리' 과목을 강의할 때 다음 대화로 수업을 시작한다.

> 필자: 환리스크는 언제 발생하나요?
> 수강생: 환율이 변하기 때문입니다.

이 대답에 몇 점을 주고 싶은가? 만일 "십 점 만점에 십 점이요."라고 대답한다면 그 동안 힘들게 쌓아온 공든 탑이 와르르 무너질 수도 있다. 환율이 변하면 기업이나 개인에게 환리스크라는 불확실성이 커진다.

그러나 위의 질문을 "환율만 변해도 환리스크가 발생합니까?"라고 살짝 바꾼다면 답이 아니라는 것을 알 수 있다.

쉬어가는 코너

종금사를 그만둔 뒤 …

새로운 직장으로 옮기기 전에 1주일 쉴 때의 일이다. 출근하던 버릇이 있어 오전 10시경에 아파트 산책길로 나섰다. 동네 라면가게 아주머니가 그 시간에 출근했다. 그녀는 성격이 무뚝뚝해서 내가 먼저 인사를 해도 받는 둥 마는 둥이었다. 그렇게 며칠을 마주친 뒤 마지막 날에는 그녀가 먼저 인사했다.

아주머니: (명량한 목소리로) 아저씨, 안녕하세요? 그런데 요사이 왜 회사를 안 가요?
필자: (저음으로) IMF 때문이지요. (마음 속으로는) 헐ㅠㅠ

인사라기보다 속된 표현으로 염장을 지르는 것처럼 여겨졌다. 그때 중요한 것 하나를 깨달았다. 당시 달러/원 환율은 오르락내리락 하였지만 그 아주머니는 환리스크를 전혀 느끼지 못하는 것처럼 보였다. 왜 그랬을까?

그녀는 본인의 가게에서 판매하는 야채나 라면 등의 음식재료를 원화를 주고 사온다. 그리고 대부분의 경우 주된 고객인 초중딩들에게 라면이나 떡볶이를 팔고 원화를 받는다. 즉, 원가와 매출 통화가 모두 같은 원화이다. 그래서 달러/원 환율이 변하더라도 라면가게에는 직접적인 영향을 주지는 못하고, 간접적으로만 영향을 줄 뿐이었다.

그날 저녁에 어떤 외국인이 이것 저것 주문하고 20달러를 지불했다면 아주머니는 잠을 설칠지도(?) 모른다. 왜냐하면 다음날에 달러/원 환율이 폭락하면 매출이 줄어들 수 있기 때문이다.

정리하는 코너

우리나라 수출 기업 대부분은 …

국내에서 제품을 생산해서 미국이나 유럽 등 다른 나라에 팔고 달러나 유로 등의 외국통화를 받는다. 이처럼 원가와 관련되는 통화와 매출과 관련되는 통화가 다를 때 환율이 변하면 그 기업에 심각한 불확실성을 가져오게 된다.

결국 환리스크가 발생하는 데에는 환율이 변하는 것 이전에 하나의 전제조건이 존재한다. 즉, 당사자가 달러나 유로를 받거나 지불해야 할 거래가 있는 상태, 즉 오픈 포지션이 있어야 한다.

1-2. 환리스크의 개념

환리스크에 대해 알아보기 전에 '리스크'라는 말에 대해 좀 더 알아보자. 언젠가 오프라인 강의시간에 '위험이란 영어 단어에는 무엇이 있나요?'라는 질문에 유머가 9단인 수강생이 "단거(danger)"라고 재빨리 대답했다. 드물게 'hazard'라고 답하는 이들은 마치 골프에서 공이 수 없이 워터 해저드[4] 속으로 빠져서 그런지 절규에 가깝다.

공사장에 '위험'과 'danger'라고 나란히 써놓는다. '위험'이라는 표시를 무시하고 그곳에 들어가면 큰 사고를 당할 수도 있다.

골프장에서 재미 삼아 공을 워터 헤저드로 날려 보라. 몇백만 분의 일의 확률로 물수제비를 멋있게 만들고서 홀인원을 할 수 있다. 하지만 대부분의 경우 골프공은 퐁당하는 소리와 함께 물속으로 사라지고 만다.

쉬어가는 코너 Danger(Hazard) vs Risk

Danger나 hazard의 경우 결코 좋은 일이 일어날 수 없다. 그래서 무조건 피해야(avoid) 한다.
그에 비해 'risk'는 'danger'나 'hazard'와 다르다.
이에 대한 정답은 다음 질문에서 찾을 수 있다.

'달러/원 환율이 오르면 좋아요? 아니면 내리면 좋아요?'라는 우문에 어떻게 대답을 하고 싶은가? '포지션에 따라 달라요.'라고 대답해야 지금까지 공부한 보람이 있을 것이다.

'환데인저'나 '환해저드'라고 말하지 않고 '환리스크'라고 말하는 이유는 포지션 때문이다. 달러/원 환율 상승이 롱 포지션인 사람에게 유리하고, 숏 포지션인 사람에게 불리하다.

환율이 변할 때 좋을 수 있기 때문에 danger나 hazard처럼 무조건 피할 것이 아니라 때로 적극적으로 감수해야(take) 한다.

1-3. 환리스크의 유형

환율이 변하면 기업이나 개인에게 불확실성이 커진다. 환율변동에 따른 환리스크에는 환산환리스크, 영업환리스크 및 거래환리스크가 있다.

4 워터 해저드(water hazard): 골프 코스 안에 호수, 연못, 강 따위의 물이 있는 장애 지역을 말한다.

가. 환산환리스크

기업은 매년 마지막 영업일에 매매기준율을 근거로 재무제표를 작성한다. 이때 기업은 지난 결산시점 이후 환율의 변화에 따라 외국통화표시 자산과 부채, 수입과 지출, 이익과 손실을 재무제표의 보고통화로 환산할 때 외화환산이익이나 외화환산손실이 발생할 수 있는 불확실성이 있는데, 바로 환산환리스크이다.

같은 크기의 외화부채를 가지고 있더라도 작년 말 환율과 금년 말 환율이 다르면 원화로 환산한 금액이 달라진다.

정리하는 코너

예를 들어 작년에 …

3년 만기로 1백만 달러를 차입한 회사는 작년 말 달러/원 환율이 1100원이었다면 외화부채가 11억 원이라고 재무제표를 작성했을 것이다. 그런데 올해 말 달러/원 환율이 1000원이 되면 외화부채가 10억 원이라고 보고한다.

작년 말에 비해 올해 말 달러/원 환율이 100원 하락하면 1억 원의 외화환산이익이 발생하고, 그 반대의 경우 외화환산손실이 발생한다.

그런데 외화환산손익은 외화자산 또는 외화부채의 가치를 환율변동을 반영하여 장부상에 표시한 것이기 때문에 자산과 부채의 변동으로 인한 손실은 아니다. 따라서 외화환산손익은 향후 환율의 움직임에 따라 상쇄될 가능성이 있다.

환산환리스크는 당기에 기업의 현금흐름에 변화를 초래하지는 않지만, 미래 현금흐름상의 변화를 가져올 수 있다. 환산환리스크는 기업의 재무제표에 당기손익으로 반영된다. 결국 외화환산손익이 기업의 신용도나 가치에 영향을 미치기 때문에 중요하다.

나. 영업환리스크와 거래환리스크

기업은 프로젝트를 수주하거나 매년 사업계획을 수립하고 실행하는 과정에서도 환리스크에 노출된다. 예를 들어 국내에서 3년 동안 선박을 건조하여 해외로 수출하는 S조선사의 선박수주와 관련되는 환리스크에 대해 살펴보자.

선박수주를 위해 입찰에 참여할 때 S사는 입찰 당시 달러/원 환율에 근거해서 매출이나 매출원가 등을 감안하여 사업계획을 수립한다. 그런데 그 회사가 수주에 성공하더라도 수주시점에는 아무런 회계처리를 하지 않는다.

우리나라 조선사는 선박을 건조하는 기성(공정진행률)에 따라 매출을 인식하는 회계처리를 한다. 그리고 그 후 기성에 따라 선박 대금이 달러로 입금된다.

정리하는 코너

영업환리스크

선박을 수주할 시점의 달러/원 환율보다 선박대금으로 받은 달러를 매도할 때 환율이 낮다면 S사는 매출 감소로 인한 매출총이익의 감소로 선박수주를 할 때 세웠던 예상 순익을 달성하지 못한다.

그런데 S사가 부담하는 환리스크는 두 단계로 나눌 수 있다. 이미 언급한대로 S사가 선박을 수주할 때 회계처리하지 않는다. 실제로 선박을 건조하는 기성에 따라 매출을 인식할 때 회계처리한다.

선박을 수주할 때와 선박을 건조하는 기성에 따라 매출을 인식할 때 사이의 환율의 변화는 S사에 큰 불확실성이 되며, 영업환리스크이다.

한편 선박을 건조하는 기성에 따라 매출을 인식하는 회계적인 거래로 확정할 때 환율과 실제로 선박대금이 들어올 때 사이의 환율의 변화는 S사에 또 다른 불확실성이 되며, 거래환리스크이다.

그리고 기업이 매년 사업계획을 수립하고 실행하는 과정에서 영업환리스크와 거래환리스크는 다음과 같다. 예를 들어 국내에서 제품을 만들어 해외로 수출하는 기업은 매년 말 차년도 사업계획 환율(예를 들어 달러/원 환율: 1150원, 엔/원 환율: 12.00)을 기준으로 사업계획을 수립한다.

만일 1월에 달러/원 환율이 갑자기 큰 폭으로 하락하여 1050원이 되면 이 기업이 실제로 수출계약을 할 때 불리해지며, 바로 영업환리스크이다. 이와 같이 예상하지 못한 급격한 환율변동으로 인해 판매량 및 판매가격 등 영업에 실질적으로 영향을 주어 현금흐름 및 영업이익이 변동하게 될 가능성이다.

정리하는 코너

또 …

아베노믹스의 결과 달러/엔 환율 상승으로 인해 엔/원 환율이 예를 들어 9.00과 같이 크게 하락하여 우리나라 기업들이 경쟁관계에 있는 일본 기업들에 비해 수출경쟁력이 떨어지는 것도 영업환리스크에 해당한다.

그에 비해 거래환리스크는 거래 발생시점인 수출 상품을 선적할 때 달러/원 환율이 1150원이었는데 수출대금을 수취하여 환전할 때 환율이 1050원이 될 수 있는 불확실성이다.

그리고 외국통화 표시 자금의 차입 시점과 결제 시점 사이의 환율변동으로 인해 자국통화의 결제금액이 변동할 수 있는 것도 거래환리스크이다.

2. 환리스크 관리기법

기업이 환리스크를 관리하는 기법에는 크게 내부적 관리기법과 외부적 관리기법이 있다.

2-1. 내부적 관리기법

기업이 영업활동과 관련되는 환리스크를 외부 금융기관과 별도의 반대거래 없이 내부에서 사전적으로 헤지하거나 줄이는 방법이다. 기업이 내부적 관리기법을 사용할 때 금융기관에 수수료를 내지 않는다.

그러나 기업이 내부적 관리기법만 사용하면 여러 제약이 있을 수 있다. 내부적 관리기법의 의미와 헤지 목적으로 활용할 때 한계점을 살펴보자.

가. 매칭(Matching)

환리스크는 거래하는 통화가 다르거나, 통화가 같더라도 만기일이 다르면 발생한다. 매칭은 이점을 감안하여 무역거래를 할 때 통화와 만기일을 일치시키는 내부적 관리기법이다.

예를 들어 A기업이 중국에서 상품을 수입하여 일본으로 수출한다면 수입 및 수출을 같은 통화인 달러로 하고, 만기일을 같게 하면 환리스크를 상당히 줄일 수 있다.

정리하는 코너

한계점은?

예를 들기는 쉽지만 현실적으로 한계가 많다. 왜냐하면 일본의 수입상이 자신이 환리스크를 부담하기 싫어서 A기업에게 달러가 아니라 엔으로 결제통화를 바꾸어 달라고 요구할 가능성이 매우 높기 때문이다.

그리고 수출거래나 수입거래 가운데 한 쪽만 있는 기업은 이 기법을 활용할 수 없다. 같은 통화로 수출과 수입을 하더라도 그 규모가 크게 차이가 나면 매칭을 활용하기 힘들다.

나. 상계(Netting)

국제적 경영을 하는 기업의 본사와 지사 또는 지사 상호간 채권과 채무를 건별로 결제하지 않고 일정기간이 경과한 뒤 상계한 후 잔액만을 결제하는 기법이다. 이를 활용할 수 있는 기업은 매우 큰 규모의 채권과 채무가 서로에게 발생하는 경우인데, 소규모 중소기업은 이런 기회가 적다.

다. 리딩(Leading) & 래깅(Lagging)

수출이나 수입과 관련되는 결제시기를 인위적으로 조정하여 환리스크를 관리하는 기법이다. 예를 들어, 미국에서 중간재를 수입을 하는 B기업이 앞으로 달러가 상승할 것으로 예상하면 수입대금을 조기에 결제하면 되며, 이것이 바로 리딩(leading)이다.

반대로 미국으로 휴대폰을 수출하는 C기업은 향후 달러가 상승할 것으로 예상하면 수출대금 등 영수자금의 네고를 지연시키면 되며, 래깅(lagging)이라고 한다.

쉬어가는 코너

필자는 …

초록색이 선명한 당구대를 바라 보기만해도 언제나 가슴이 설렌다. 사람들이 당구를 치는 모습은 비슷하다. 실제로 공을 치기 전에 심호흡을 하고서 연습 샷을 한다.

골프에서도 이를 'pre-shot routine'이라고 하며, 좋은 샷을 위해 중요하다. 당구를 처음 배웠던 학창시절에는 그 용어를 몰라서 흔히 '삽질한다'라고 거칠게 표현했다.

> 당구를 칠 때 고수나 하수가 'pre-shot routine'을 할 때는 큰 차이가 없다. 그런데 고수는 자신이 맞추고 싶은 당점을 정확하게 쳐서 상대방의 부러움을 산다. 그러나 하수는 자신이 겨냥한 당점을 정확히 치지 못해 속칭 '바킹'을 밥 먹듯이 한다.

당구에서 '바킹'과 같은 일이 환리스크 관리에서도 발생할 수 있다. B기업이나 C기업이 예상한대로 달러가 상승하지 않고 하락하면 오히려 환리스크가 커진다. 즉, 리딩이나 래깅을 활용하여 환리스크를 관리하려고 한 것이 오히려 환리스크를 크게 하는 결과를 가져올 수 있다.

또한 현실적으로 대부분의 기업이 외화의 수급시기를 인위적으로 무한정 미루거나 당기는 것은 어렵다.

라. 통화포트폴리오 전략

펀드매니저는 자신의 펀드를 운용할 때 최적의 포트폴리오를 구성하려고 애를 쓴다. 펀드를 운용할 때 포트폴리오 구성을 하는 것처럼 기업이 동시에 달러와 엔 및 유로 등 여러 통화로 수출입거래를 하면 여러 통화의 환율변동이 서로 상쇄되는 효과를 달성할 수 있어 환리스크를 줄일 수 있다.

하지만 이러한 전략은 기업이 선택할 수 있는 기법의 하나이지만 수출입거래를 할 때 아주 우월적 지위에서 자신이 원하는 통화로 수출입거래를 할 수 있을 때만 가능하기 때문에 한계가 많다.

2-2. 외부적 관리기법

외부적 관리기법은 내부적 관리기법을 활용할 때 발생할 수 있는 한계를 보완할 수 있다. 즉, 내부적 관리기법으로 관리하지 못하는 환리스크로부터 환차손을 최대한 줄이거나 보다 적극적으로 대처하여 환차익까지 획득하려는 기법이다.

정리하는 코너

주로 은행 등의 …

금융기관이 기업을 위해 제공하는 각종 통화관련 파생금융상품들이다. 우리나라 기업들은 주로 통화선도, 통화선물, 통화스왑 및 통화옵션 등을 사용한다.

그리고 한국무역보험공사는 수출과 수입을 돕기 위해 수출보험제도와 수입보험제도를 운용하고 있다. 수출입보험제도의 하나로 환변동보험이 있으며, 기업은 환리스크 관리를 위해 이를 활용할 수 있다.

3. 환리스크가 발생하는 기업의 거래형태

환리스크라는 불확실성을 원하는 개인이나 기업 또는 정부는 없다. 그럼에도 불구하고 이들이 환리스크에 노출되는 것은 수행하는 거래형태와 관련이 있다.

환리스크가 발생하는 이유는 무역이나 외화차입 등의 거래에 관련되는 통화가 다르기 때문이다. 즉, 관련되는 통화가 다른 경우 오픈 포지션이 발생하기 때문에 당연히 환리스크가 발생한다.

그리고 같은 통화가 관련되더라도 두 거래 사이에 시차가 존재하면 환리스크가 발생한다. 즉, 환율이 시시각각 변하고 그 통화를 주고받는 만기일이 다르면 환리스크가 발생한다.

3-1. 무역거래를 하는 기업

국내에서 제품을 생산한 뒤 달러나 유로를 받고 수출하는 기업은 원가는 원화이지만, 매출은 달러나 유로이다. 즉, 무역과 관련되는 원가와 매출의 통화가 다르기 때문에 환리스크가 발생한다.

3-2. 외화표시 내국신용장으로 수출물품을 구매하는 기업

수출과 관련되는 원자재를 국내 기업 사이에 거래하는 경우에도 순수외화표시로 계약이 이루어질 때가 있다. 순수외화표시 내국신용장(local L/C)에 의한 거래에서는 물품의 대가를 외화로 직접 주고받기 때문에 환리스크가 발생한다.

3-3. 외화표시 자산이나 부채가 있는 기업

외화표시 부채 또는 자산이 있는 기업은 재무제표를 만들 때 외화자산과 외화부채를 평가하기 때문에 외화환산손익이 발생한다. 또 이들 기업은 외화자산의 회수나 부채의 상환시점에 환율이 바뀌기 때문에 환차손익이 발생한다.

정 리 하 는 코 너

수출입 대행을 의뢰하는 기업

국내기업이 해외로부터 원자재를 수입할 때 국내의 수입상에게 수입대행을 의뢰하는 경우가 많다. 이와 같이 수입이나 수출을 의뢰하는 기업도 환리스크에 노출된다.

4. 환리스크의 3대 결정요인

기업에게 불확실성을 가져오는 환리스크의 크기는 오픈 포지션의 규모, 환율변동성과 보유기간에 따라 달라진다.

일반적으로 오픈 포지션의 규모와 환율변동성의 크기가 클수록, 그리고 보유기간이 길수록 환리스크는 커진다.

4-1. 오픈 포지션의 규모

오픈 포지션은 일정시점에서 어떤 기업이 보유하고 있는 포지션이다. 오픈 포지션이 클수록 기업이 부담하는 환리스크는 커진다. 오픈 포지션은 수출입 등에 의한 경상수지 흐름과 외화차입 및 투자 등에 의한 자금수지 흐름, 외화예금 잔고, 현물환 및 선물환 등의 각종 외환거래 잔고 등이 포함된다.

예를 들어 향후 1개월간 오픈 포지션이 1천만 달러인 A기업과 1백만 달러인 B기업이 있을 때 달러/원 환율이 1개월간 100원 변동하면 A기업과 B기업은 각각 10억 원과 1억 원의 환리스크를 부담한다.

4-2. 환율변동성

같은 크기의 오픈 포지션도 환율변동성이 어느 정도냐에 따라 환리스크의 크기가 달라진다. 즉, 환율변동성이 커질수록 기업이 부담하게 되는 환리스크는 증가한다.

IMF 이전에는 달러/원 환율이 하루 종일 움직이는 변동폭이 적었다. 그러나 IMF 이후 자유변동환율제도를 채택하면서 하루에도 몇십 원 이상으로 크게 움직이기 시작했다.

쉬어가는 코너 **글로벌 금융위기 때 …**

달러/원의 변동폭이 다른 주요 선진국 통화들 못지않게 컸다. 이는 달러/원 환율변동성이 적을 때보다 기업이 부담하는 환리스크가 훨씬 커졌다는 것을 의미한다.

4-3. 보유기간

오픈 포지션의 보유기간이 길면 길수록 보유기간 내의 환율이 변동하는 것에 따라 기업이 부담하게 될 환리스크는 커진다.

예를 들어 같은 크기의 오픈 포지션을 1개월 동안 보유하는 A기업은 6개월 동안 보유하는 B기업에 비해 일반적으로 적은 환리스크를 가진다. 그 이유는 일반적으로 1개월 사이에 환율이 변할 수 있는 폭보다 6개월 사이에 환율이 변할 수 있는 폭이 크기 때문이다.

5. 환리스크 헤지

5-1. 환리스크 헤지의 개념

기업은 무역이나 외화자금거래를 하기 때문에 오픈 포지션이 발생한다. 이에 반대되는 포지션을 인위적으로 만들어 종합 포지션을 기준으로 스퀘어 포지션을 만들어, 향후 환율변동으로 인한 위험을 제거하는 것이 환리스크 헤지이다.

쉬어가는 코너 헤지(hedge)의 원래 뜻은 …

목동이 자신의 양들을 이리떼로부터 보호하기 위해 쌓은 울타리이다. 그래서 특히 금전적인 손실을 막기 위한 대비책이라는 파생된 뜻으로 쓰기 시작했다.
비유적으로 환리스크 헤지는 기업이나 개인이 '환리스크'라고 볼 수 있는 '이리떼'로부터 자신의 알토란 같은 '양'이라고 볼 수 있는 '적정 이윤'을 지키는 행위이다.
한편 hedge에는 소위 '양다리를 걸친다'는 뜻도 있다.

국내에서 에어컨을 생산해서 미국으로 수출하는 기업의 경우, 달러/원 환율이 떨어지면 적정한 이윤을 확보하지 못하거나, 수출을 하고도 손실이 발생한다. 이런 불확실성을 선물환거래 등을 활용해 매도헤지하면 수출과 관련되는 환리스크를 관리할 수 있다. 결국 헤지는 헤지 이전의 불확실성을 헤지 이후의 확실성으로 바꾸는 행위이다.

헤지의 원리는 간단하다. 위의 예처럼 보유한 롱 포지션만큼의 매도헤지를 통해 달러표시 부채를 동시에 보유하여 환율 하락에 따른 위험을 상쇄시키는 것이다. 헤지거래를 한 뒤에 환율이 떨어지면 달러표시 자산의 가치가 감소하여 손실이 발생하지만, 달러표시 부채의 가치도 동시에 감소하기 때문에 환율하락에 따른 자산감소 효과를 상쇄할 수 있다.

물론 달러/원 환율이 오르더라도 같은 맥락에서 불확실성을 제거할 수 있다.

【그림 2-1】 헤지의 개념

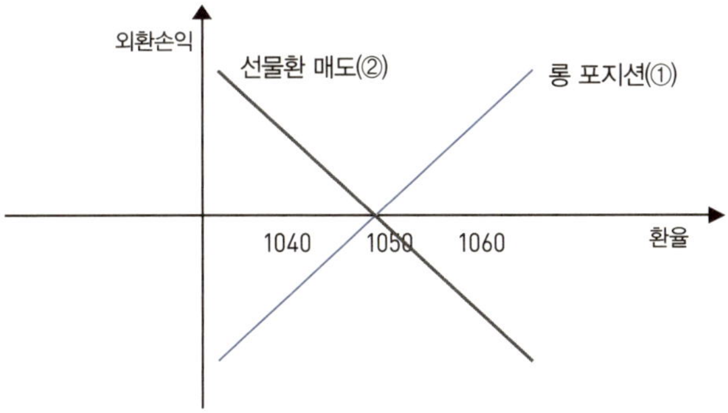

헤지를 그림으로 이해하면 위와 같다. 즉, 수출기업이 수출 대가로 받을 달러 롱 포지션(그림 ①에 해당)은 향후 환율변동에 노출되기 때문에 이와 반대되는 선물환 매도거래(그림 ②에 해

당)를 하는 것이 헤지이다.

결국 이 두 거래가 서로 상쇄되어 향후 환율변동에 관계없이 선물환율에 해당하는 원화 현금흐름을 확보한다.

5-2. 환리스크 헤지의 필요성

환율이 변하면 재무분야뿐만 아니라 회사경영 전체에 영향을 미친다. 환율이 변하면 먼저 원자재 구매량이나 단가와 관련되기 때문에 원가 전반에 영향을 미친다.

그리고 제품판매량과 판매가격에 영향을 주거나, 외상매출금과 관련해서는 환차손익이 발생하기 때문에 매출 전반에도 영향을 미친다.

뿐만 아니라 외화차입금이 있는 경우에는 환산손익이 발생할 수 있기 때문에 재무분야에도 영향을 미친다. 앞에서 살펴본 것처럼 환율이 변하면 회사의 현금흐름이나 마진 등에 영향을 주어 기업가치를 변화시킨다.

정리하는 코너

기업은 …

주주의 가치를 극대화하려고 노력한다. 이를 위해서는 지속적으로 영업이익을 내야 한다. 만일 기업이 환리스크를 헤지하지 않으면 미래의 환율변동에 따라 영업손익의 변동폭이 커진다.
환율이 기업에 유리하게 움직이면 다행이지만, 불리하게 움직이면 영업이익이 크게 줄어든다.
따라서 환리스크를 적절히 헤지하지 않으면 해당 기업은 대외변수인 환율변동에 따라 경영의 성과가 좌우된다.

환율변동에 따라 매출액 또는 영업이익의 변동이 커지면 은행 또는 채권시장에서의 기업에 대한 신용평가와 주식시장에서의 기업가치 평가에 부정적인 영향을 준다. 이것은 기업의 안정적인 경영을 불가능하게 한다.

기업이 본연의 업무인 생산 및 판매활동에 충실하기 위해서도 환리스크를 헤지해야 한다. 지속적인 헤지를 통해서만 안정적인 경영을 기대할 수 있다.

【그림 2-2】 환리스크를 관리하는 기업과 관리하지 않은 기업의 손익

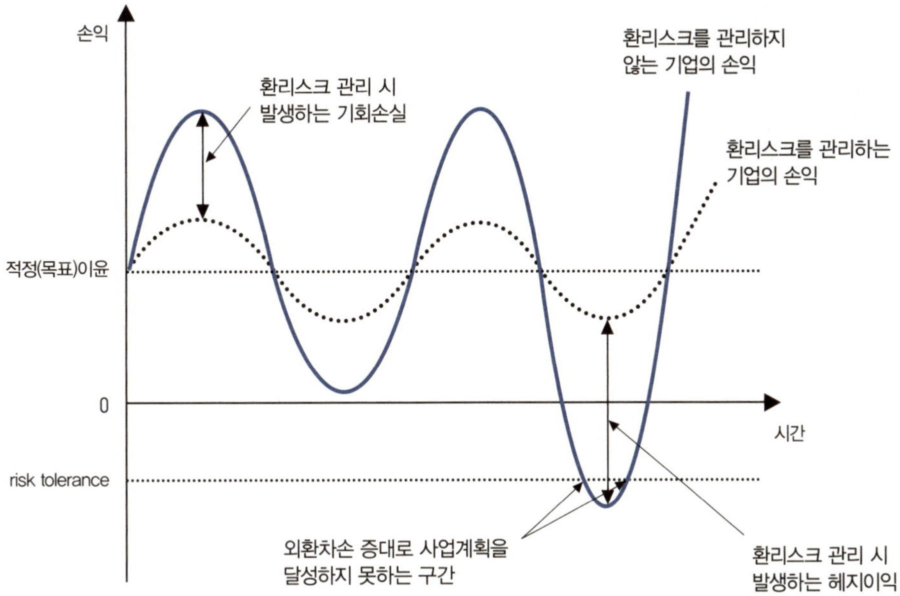

환리스크를 제대로 관리하지 못했을 때 기업의 손익은 기업 스스로 통제할 수 없는 외부 요인인 환율에 의해 좌지우지 당한다. 위의 그림은 환리스크를 적절하게 관리하는 기업과 그렇지 못한 기업의 손익을 보여준다.

정리하는 코너

환리스크 관리의 핵심

환리스크를 관리하는 기업은 기업이 자체적으로 통제할 수 없는 외생변수인 여러 요인에 기업의 운명을 맡기는 것이 아니라 그 변동의 폭을 완화(smoothing out)시키는 것이다.

환리스크 관리 실패는 곧 기업의 사업계획을 달성하지 못하게 하고, risk tolerance(회사가 사전에 결정한 감당할 수 있는 년간 환차손 허용 규모)를 벗어난 환리스크는 기업의 생존을 위협한다. 그러므로 환리스크 관리는 기업의 생존전략이기 때문에 선택이 아닌 필수사항이다.

제2절 환리스크 관리의 실행방안

IMF 이전까지만 해도 우리나라 기업들은 좁은 환율변동폭 등으로 인해 환리스크에 대한 인식이 매우 저조했다. 환리스크 등과 같은 각종 위험에 대한 인식이나 관리보다 성장위주 정책에 따른 장단기 국내외 자금조달이 더 중요했다.

그리고 환리스크 관리보다는 오히려 실수요를 동반하지 않은 투기적 거래를 하는 등 기현상을 연출하였으며, 리스크 관리라는 측면에서 보면 파행적인 모습이었다.

쉬어가는 코너

금융감독원이 제시한 '금과옥조'

하지만 IMF 사태를 겪고 난 뒤 환리스크 관리 등에 대한 기업의 인식에 일대전환이 이루어졌다. 그 이전에는 없던 환리스크 관리를 위한 컨설팅회사들이 성업 중이다.

특히 2001년 4월 금융감독원의 기업 외환리스크 관리방안 실행은 획기적으로 기업들의 인식 제고 및 위험관리라는 문화를 정착시켰다.

이제 회사 규모를 떠나 모든 기업들이 환리스크뿐만 아니라 각종 경영과 관련되는 리스크에 대한 인식을 제고해야 한다. 금융감독원의 가이드라인을 참고하고 금융기관이나 컨설팅사 등의 도움을 받아 리스크 관리의 초석으로 삼아야 한다.

본절에서는 금감원의 '알기 쉬운 외환리스크관리' 책을 중심으로 정리하였음을 밝히며, 기업들도 환리스크 관리의 기본서로 삼기를 권장한다. 아울러 기존의 환리스크 관리방안이 부재하거나 있더라도 미비한 회사들이 현재 상황과 목표하는 수준의 관리방안을 재정립하는 계기가 되었으면 한다.

1. 금융감독원의 기업 외환리스크 관리방안

1-1. 기업 외환리스크 관리 추진배경

IMF 이후 달러/원 환율은 1997년 12월 자유변동환율제도로의 전환으로 환율변동폭이 크게 증가했다. 또 무역장벽 철폐와 외환자유화로 국경 간 자본이동 규모 및 빈도가 증가하고 있어 국제적 경영을 하는 기업들의 환리스크가 점증하는 실정이다.

정 리 하 는 코 너

이런 상황에서 …

기업이 환리스크를 체계적이고 적극적으로 관리하지 않으면 외화표시 거래가 많은 기업들의 경영상의 불확실성은 증가한다. 그 불확실성은 비단 해당 기업에만 국한되는 것이 아니라 거래 금융기관의 부실의 파급효과를 가져올 수 있다.

이런 불확실성을 차단하기 위해 2001년 4월부터 금융감독원은 외환건전성감독의 일환으로 금융회사를 통한 '기업 외환리스크 관리방안'을 시행하고 있다.

1-2. 기업 외환리스크 관리방안

이는 은행으로 하여금 거래기업의 환리스크 관리상태를 금융감독원의 가이드라인에 맞추어 평가하여 이를 여신심사 등에 반영하여 실질적인 효과를 거둘 수 있도록 했다.

그리고 금융감독원은 은행의 동 조치의 이행여부를 점검하고 이를 은행 경영실태평가 시 반영하는 연결고리 구조를 통해 많은 기업들의 환리스크 관리가 가능하도록 하는 관리체계를 정립했다.

가. 금융감독원

은행이 기업의 환리스크 관리현황을 적절히 관리하고 있는지를 평가한다. 그리고 그 평가내용을 은행의 경영실태평가 시 자산 건전성부문 평가항목의 비계량지표에 반영한다.

금융감독원의 주요 점검사항은 대상기업 선정의 적절성 및 누락 여부, 비계량지표에 대한 평가방법의 확인 및 평가에 따른 적절한 조치를 취했는지 여부 등이다.

나. 은행

정 리 하 는 코 너

은행의 역할이 가장 중요

은행이 일반적인 위험도 심사를 위해 거래기업에 대한 신용조사 시(연1회) 환리스크 관리현황을 평가하여 이를 신용평가시스템에 일정비율(10% 내외) 범위 내에서 자율적으로 반영하도록 한다.

기업 환리스크 관리실태는 신용등급에 영향(최대 1등급 하락 가능)을 주어 동 결과는 여신 적용 금리, 여신한도 및 기간, 담보설정 여부 등의 판단에 활용하고 있다.

1-3. 은행 평가항목 세부내용

은행이 금융감독원의 가이드라인에 따라 환리스크 관리실태를 평가하는 대상은 외감기업으로 총여신 10억 원 이상인 기업 중 i) 외화자산 또는 외화부채가 1백만 달러를 초과하거나, ii) 총자산 대비 외화자산 또는 외화부채가 10%를 초과하는 기업이다.

가. 관리체계

관리체계 항목은 환리스크 관리를 위한 기본 인프라 구성이 얼마나 잘되어 있는가를 평가한다. 관리체계는 규정제정 및 운영, 조직 및 업무분장, 전산시스템 구축수준 및 담당인력의 전문화로 세분되어 있다.

나. 한도설정

평가표상에서 차지하는 비중이 크지 않아 얼핏 보면 중요성이 떨어지는 항목으로 보일지 모르지만 외환차손이 기업경영에 결정적인 영향을 미칠 수 있기 때문에 회사 사정에 적합하게 한도를 설정하는 것이 무엇보다 중요하다.

정리하는 코너

가장 중요한 한도설정

한도설정은 외환리스크 한도설정, open position 한도설정, 매매목적 파생상품거래 한도설정 등으로 세분되어 있다.

다. 관리실태

실제 적용 여부를 판가름하는 계량지표이며 배점 비중이 가장 큰 부분이다. 관리실태는 총 open position비율, 외환차손익비율, 매매목적 파생상품거래 보유비율 등으로 나눠진다.

2. 기업 외환리스크 관리체계 수립

환리스크 관리체계는 기업의 환리스크를 효과적이고 체계적으로 관리하고, 전사적인 지원 체제를 확립하기 위한 것으로 환리스크 관리규정 제정, 전략의 수립, 조직의 구성, 관리 업무 프로세스 정립 및 그 지원 시스템을 통합하는 체계를 구축하는 것이다.

환리스크 관리는 기업의 경영실적에 직접적인 영향을 가져오는 재무사항이므로 환리스크 관리 담당부서만의 업무가 아니라 영업팀, 회계관리팀, 자금팀 및 기획·감사팀 등을 포함하는 전사적인 관심과 지원이 요구되는 시스템이다.

쉬어가는 코너

각 기업은 …

자산 및 자기자본 규모, 자사의 시장에서의 지위, 영업 유형 및 최고경영자의 경영방침, 전문 인력 보유 현황 및 조직구성 형태 등을 고려하여 회사실정에 맞는 최적의 환리스크 관리 체계를 구축해야 한다.

2-1. 환리스크 관리규정 제정

환리스크 관리의 첫 단계는 환리스크 관리규정을 제정하는 것이며, 이를 통해 사전에 정해진 지침을 기준으로 하여 안정적인 기업활동을 영위할 수 있다. 이때 기업은 실정에 적합한 규정을 제정하면서 은행의 환리스크 관리방안에 적용되는 점검항목을 포함하는 것이 보다 바람직하다.

관리규정에는 기업의 전략 및 환리스크 관리목표가 명기되어야 한다. 즉, 기업의 환리스크 관리정책에 있어서 소극적 또는 적극적 전략의 선택, 환리스크 부담 가능 범위, 환리스크 관리 원칙 등을 구체적으로 정하여 환리스크의 유형, 관리조직의 구조 및 기능, 환리스크 관리 절차, 정보시스템, 내부감사의 범위설정 등이 포함된다.

2-2. 환리스크 관리시스템 구축

환리스크 관리의 가장 중요한 요소 중 하나는 기업이 가지게 되는 환리스크를 가능하면 정확하게 인식하는 것이다. 아무리 좋은 관리규정 등을 수립하더라도 환리스크를 정확히 파악하지 못하면 무용지물이 될 수도 있기 때문이다.

기업은 환리스크 관리규정을 제정한 뒤 기업의 규모, 외환거래 규모 및 빈도, 외환포지션의 크기 등을 감안하여 회사에 적절한 환리스크 관리시스템을 구축해야 한다.

구축방법에는 ① 자체적으로 구축하는 방법 ② 외주에 의한 방법 ③ ASP(Application Service Provider)를 통한 방법 등이 주로 이용되고 있으며, 해당 기업은 상기 방법들의 장단점을 비교하여 회사 실정에 적합한 방법을 채택한다.

3. 환리스크 관리 실행

3-1. 개요

환리스크는 포지션의 크기와 향후 환율변동성에 따라 달라진다. 그런데 환율변동성은 외생변수로서 기업들이 결정할 수 있는 요소가 아니다. 그러므로 기업 입장에서 관리가 가능한 포지션의 규모를 정해진 기준에 맞추어 결정하여 환리스크를 줄이는 것이 환리스크 관리의 요체이다.

정리하는 코너

환리스크 관리 방법

환리스크는 크게 총손실한도, 위험측정기간 등 정책적 고려사항을 결정하는 초기단계와 제반 데이터를 집계·분석하여 위험정도를 측정하는 본격적인 단계로 구분하여 관리한다.

이 과정에서 총손실한도, 기초기준 등이 부적절하게 설정된 경우에는 환리스크 관리위원회의 승인을 받아 이를 재설정해야 한다. 기업은 최소한 1년에 1번 정도는 환리스크 관리체계 전반을 점검하여 이를 수정·보완하는 등 환리스크 관리체제를 지속적으로 개선해야 한다.

가. 사전단계

본격적인 환리스크 관리에 앞서 환리스크 관리를 위한 정책적인 사항에 대한 의사결정이 환리스크 관리위원회, CRO(Chief Risk Officer; 최고위험관리자) 또는 최고경영자에 의해 이루어져야 한다.

아울러 정책적 의사결정의 내용에는 총외환손실한도, 기초기준인 신뢰구간 및 위험측정기간 등의 가장 중요한 내용들이 포함된다.

목표환율을 설정하고 공격적 전략과 방어적 전략을 기준으로 하여 헤지비율을 설정한다. 또 헤지거래를 반대거래하는 경우(hedge unwinding) 등에 대비하여 그 기준도 설정한다. 이러한 정책적 의사결정은 특히 최고경영자의 위험에 대한 철학을 대변하는 것으로 이것은 곧바로 기업의 향후 경영상에 중요한 변수로 작용한다.

나. 실행단계

앞에서 살펴본 바 정해진 중요한 수치들을 바탕으로 하여 환리스크 관리담당자들은 다음과 같은 과정을 거쳐 환리스크를 관리한다.

(1) 과거환율, 금리 및 외환거래 정보를 입력하고 이러한 정보들을 집계, 가공하여 환리스크를 측정한다. 또 환율전망에 따라 여러 환율변동의 시나리오별로 손익의 변동성을 파악한다.

(2) 측정된 외환손실 가능액이 환리스크 관리목표로 책정된 총외환손실한도를 초과하였는지 비교한다.

(3) 측정된 외환손실 가능액이 총외환손실한도를 초과할 때 환리스크를 줄이기 위한 대책을 수립하고 헤지거래를 실행한다. 각종 외부적 관리기법 가운데 어떠한 헤지 수단을 이용할 것인지 결정하여 실행한다.

(4) 시행된 헤지거래는 환리스크 정보이므로 신규 입력되고 변경된 정보로 다시 환리스크를 측정하는 등 환리스크 관리목표 범위 내에 들어올 때까지 반복 실행한다.

(5) 설정된 환리스크 관리목표의 달성 여부 등에 대해 분석한다. 이를 통해 이전에 설정된 목표 수립의 적절성 여부를 판단하고 다음 환리스크 관리목표를 수립할 때 참고할 수 있다.

그리고 실제로 헤지를 실행한 내용과 최적안에 대해 사후적으로 검토하여 다음에 헤지를 실행할 때 참고할 수 있다. 이런 과정을 통해 보완해야 할 사항을 도출한다. 앞에서 설명한 환리스크 관리절차의 개요를 정리하면 다음과 같다.

【그림 2-3】 환리스크 관리절차 개요

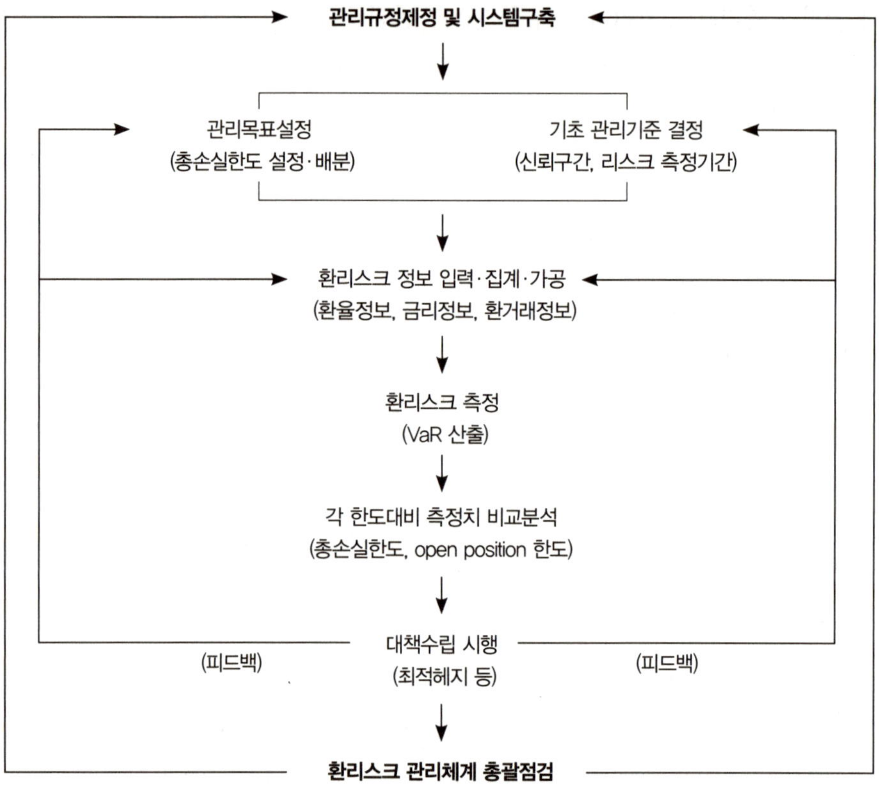

자료: 금융감독원, "알기 쉬운 외환리스크관리", 탑존, 2002.9, p49

3-2. 환리스크 관리 세부과정

가. 총외환손실한도의 설정 및 배분

1) 총외환손실한도의 설정

정리하는 코너

총외환손실한도는 …

향후 불리한 환율변동으로 입을 수 있는 최대 외환손실규모이며, 통상 원화로 설정한다. 총외환손실한도와 외환손실 가능액을 비교하여 만일 외환손실 추정규모가 한도를 초과할 경우 외환노출을 줄이는 절차를 밟는데 이것이 환리스크 관리의 핵심이다.

여기서 적정한 총외환손실한도를 정하는 것은 매우 어렵다. 일반적으로 기업실정을 감안하여 자기자본의 일정비율, 당기순익 또는 영업이익 목표의 일정비율, 자기자본과 당기순익 합계의 일정비율 또는 외환관련 손실이 큰 기업의 경우에는 전년도 외환관련 손실의 일정비율로 정할 수 있다.

한편 기업은 회사실정에 따라 외환손실한도를 원화 이외의 외화로 설정(open position 한도)하여 환리스크를 관리할 수도 있다.

2) 총외환손실한도의 배분

총외환손실한도를 설정한 뒤 효율적인 관리를 위해 통화별, 부문별 및 부서별로 배분한다. 예를 들어 환리스크를 한 부서에서 집중 관리하는 기업은 총외환손실한도를 거래통화별로 배분하여 관리한다.

한편 외환거래규모가 크고 발생빈도가 많은 기업은 총외환손실한도를 합리적인 기준에 따라 부문별로 배분한 뒤 다시 각 부문은 이를 다시 통화별로 재배분하면 된다.

이미 배정된 총외환손실한도가 관리과정 중에 적절치 못하다고 판단되면 이를 언제든지 수정·변경할 수 있는 탄력적인 의사결정체제를 갖춰야 한다.

나. 기초기준의 결정

쉬어가는 코너

기업이 …

환리스크를 측정할 때 필요한 신뢰구간과 측정기간을 결정한다. 신뢰구간과 측정기간에 따라 환리스크를 관리해야 할 크기가 달라지기 때문에 회사의 실정을 감안하여 결정한다.

1) 신뢰구간

미래의 외환손실 규모를 정확하게 예측하는 것은 불가능하지만 이미 검증된 통계기법을 이용하면 일정한 오차범위 안에서 측정이 가능하다. 여기서 일정한 오차범위를 설정하는 데 사용되는 개념이 신뢰구간이다.

미래 발생 가능한 외환손실 규모를 추정하기 위해서는 환율변동성 분포가 정규분포(또는 로그 정규분포)를 따른다는 가정을 하게 되는데, 이때 흔히 95% 또는 99% 신뢰구간을 정해서 이 범위 안에서 최대 환손실 가능액을 추정하는 방법을 사용한다.

정리하는 코너

예를 들어 …

95%(99%) 신뢰구간으로 외환손실 가능액을 측정했다면 실제 외환손실액이 측정된 외환손실 가능액을 초과할 확률이 5%(1%)라는 것을 의미한다.
외환시장이 정상적이라는 가정하에 기업들은 일반적으로 신뢰구간을 95% 또는 99% 수준으로 설정하여 운영한다.

그러나 1997년의 외환위기 또는 글로벌 금융위기 등과 같은 경우에는 극단값 이론(EVT; Extreme Value Theory) 등을 적용한 위기분석(stress test) 방법 등을 병행하여 탄력적으로 대응해야 한다.

2) 환리스크 측정기간

외환손실 가능액(VaR)의 측정과정에서 측정기간 또한 중요하다. 일반적으로 살펴보면, 은행과 같은 금융기관은 여러 상품의 거래가 빈번하고 또 투기적인 목적의 포지션 트

레이딩 거래가 활발하여 상당한 리스크가 동반된다.

그러므로 가능하면 일별로 보유 포트폴리오에 대한 리스크 관리가 필요하다. 그러나 기업의 환리스크는 경상거래 등 영업행위로부터 파생된 부차적인 위험이므로 금융기관과는 달리 대체로 측정기간이 장기이다.

정리하는 코너

대체로 …

금융기관과 달리 일별보다는 월별 단위로 측정하는 것이 적절하며 목적에 따라 다양하게 설정할 수 있다.

다. 환리스크 정보의 관리

환리스크와 관련되는 주된 정보는 환율과 해당기업의 외환거래에 의한 포지션이다. 각 정보들은 정해진 형태에 따라 입력, 집계한 후 합리적으로 가공하여야 체계적인 환리스크 관리가 가능하다.

1) 환율정보의 관리

외환손실 가능액(VaR)을 산출하는 데 기초가 되는 환율정보를 수집할 때 몇몇 유의사항은 다음과 같다. 수집주기는 1일 단위로 하고 매일의 종가환율을 사용하는 것이 일반적이다.

그리고 현재 시점부터 6개월에서 1년간의 과거 환율 자료를 통해 환율변동성과 거래통화 사이의 상관계수를 산출하는 것이 일반적이다.

2) 외환거래 정보의 관리

외환거래가 빈번하게 발생한다는 점을 감안하여 총괄적으로 집계하는 것이 무엇보다 중요하다. 특히 외화자금의 유입과 유출이 동시에 발생하는 기업은 자동 매칭에 의한 환리스크 관리가 가능하므로 외환거래정보를 총괄하여 집계하는 것이 중요하다.

정 리 하 는 코 너

이를 제대로 실행하기 위해 …

내부규정이나 지침을 제정하고 전담인력을 배치하는 등 체계적인 집계방법을 수립해야 한다. 일반적으로 외환거래가 많지 않은 중소기업 등은 특정 조직에서 모든 외환거래정보를 관리하고, 종합상사 등 다양한 형태의 외환거래가 발생하는 기업은 외환거래 발생 부서에서 외환거래정보를 각각 관리하는 것이 적절하다.

라. VaR를 이용한 환리스크 측정

환리스크 관리과정에서의 핵심부분은 환리스크를 정확하게 측정하는 것이며 이를 위해 VaR(Value at Risk)를 사용할 것을 금감원에서 가이드하고 있다.

1) VaR의 개요

VaR가 처음 도입된 것은 1993년 JP Morgan에서 자사의 전 세계적인 영업망의 총 위험도를 측정하기 위한 방법에서 비롯되었다. 위험도를 계량화한 것으로 정상적인 시장 조건하에서 주어진 신뢰 수준과 해당기간 동안에 시장리스크로 인하여 발생할 수 있는 최대 손실예상액이다.

예를 들어, 해당기간이 100일이고 신뢰 수준이 95%에서 산출한 일별 VaR가 10억 원이라면 통계적으로 포지션의 가치에 영향을 미치는 어떤 시장 위험요인의 변화로 인해 100일 동안에 발생할 수 있는 손실이 10억 원을 초과할 수 있는 확률이 5%가 될 수 있다는 뜻이다.

정 리 하 는 코 너

자산가격 변동에 의한 …

자산가치의 민감도를 표시하는 델타 같은 전통적인 리스크 측정 기준들에 비해 VaR는 실제로 그 자산가격이 얼마나 변동할 수 있고, 그에 따라 자산가치가 얼마나 감소할 수 있는지에 대한 정보를 제공한다.

VaR는 몇 가지 통계적 가정을 통해 합리적인 수준의 '최대 손실예상액'을 제시한다. VaR는 이러한 장점 때문에 그 적용되는 분야가 많아지고 있지만 시장 움직임이 안정적이라는 가정하에 산출된다는 한계가 있다. 즉, 과거의 가격변동 정보를 가지고 미래의 손실예상액을 산출하는 것이다.

2) VaR의 산출과정

VaR는 환율변동성, 신뢰구간, 환리스크 측정기간 및 환노출규모에 의해 결정되며, 이례적인 경우를 제외하고는 대체로 결정변수들이 커질수록 VaR도 커진다. VaR의 산출과정을 개략적으로 살펴보면 적절한 통계학적 기법을 사용하여 외화 1단위당 최대 환율변동폭(임계값)을 구한 후 이를 환노출규모와 곱하면 VaR가 산출된다.

예를 들어 신뢰구간 및 측정기간이 주어진 가운데 최대 환율하락폭이 100원인 경우 환노출규모가 1백만 롱 포지션이면 VaR는 1억 원이 된다. 지금까지 정의한 내용들을 통해 VaR를 산출하는 과정을 정리하면 다음과 같다.

【그림 2-4】 VaR의 산출과정

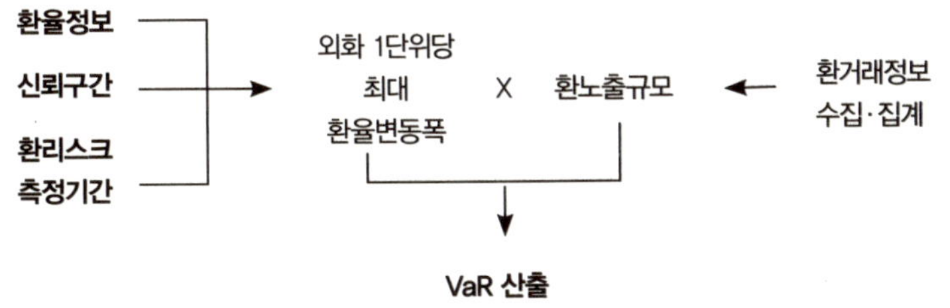

자료: 금융감독원, "알기 쉬운 외환리스크관리", 탑존, 2002.9, p66

마. 환리스크 한도와 측정치 비교

위에서도 살펴본 것과 같이 외환손실가능액은 VaR로 산출이 가능하며 VaR를 결정하는 두 요인은 결국 앞으로 예상되는 환율의 변동폭과 환노출규모이다.

이를 위해서 총외환손실한도와 외환손실가능액(VaR) 또는 open position한도와 환노출규모를 비교하여 현재의 환노출규모가 적절한지를 판단해야 한다.

표 2-1 환리스크 한도와 측정치 비교 방법

총외환손실한도 > VaR (또는 open position한도 > 환노출규모)	총외환손실한도 < VaR (또는 open position한도 < 환노출규모)
환리스크는 목표대로 잘 관리되고 있음	측정된 외환손실 가능액이 총외환손실한도를 초과하였기 때문에 환노출규모를 축소하기 위한 헤지가 필요함

바. 대책의 수립 및 시행

위의 표에서처럼 외환손실가능액(VaR)이 총외환손실한도를 초과하거나 open position 한도가 환노출규모를 초과하는 경우 환리스크를 한도 내에서 관리하기 위해 환노출규모를 줄이는 헤지 과정을 거쳐야 한다.

이때 접근이 가능한 여러 가지 헤지 대안에 대해 비용편익 분석을 통해 기업에 가장 적절한 헤지 방안을 도출하여 실행한다.

> **쉬어가는 코너** 대책의 수립 및 시행과정에서 …
>
> ① 신규정보의 추가 입력 ② 환리스크의 재측정 ③ 한도와 측정치 사이의 비교·분석 등 피드백 작업 순서를 밟으면 된다.
> 이 과정에서 시행착오를 최대로 줄이기 위해서는 가상의 헤지거래 금액, 만기 등을 설정한 후 시뮬레이션 절차를 거쳐 최적의 헤지거래 규모를 산출하는 것이 중요하다.

사. 환리스크 관리체계의 총괄점검

가능하면 시기는 1년에 1회, 예를 들어 11월경 등 연말에 다음 연도의 환리스크 관리체계를 전반적으로 점검하는 것이 바람직하다. 구체적으로는 환리스크 관리위원회 등 협의체에서 규정 또는 내부지침, 관리시스템, 다음 연도의 환리스크 관리한도 및 기타 환리스크 관리과정 등을 검토한다.

아. 보고(Reporting)

환리스크 관리담당자가 직급별·단계별로 수시 또는 정기적으로 보고하는 체계를 갖춰야 하며 상위직급으로 올라갈수록 보고내용을 핵심사항 중심으로 체계적이고 단순화하는 것이 바람직하다. 예를 들어, 최고경영자에게는 월 1회, 재무담당임원에게는 주 1회 정도 보고하는 것이 적절하다.

1) 정기보고

환리스크 관리 내부지침에 따라 환리스크 관리담당자는 1일 또는 월별로 환리스크 관리실태를 부서장에게 정기적으로 보고한다. 환리스크 관리부서의 장은 월별 또는 분기별로 환리스크 관리위원회 또는 최고경영자에게 보고한다.

정리하는 코너

중요한 보고 내용

주된 보고 내용은 통화별 총외환노출규모 및 외환손실가능액(VaR), 총외환손실한도 또는 open position한도 준수 여부, 환율시나리오 및 위기분석, 헤지 시 포지션 상황 및 헤지거래 내용, 내부지침 준수 여부, 환율변동 추이 및 예측 자료 등이다.

2) 수시보고

환리스크 관리 내부규정에 따라 환리스크 관리담당자는 이례적 상황이 발생할 때 즉시 직급별로 보고하되 상황 발생원인, 내용, 대책 등을 포함하여 보고한다. 주된 보고 내용은 환리스크 관리 한도초과, 급격한 외환시장 불안정 또는 거액 외환거래 상황(거액 수출입계약 등) 등이다.

제3절 환리스크 관리에 적용할 수 있는 권고안

본절에서는 금융기관 근무 경력과 외환컨설팅을 수행하는 과정에서 경험한 내용들을 중심으로 실제 기업이 적용할 수 있는 몇몇 주안점에 대해 약술한다. 아직까지 환리스크 관리를 전혀 하지 못했던 기업들이 금융감독원이 제시한 표준적인 모델로 나아가는 중간 단계에서 유용하게 적용할 수 있다.

1. 금융감독원의 가이드라인이 표준적인 모델임을 명심하라.

외환위기가 우리나라에 가져다 준 중요한 하나는 금융감독원에서 2001년 4월부터 시행하고 있는 「기업 외환리스크 관리방안」이다. IMF사태 이후 겨우 살아남은 기업들이 생존을 위한 몸부림을 하고 있을 때, 금감원이 외환위기의 재발을 막기 위해 실시하고 있는 구체적이고 체계적인 방안이다.

쉬어가는 코너

왕도는 없지만 오답은 있다

환리스크 관리에 대해서 흔히 하는 말 가운데 하나는 왕도가 없다는 것이다. 왜냐하면 회사가 처한 상황, 업태와 기업의 리스크에 대한 철학이 다르기 때문이다. 맞는 말이지만 그렇다고 환리스크를 관리하지 않는 것은 분명 오답이다.

오답을 피하려면 설령 그것이 완전하지는 못하더라도 나름대로의 환리스크 관리방안을 수립해야 한다. 그리고 기틀은 금감원의 가이드라인이다.

물론 모든 기업이 금감원 가이드라인대로 환리스크를 관리하지는 않더라도 이를 근거로 하여 각 기업의 자체 실정에 맞는 환리스크 관리체제를 구축하기 위한 지침임에는 틀림없다. 궁극적으로 달성해야 할 목표점이자 표준 모델임을 명심하고 그 내용을 철저히 파악해야 한다.

이것은 단순히 은행 등 외부에 보이기 위한 것이 아니라 기업의 안정적인 경영의 지름길이기 때문이다. 만일 금감원의 가이드라인대로 제대로 시행했다면 글로벌 금융위기 때에도 키코 사태나 건실했던 중견기업들의 몰락은 막을 수 있었다.

2. 환리스크 관리에 대한 철학을 정립하고 적절한 조직을 구성하라.

기업들에게 환리스크 관리 컨설팅을 수행하면서 늘 강조하는 것의 하나는 환리스크를 관리할 것인지 관리하지 않을 것인지는 최고경영진의 리스크 관리에 대한 철학과 관련된다는 점이다.

이렇게 중요한 환리스크를 CEO가 관리하지 않는다면, 경영을 해야 할 최고경영자가 본업을 벗어나 마치 놀이기구인 청룡열차를 타고 유희하는 것처럼 회사의 손익도 부침이 심할 수 있거나 아주 변동이 심할 것이다.

쉬어가는 코너

그러나 …

일반적인 경우는 그 반대이다. 그런 점에서 환리스크 관리가 단순히 회사의 실무자나 담당 부서장 수준에서 결정되거나 관리되어서는 안 된다. 즉, 확고한 관리체계와 조직을 구성해야 한다.

환리스크 관리조직은 다음과 같이 크게 세 가지로 나눈다.

2-1. 집중식 관리조직

환리스크 관련정보가 환리스크 관리 전담조직에 집중되며, 환리스크 관리 전담조직은 이런 정보들을 통합·분석하여 환리스크 관리전략을 결정한다. 따라서 총체적으로 관리할 수 있고, 다양한 내부적 및 외부적 관리기법을 효율적으로 사용할 수 있는 장점이 있다.

2-2. 분산식 관리조직

각 영업단위가 환리스크를 일정 원칙에 따라 자율적으로 관리함으로써 환리스크를 효율적으로 관리하는 조직이다.

2-3. 절충식 관리조직

집중식 관리조직과 분산식 관리조직을 절충한 조직이다. 이 조직은 중앙 관리조직이 회사 전체의 환리스크를 관리하고 각 부서는 제한된 범위 내에서 환리스크를 관리한다.

정리하는 코너

가장 발전적인 조직은 …

집중식 관리조직이며, 전문인력에 의해 다른 조직과 달리 불필요한 선물환거래 등과 같은 외부적 관리기법을 이용하는 거래를 막을 수 있어 규모의 경제를 통한 대은행 교섭력 등에서 유리하다.

3. 환리스크 관리비용을 인정할 수 있는 마인드를 제고하라.

여러 설문조사 등의 자료를 살펴보면, 기업들이 환리스크를 관리하지 않는 중요한 이유의 하나는 최고경영진의 무지이다. 또 환리스크 관리를 실행하는 기업들 중에서도 실무자들이 겪는 어려움의 하나는 헤지거래로 손실이 발생하면 이익을 창출할 수 있는 기회를 박탈당했다고 보는 시각이 많다는 점 등이 있다.

그리고 선물환거래 등과 관련되는 거래비용이나 스왑 코스트 등을 부담스러워 하는 경우도 있지만 환율의 급변동에 비하면 조족지혈과 같이 아주 미세한 부분이다. 따라서 이러한 일련의 헤지과정의 비용 발생은 경영에 필요한 것으로 인정하는 태도가 필요하다.

4. 환리스크를 정확히 인식하라.

각종 리스크 관리에서와 같이 환리스크 관리에서 가장 중요한 부분의 하나는 기업이 얼마만큼의 환리스크를 가지고 있는가를 정확히 인식하고 측정하는 것이다.

앞에서 환리스크의 유형의 하나인 거래환리스크에서 설명된 부분으로 아래에서는 수출기업을 예로 들어 환율변동에 따른 손익의 회계적 반영에 대해서 살펴보자.

【그림 2-5】 환율변동에 따른 손익의 회계적 반영 - 수출기업

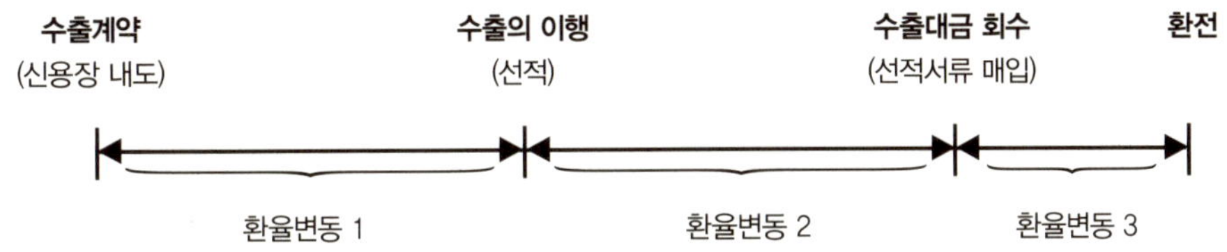

① 실질적 환차손익: 환율변동1 + 환율변동2 + 환율변동3

② 회계적 반영 형태: 환율변동1 → 매출액(수출액)의 증감
환율변동2, 3 → 환차손익 계정에 직접 반영

단, 환율변동2는 선적일과 선적서류 매입일의 기간상의 차이에서 발생하지만, 신용장 방식 수출의 경우 그 기간상의 차이가 통상 짧을 뿐만 아니라, 편의성에 의한 회계관행(선적서류 매입일에 매출인식)으로 회계적 환차손익의 규모가 미미하거나 없을 수 있다.

자료: 노덕현, "기업 환리스크 관리", 도서출판 두남, 2003.9, p206

어떤 수출기업이 환율하락 시기에 수출하였다고 가정할 때, 회계처리는 다음에 나오는 〈표 2-2〉의 오른쪽과 같이 이루어진다.

표 2-2 수출기업의 수출과 관련된 회계처리

	환율	거래내용	회계 처리			
			차변		대변	
4월 2일	1100	수출계약	회계처리 없음			
5월 4일	1070	선적	매출채권 수출원가	1070 xxxx	매출(수출액) 상품	1070 xxxx
5월 6일	1068	선적서류 매입(또는 입금)	예금(외화) 외환차손	1068 2	매출채권	1070
5월 9일	1080	환전	예금(원화)	1080	예금(외화) 외환차익	1068 12

환율에 의한 손실: 20원

회계적 반영 : 매출의 감소 30원
환차익 12원
환차손 2원
순환차익 10원

자료: 노덕현, "기업 환리스크 관리", 도서출판 두남, 2003.9, p206

정 리 하 는 코 너

위의 기업은 …

계약시점과 비교한 실질적 환율변동 손실은 20원이다. 즉, 환율계획 시점의 1100원(4월 2일)과 실제로 환전한 환율인 1080원(5월 9일)의 차이가 20원이다.

그러나 실제 재무회계상의 결과는 이와 다르게 순환차익이 10원으로 나타나고, 실질적인 환율변동 손실과의 차이는 매출(수출액)의 감소 30원과 합산할 때 정확하게 파악할 수 있다.

이런 현상은 재무회계의 매출(수출)인식 시점이 계약일이 아닌 선적일(즉 물품의 인도일)이기 때문이다. 또 위의 수출기업의 경우 수출에 따른 의미가 있는 환전환율은 1080원이다. 이는 수출의 회계적 인식환율 1070원과 1달러당 환율변동 손익(순환차익 10원)의 합계인 1080원이다.

5. 사내선물환제도를 활용하라.

전문인력을 갖춘 집중식 관리조직이 환리스크 관리를 위해 적절하게 사용할 수 있는 방안의 하나가 사내선물환제도이다. 특히 각 영업부서별로 분산하여 환리스크를 관리하던 기업들이 채택하기에 적절한 제도이다.

5-1. 개요

환리스크 관리 전문부서에서 기업 전체 환익스포져를 신속·정확하게 파악하고 이를 관리하도록 하여 영업부서는 본연의 사업행위를 안정적으로 수행할 수 있도록 하는 제도이다. 크게는 기업 전체의 사내익스포져 파악 시스템이며 작게는 각 영업부서의 환리스크 관리수단이다.

5-2. 개념도

【그림 2-6】 사내선물환제도의 개념도

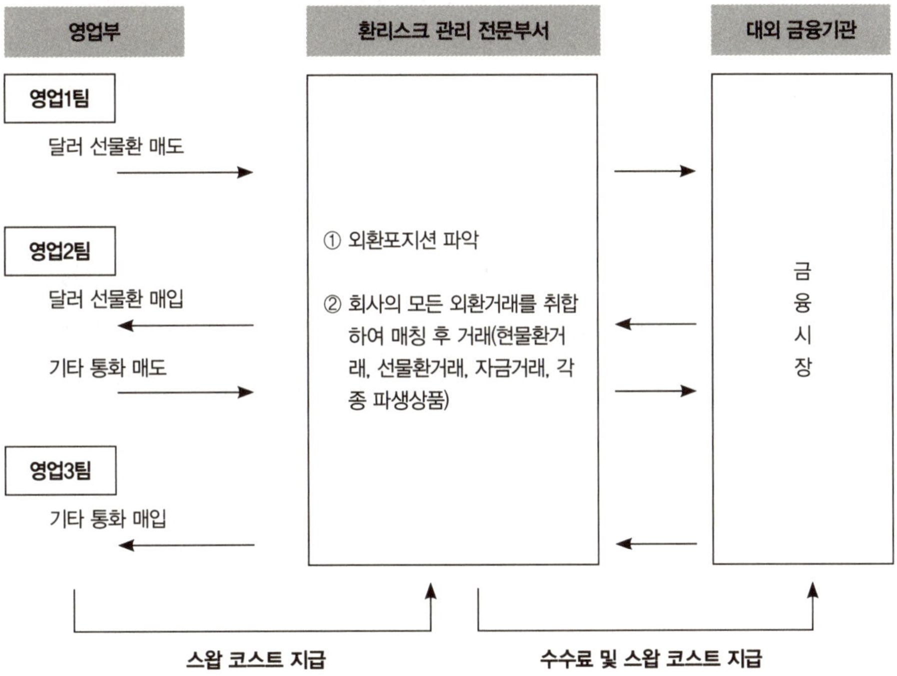

자료: 이명석·이성돈·정대용·정경태, "외환관리실무", 한국무역협회, 2003.8, p112

5-3. 사내선물환제도의 손익

정 리 하 는 코 너

사내선물환제도를 …

채택하는 경우 영업부서는 환리스크에 전혀 노출되지 않는다. 다만 환리스크 관리 전문부서는 관리 의도에 따라 100% 헤지 거래만 하는 경우 손익은 전혀 없다.

그러나 적극적인 환리스크 관리를 원하는 일부 기업들은 담당 전문인력들이 미래 환율에 대한 예측에 따라 일부 오픈 포지션을 유지하면서 이익을 창출하려는 노력을 할 수 있다. 물론 이때 사전에 정한 오픈 포지션한도와 손실제한한도를 철저히 준수해야 하며 그에 따른 손익은 기업 전체의 손익과 관련된다.

표 2-3 사내선물환제도의 손익

<table>
<tr><th colspan="2">영업부서</th><th colspan="2">환관리 전문부서</th><th colspan="6">손 익</th></tr>
<tr><th rowspan="2">영업 거래</th><th rowspan="2">사내 선물환</th><th rowspan="2">사내 선물환</th><th rowspan="2">대외 거래</th><th colspan="3">환율 10원 상승 시</th><th colspan="3">환율 10원 하락 시</th></tr>
<tr><th>영업부서</th><th>전문부서</th><th>기업전체</th><th>영업부서</th><th>전문부서</th><th>기업전체</th></tr>
<tr><td rowspan="2">외화 부채 100불</td><td rowspan="2">100불 매입</td><td rowspan="2">100불 매도</td><td>100불 매입</td><td>0</td><td>0</td><td>0</td><td>0</td><td>0</td><td>0</td></tr>
<tr><td>50불 매입</td><td>0</td><td>−500</td><td>−500</td><td>0</td><td>+500</td><td>+500</td></tr>
<tr><td rowspan="2">외화 자산 100불</td><td rowspan="2">100불 매도</td><td rowspan="2">100불 매입</td><td>100불 매도</td><td>0</td><td>0</td><td>0</td><td>0</td><td>0</td><td>0</td></tr>
<tr><td>50불 매도</td><td>0</td><td>+500</td><td>+500</td><td>0</td><td>−500</td><td>−500</td></tr>
</table>

자료: 이명석·이성돈·정대용·정경태, "외환관리실무", 한국무역협회, 2003.8, p113

6. 영업환리스크를 중시하라.

기업들이 환리스크를 관리한다고 말할 때 대부분이 거래환리스크를 의미한다. 환산환리스크에 대해서도 관리를 해야 할지 말아야 할지에 대한 논란도 많다. 그런데 IMF사태 및 글로벌 금융위기 때에 영업환리스크가 무엇보다 심각하다는 점을 다시 인식했다.

특히 중소기업 등에 대한 컨설팅을 수행하는 과정에서 실감하는 부분이다. 물론 파악이 힘든 점이 있지만 이를 관리하려는 노력이 부족할 경우 겪을 수 있는 위험은 거래환리스크를 관리하지 못했을 경우와는 비교도 안 될 정도로 심각할 수 있으며, 회사 경영전반을 압박할 수 있다는 점을 명심해야 한다.

7. 유사 업종의 다른 회사의 환리스크 관리방안들을 활용하라.

컨설팅을 수행하면서 알게 되는 것 가운데 하나는 컨설팅을 의뢰하는 기업이 대부분 그 답을 나름대로 가지고 있다는 사실이다. 그것은 당연한 이치로 여겨진다. 왜냐하면 기업의 생존을 결정하거나 당기 순이익의 규모를 정할 수 있는 환리스크에 대해 근본적이고도 지속적으로 고민하기 때문이다.

쉬어가는 코너 **그런 점에서 보면 …**

동종 업종이나 비슷한 규모의 다른 기업들의 고민과 그 동안의 결과물이라고 할 수 있는 다른 회사들의 현재 관리방안을 참고하는 것도 바람직하다.
예를 들어, 국내 굴지의 회사가 해외 금융기관에 비싼 자문료를 지불하고 결과물로 채택한 것의 하나가 레이어링(layering) 헤지이다.

개념은 매우 단순하다. 미래의 현금흐름이 예측·가능하고 계속 발생함으로써 회계연도에 관계없이 환리스크를 지속적으로 관리할 수 있는 기업의 경우, 선물환거래 등을 한꺼번에 거래를 하지 않고 여러 차례 나누어서 헤지를 하는 방법이다.

이를 통해 시장 상황에 따른 헤지 손익이 실행기간 전체에 걸쳐 평준화될 수 있다. 이는 일상생활에서 쉽게 생각할 수 있는 평균의 개념이다. 그리고 이런 헤지를 통해 환리스크를 평준화(smoothing out)하는 효과를 달성할 수 있다.

이처럼 다른 기업들의 헤지방안을 분석하고, 이를 회사 입장에 맞추어 변경하거나 다른 조건을 추가하여 적용하는 것도 좋은 대안이다.

8. 외환컨설팅과 외환교육에 투자하라.

앞에서 설명한 것과 같은 맥락에서 외부 컨설팅사를 활용하면 여러 기업들에 대한 컨설팅을 수행하는 과정에서 그 동안 축적된 헤지기법 등 여러 분야의 내용을 파악할 수 있다.

제4절 은행의 대고객 외환거래 한도

기업들이 환리스크의 외부적 관리기법을 활용할 때 거래 상대방인 은행과 다양한 파생금융상품을 거래한다. 이때 은행은 상대방인 기업의 신용위험을 부담한다.
은행 등의 금융기관이 기업들과 파생금융상품을 거래할 때 발생할 수 있는 위험을 어떻게 통제하는지에 대해서 기업이 잘 이해해야 은행으로부터 자신의 헤지거래에 필요한 관련 거래한도를 충분히 확보할 수 있다.

쉬어가는 코너

오래전에는 …

특정 기업과 거래할 수 있는 전체 오픈 포지션 금액인 절대금액(contract limit)을 최장 만기와 함께 정하여 관리했다. 그러나 점차 실제 위험에 노출되는 위험만큼을 기준으로 하여 대고객 외환거래 한도를 관리한다.

1. 외환거래 금액의 종류

1-1. 외환거래 액면금액

은행과 기업이 외환거래를 한 금액으로 결제일에 외환이 결제된다. 예를 들어 은행이 기업에게 1개월 만기로 1백만 달러를 1100원에 매도하였다면 1개월 후에 은행은 11억 원을 받고 기업에게 1백만 달러를 주게 되는 바로 그 금액이다.

1-2. 외환거래 위험평가액

정 리 하 는 코 너

은행에 따라 …

각 외환거래에 대한 위험가중자산을 고려하여 기업과 외환거래를 할 수 있는 한도를 설정하고 관리하기 위해 만든 금액이다. 정상적인 시장상황을 가정하고 외환거래의 종류별 및 기간별로 이론적으로 또는 보수적으로 정한 외환거래 위험평가액이다.

앞에서 예를 든 외환거래에서 은행은 만기까지 상대방에 대한 신용리스크를 부담한다. 그 때 은행은 외환거래 액면금액 전체는 아니지만 그 일부 금액만큼만의 신용리스크를 부담하며, 그 부분이 외환거래 위험평가액이다. 이것은 VaR를 산출할 때 사용하는 외환 1단위당 최대 환율변동폭만큼 위험을 인식한 것과 같은 맥락이다.

표 2-4 외환거래 위험평가액의 예시

거래 종류	외환거래 위험평가액(거래금액의 %)
현물환거래	3%
선물환거래	10%(2년 미만)
	20%(2년 이상)
이자율스왑거래	5%(2년 미만)
	20%(2년 이상)
통화스왑거래	10%(2년 미만)
	20%(2년 이상)

자료: 권성일, "금융기관의 기업금융설계와 위험분석", 한국금융연수원, 2014.3, p225

여러 파생금융상품의 거래 성격에 따라 해당 거래에서 발생할 수 있는 위험은 각기 다르다. 예를 들어 2년 미만인 선물환거래 위험(10%)을 2년 미만인 이자율스왑 위험(5%)보다 높게 인식한다. 그 이유는 일반적으로 2년 동안 환율변동에서 발생하는 환율변동 위험이 이자율변동에서 발생하는 위험보다 크기 때문이다.

같은 거래라도 거래기간이 길수록, 즉 포지션 보유기간이 길수록 포지션 보유위험이 점차 증가한다.

1-3. 시장가치(Mark-to-Market Value)

정 리 하 는 코 너

외환거래 위험평가액을 기준으로 …

설정한 한도 이내에서 실행한 특정 외환거래의 포지션에 대한 시장가치는 환율과 이자율 등의 변동에 따라 시시각각으로 변한다. 따라서 외환거래 이후에 거래 당사자가 서로 보유하는 포지션의 가치가 시시각각으로 변한다.

따라서 포지션 가치의 변동에 따라 손실과 이익이 발생하기 때문에 포지션에는 시장리스크(market risk)가 존재한다.

예를 들어 어떤 기업에 부여한 2년 미만인 선물환거래 한도가 2백만 달러(외환거래 위험평가액)라면 현재시점에서 1년 만기인 선물환거래의 경우 최대로 거래 가능한 외환거래 액면금액은 20천만 달러(=2백만 달러/10%)이다.

2. 외환거래의 운용과 한도관리

외환거래의 한도는 외환거래 액면금액에 기준을 두는 것이 아니고 외환거래 위험평가액에 기준을 두고, ① 개별기업의 신용리스크 ② 거래내용 ③ 거래금액의 크기 ④ 개별거래의 최장만기 ⑤ 개별거래의 빈도 등을 고려하여 외환거래 한도를 설정한다. 한도를 설정하고 그 후에 개별거래로 인한 포지션은 개별거래의 시장가치(mark-to-market value)로 평가한다.

정 리 하 는 코 너

가령 한 기업이 …

외환거래 위험평가액을 기준으로 설정된 한도 이내에서 다수의 외환거래를 하였다고 하자. 해당 기업 입장에서 보면 그 후 시장에서 환율과 이자율의 변동에 따라 어떤 거래의 시장가치는 거래 이후 시장가치가 하락하고 외환거래에서 손실이 발생한다. 따라서 만기일에는 거래일에 예상한 결제금액보다 손실금액만큼 더 많이 결제해야 한다.

반면에 어떤 다른 거래에서는 반대의 경우도 가능하다. 따라서 기업이 은행과 외환거래를 실행한 이후에 포지션에서 발생하는 시장가치의 하락(시장리스크)이 바로 은행의 거래위험 즉, 기업의 신용리스크(결제위험)이다.

달리 말하면 다수의 외환거래에 따른 포지션에서 시장가치가 하락한 몇 개의 포지션에 대한 시장가치 하락분의 합은 곧 해당 기업에 대한 금융기관의 거래위험이다.

주요내용 종합정리

⊙ 환리스크는 오픈 포지션이 있는 상태에서 환율이 변할 때 발생한다. 환리스크에는 환산환리스크, 영업환리스크와 거래환리스크가 있다.

환산환리스크는 지난 결산시점 이후 환율의 변화에 따라 외화환산이익이나 외화환산손실이 발생할 수 있는 불확실성이다.

영업환리스크는 예를 들어 국내 조선사들이 선박을 수주할 때(회계처리하지 않음)와 선박을 건조하는 기성에 따라 매출을 인식할 때(회계처리함) 사이의 환율의 변화에 따른 불확실성이다.

거래환리스크는 선박을 건조하는 기성에 따라 매출을 인식하는 회계적인 거래로 확정할 때 환율과 실제로 선박대금이 들어올 때 사이의 환율의 변화에 따른 불확실성이다.

⊙ 환리스크 관리기법에는 크게 내부적 관리기법과 외부적 관리기법이 있다.

내부적 관리기법은 기업이 영업활동과 관련되는 환리스크를 별도의 커버거래 없이 내부에서 사전적으로 헤지하거나 줄이는 방법이다. 매칭, 상계, 리딩 & 래깅 및 통화포트폴리오 전략 등이 있는데, 이들의 정의와 활용할 때 한계점 등을 이해해야 한다.

외부적 관리기법은 내부적 관리기법으로 관리하지 못하는 환리스크로부터 환차손을 최대한 줄이거나 보다 적극적으로 대처하여 환차익까지 획득하려는 기법이다. 우리나라 기업은 통화선도(또는 선물환거래), 통화선물, 통화스왑, 통화옵션 및 환변동보험 등을 활용한다.

⊙ 환리스크의 3대 결정요인은 오픈 포지션의 규모, 환율변동성, 그리고 보유기간이다. 일반적으로 오픈 포지션의 규모와 환율변동성의 크기가 클수록, 그리고 보유기간이 길수록 환리스크는 커진다.

환리스크 헤지는 기업 등이 보유한 오픈 포지션과 반대되는 포지션을 인위적으로 만들어 종합 포지션을 기준으로 스퀘어 포지션을 만들어, 향후 환율변동으로 인한 위험을 제거하는 것이다.

⊙ 2001년 4월 금융감독원이 제정한 '기업 외환리스크 관리방안'은 IMF 이후 여러 대내외적인 환경의 변화를 수용하기 위한 조치이다. 은행과 기업들이 유기적인 관계 속에서 제대로 된 환리스크 관리의 관행을 정착시키는 것이 무엇보다 필요하다.

주된 내용으로는 환리스크 관리를 위한 기본 인프라를 구축하기 위한 관리체계를 수립하며 관련 한도 설정을 명문화하고 관리실태를 철저히 준수하는 것이 필요하다.

주요내용 종합정리

⊙ 환리스크 관리 실행의 사전단계로 환리스크 관리를 위한 정책적인 사항에 대한 의사결정이 환리스크 관리위원회, CRO(최고위험관리자) 또는 최고경영자에 의해 이루어진다. 정책적 의사결정의 내용에는 총외환손실한도, 기초기준인 신뢰구간 및 위험측정기간 등의 가장 중요한 내용들이 포함된다.

실행단계에서는 ① 여러 정보들을 집계, 가공하여 환리스크를 측정한다. ② 측정된 외환손실 가능액이 환리스크 관리목표로 책정된 총외환손실한도를 초과하였는지 비교한다. ③ 측정된 외환손실 가능액이 총외환손실한도를 초과할 경우 환리스크를 줄이기 위한 대책을 수립하고 헤지거래를 실행한다. ④ 시행된 헤지거래는 환리스크 정보로 신규 입력되고 변경된 정보로 다시 환리스크를 측정하는 등 환리스크 관리목표 범위 내에 들어올 때까지 반복 실행한다. ⑤ 설정된 환리스크 관리목표의 달성 여부 등에 대해 분석한다.

이를 통해 이전에 설정된 목표 수립의 적절성 여부를 판단하고, 다음 환리스크 관리목표를 수립할 때 참고한다.

⊙ 특히 환리스크 관리과정에서의 핵심부분은 환리스크 측정이며, 이를 위해 VaR(Value at Risk)를 사용할 것을 금융감독원에서 가이드하고 있다. VaR를 통해 이전과는 달리 보다 계량화된 위험의 양을 산출할 수 있다. 이를 통해 보다 과학적인 환리스크 관리가 가능해졌다.

연습문제

01. 다음 중 환리스크의 내부적 관리기법이 아닌 것은?

① 환변동보험
② 매칭
③ 네팅
④ 리딩과 래깅

02. 환리스크의 내부적 관리기법과 외부적 관리기법에 대한 설명 중 옳은 것은?

① 내부적 관리기법이 외부적 관리기법보다 항상 환리스크 관리 효과면에서 우월하다.
② 외부적 관리기법은 원래의 포지션 방향과 같은 방향의 손익구조를 갖도록 포지션을 취하는 전략이다.
③ 외부적 관리기법이 내부적 관리기법보다 비용이 더 크다.
④ 내부적 관리기법에는 선물환거래와 통화옵션이 대표적이다.

정답해설

01. ① 〈해설〉 환변동보험은 한국무역보험공사가 제공하는 것이기 때문에 외부적 관리기법이다.
02. ③

제3장

선물환거래와 외환스왑

제1절 | 파생금융상품 기초

제2절 | 선물환거래

제3절 | 외환스왑

학습목표

1. 환리스크 관리를 위한 통화관련 파생금융상품의 개요를 이해한다.
2. 선물환거래의 정의, 선물환율 산출, 거래하는 방법 및 활용에 대해 설명할 수 있다.
3. 외환스왑의 정의, 거래하는 방법 및 활용에 대해 설명할 수 있다.

학습개요

1. 파생금융상품의 개론을 쉽게 설명함으로써 향후 학습할 통화관련 파생금융상품을 완전히 이해하고 완전 판매할 수 있도록 설명했다.
2. 우리나라 기업들이 환리스크 관리를 위해 가장 많이 활용하는 선물환거래에 대해 선물환율 산출, 거래를 위한 사전절차 및 실행방법, 헤지 목적 및 투기 목적의 선물환거래 활용에 대해 설명했다.
3. 선물환거래와 더불어 시너지효과를 달성할 수 있는 외환스왑의 다양한 활용을 중심으로 환리스크 관리에 적용할 수 있는 측면을 심도 깊게 설명했다.

제1절 파생금융 상품 기초

이제 환리스크를 관리하는 외부적 관리기법들인 통화관련 파생금융상품을 살펴보자. 국제금융이나 파생금융상품 등의 용어만 들어도 기겁을 할 수 있다. 그러나 환리스크 관리를 하기 위한 외부적 관리기법들은 통화관련 파생금융상품들이다.

강의를 들어도 어렵다는 파생금융상품을 책으로 학습하는 독자들은 더 어려울 수 있다. 그래서 아주 쉽게 파생금융상품의 개요 및 기초에 대해 알아보자.

쉬어가는 코너

왜 파생금융상품을 공부해야 하는가?

국제금융거래의 하나인 파생금융상품(물론 국내금융에서도 활용할 수 있다)은 외환거래, 자금거래와 자본거래에서 발생할 수 있는 시장위험(환율, 금리 및 주가의 변동에 따른 위험) 또는 신용위험 등 여러 위험을 관리할 수 있다.

파생금융상품은 외환, 자금, 채권 또는 주식 등의 기초자산으로부터 파생되어서 여러 위험을 관리하거나 투기적인 목적으로 활용하는 거래이므로 환리스크 관리를 위해 꼭 필요하기 때문 이다.

1. 파생금융상품의 정의

파생금융상품(derivative products)은 이름처럼 그 상품의 가치가 해당 기초자산으로부터 파생된 모든 형태의 상품을 통틀어서 부르는 말이다. 즉, 기초자산의 현물가격을 바탕으로 그 가치가 변하는 금융상품이다.

환리스크 관리를 위한 달러/원 선물환거래의 가격인 선물환율은 현물환거래의 가격인 현물환율의 움직임과 관련된다. 즉, 현물환율이 상승하면 선물환율도 상승한다. 이것은 곧 선물환거래가 현물환거래에서 파생된 파생금융상품임을 의미한다.

2. 파생금융상품의 기초 다지기

2-1. 현물거래와 매매예약거래

가. 현물거래

상거래를 크게 두 가지로 나눈다. 사람들은 일상생활에서 어떤 물건이 당장 필요하면 시장에서 산다. 이런 거래를 속되게 '현찰박치기'라고 말하는데 영어로는 cash거래 또는 spot거래, 즉 현물거래이다.

나. 매매예약거래

어떤 물건이 미래에 필요하다면 어떻게 할까? 예를 들어, 수박도매상인 김사장은 2주 뒤에 수박 6백 통을 납품해야 한다. 미리 사두려면 보관하는 것이 어렵고 장사밑천이 없을 수도 있다.

쉬어가는 코너 **밭떼기거래**

그렇다고 그때까지 가만히 있으면 어떻게 될까? 2주 뒤에 수박 가격이 내리면 다행이지만 가격이 크게 오르면 고생만 하고 손해가 난다.
그래서 오늘 산지에서 농사를 짓고 있는 농부 이씨와 2주 뒤에 수박을 매매하는 거래를 예약한다. 이것을 흔히 '밭떼기거래'라고 하며, 바로 매매예약거래의 한 예가 될 수 있다.

다. 현재 단계에서는 파생금융상품을 '밭떼기거래'라고 생각하자

앞으로 배울 파생금융상품은 밭떼기거래와 같은 형태인 매매예약거래이다. 매매예약거래는 오늘은 거래만 하고 만기일에 가서 기초자산을 주고받는(또는 인수도하는) 거래이다.

파생금융상품에는 선도, 선물, 스왑 및 옵션 등 네 가지 거래가 있다. 이들의 공통점은 밭떼기거래와 같은 매매예약거래이다.

과연 이들의 차이점은 무엇일까? 이들 네 가지 거래는 오늘은 거래만 하고 만기일에 기초자산을 주고받는데, 그 방법이 다르다. 그 차이를 아는 것이 파생금융상품의 개론이다.

2-2. 파생금융상품의 개론을 표 하나로 정리해보기

이 표 하나로 파생금융상품을 공부하기 위한 개론을 정리해보자.

표 3-1 파생금융상품의 개요(※아래 표의 빈칸을 채워보세요)

파생금융상품의 이름		1	2	3	4
거래 특성		5 계약 형태: 장점: 단점: ① ②	6 계약 형태: 장점: 단점:		
거래 장소		7 장외거래	8 장내거래	9	10
11 파생금융상품의 종류	A B C D E F G	C3 D3	C4 D4	C5 D5	C6 D6
12 결제 횟수		13 1번	14	15	
16 권리/의무		17	18	19	20
21 인수도 방법		22	23	24	25

가. 1, 2, 3, 4

1에는 '선도거래(forward)'라고 쓰자. 앞에서 밭떼기거래를 설명했는데, 이는 파생금융상품의 선도거래이다. 수박상인처럼 A기업이 B은행으로부터 1개월 뒤에 1백만 달러를 1100원에 사기로 한 계약도 선도거래이다.

2에는 '선물거래(futures)'라고 쓰자. 각론에서 차츰 비교하면서 설명하겠지만 선물거래는 선도거래와 사촌이다. 이름만 보아도 우리말로 '선'자 돌림이고, 영어로도 다른 상품들과 달리 'F'자 돌림으로 심상치 않다는 것을 알 수 있을 것이다.

정리하는 코너

3에는 …

'스왑(swap)'이라고 쓰자. 파생금융상품 가운데 '바꾸다' 또는 '교환'을 의미한다. 2008년 10월 31일에 우리나라가 미국과 달러/원 통화스왑 한도를 체결하면서 일반인들도 비교적 많이 접하는 말이 되었다.

4에는 '옵션(option)'이라고 쓰자. 옵션은 옵션매입자가 만기일에 '어떤 기초자산을 사거나 팔 수 있는 권리'만 있기 때문에 매우 편리하다. 이름처럼 '선택권'을 가지는 파생금융상품이다.

나. 5, 6

5의 계약 형태에는 '사적 계약', 장점에는 '융통성' 및 단점에는 '①에는 신용위험, ②에는 탐색비용 발생'이라고 쓰자.

선도거래(先導去來; forward contract)[1]는 사적(私的)인 계약이기 때문에 거래조건을 정할 때 융통성이 있다. 이것은 선도거래의 장점이다.

6의 계약 형태에는 '공적 계약', 장점에는 '선도거래의 단점을 보완함' 및 단점에는 '거래조건이 표준화되어 있음'이라고 쓰자.

선물거래(先物去來, futures trading)는 공적(公的) 계약이다. 즉, 선물거래소라는 공적 장소에서 자격이 있는 회원들이 거래하기 때문에 선도거래의 단점인 신용위험과 탐색비용을 보완할 수 있다.

다. 7, 8, 9, 10

파생금융상품을 거래하는 장소에 따라 장외거래와 장내거래로 나눈다. 선도거래(7)는 선물거래처럼 공적인 장소가 아닌 은행의 창구에서 거래하거나 전화로 거래하며, 흔히 'OTC거래'라고 하는데, 이는 'Over-The-Counter'의 줄임말이다.

1 통화, 채권, 주식 등의 자산을 사전에 약정한 가격으로 미래의 어느 시점에 인수도하기로 약정하는 거래이다. 선물거래와는 달리 형식이 규격화되어 있지 않고 거래당사자들의 협의에 의해 계약규모 및 만기일이 결정된다. 거래 당사자들의 다양한 요구에 적합한 거래가 가능하다는 장점이 있는 반면 별도로 거래이행을 보증하는 기관이 없기 때문에 거래 상대방이 계약을 불이행할 위험(default risk)이 있다는 단점이 있다. 따라서 선도거래는 신용도가 높은 은행 등 기관투자가와 기업이 주로 이용하고 있다.

쉬어가는 코너 **OTC drug**

물파스, 위생용품이나 비타민처럼 안전성에 큰 논란이 없어 소비자가 필요할 때마다 의사의 처방전 없이 살 수 있는 약이다. 외국과 최근 우리나라에서도 몇몇 물품은 약국이 아니라 대형 또는 소형 슈퍼에서도 살 수 있는 약을 말한다.

선물거래(8)는 선물거래소에서 거래하기 때문에 장내거래이다. 선물거래소에서 일정한 시간에 모든 참가자들이 모여서 거래한다. 물론 우리나라 한국거래소처럼 전산거래방식으로 거래하기도 한다.

9에는 '장외거래'라고 쓰자. 스왑은 대부분 장외에서 거래한다.

10에는 '장내 및 장외거래'라고 쓰자. 옵션은 좀 특이하게 장내에서 거래하기도 하지만 장외에서도 거래한다. KOSPI200옵션은 한국거래소에서 거래하기 때문에 장내거래이다. 또 2008년 이후 말도 많고 탈도 많았던 '키코거래(KIKO)'는 은행과 기업 사이의 장외 통화 옵션이다.

라. 11, A, B, C, D, E, F, G

각론에서 공부할 파생금융상품의 종류를 알아보자. 파생금융상품의 거래대상인 각종 기초자산과 맨 위에 있는 네 가지 파생금융상품의 이름을 합쳐 메트릭스를 만들면 파생금융상품의 종류를 알 수 있다.

다음에 설명하는 기초자산을 잘 이해한 뒤 C3부터 D6칸에 들어갈 파생금융상품의 종류를 기억하자.

A칸에는 '기초자산'이라고 쓰자. 파생금융상품을 거래할 때 거래대상이다. 영어로 'underlying asset'인데 '기초자산' 또는 '대상자산'이다.

쉬어가는 코너 goods가 아니라 commodity

B칸에는 '상품'이라고 쓰자. 굳이 영어를 같이 쓰고 싶으면 'goods'가 아닌 'commodity'이다. 파생금융상품의 중요한 기초자산 가운데 하나는 주로 농산물 또는 광산물과 같은 1차 상품(commodity)이다.

물론 안전자산의 대표격인 금선물거래도 활발하다. 한국거래소에서 2008년 7월부터 거래하는 돈육선물은 돼지고기인 commodity를 기초자산으로 거래한다.

C에는 '통화'라고, D에는 '금리'라고 쓰자. 1970년대에 들어 선진국들이 변동환율제도를 채택하면서 환율이 급변동하고, 1·2차 석유파동 당시 미국의 정책금리가 20%까지 급등하는 등 금융시장이 불안하기 짝이 없었다. 그때부터 금융상품을 대상으로 파생금융상품을 거래하기 시작했다.

E칸에는 '주가지수 및 개별주식'이라고 쓰자. 한국거래소에서 2008년부터 거래하기 시작한 개별주식에 대한 선물거래가 늘어나는 추세이다. 특히 주가지수선물거래는 헤지거래, 투기거래 및 차익거래를 할 때 많이 활용한다.

F칸에는 '신용'이라고 쓰자. 기업 또는 금융기관이 보유한 채권과 관련되는 위험을 관리하기 위해 신용관련 파생금융상품들을 많이 활용하고 있다. 특히 글로벌 금융위기를 통해 신용파생상품이 얼마나 위험할 수 있는지 깨닫는 계기가 되었다.

G칸에는 '온실가스 배출권 거래 등'이라고 쓰자. 한국거래소는 온실가스 배출권 거래를 2015년 1월 12일부터 시작했고, 외국에서는 날씨 선물도 그 이전부터 이미 거래하고 있다.

마. C3와 D3, C4와 D4, C5와 D5, C6와 D6

C3에는 기업이나 은행에 근무하는 사람들이라면 많이 들어 보았을 '통화선도' 또는 '선물환거래'라고 쓰자. 기초자산의 '통화'와 파생금융상품의 하나인 '선도'를 합하면 통화선도이며, 제2절에서 살펴보게 될 것이다.

D3에는 '금리선도(FRA; Forward Rate Agreement)'라고 쓰자. 예를 들면 B기업은 오늘 달러가 필요하지는 않지만 3개월 후부터 3개월 동안 달러를 차입하려고 한다.

그런데 오늘부터 당장 달러 금리가 올라갈 것으로 예상한다면 어떻게 하면 될까? 이런 경우 3개월 후에 필요한 자금의 차입금리를 현재시점에서 확정하는 거래를 할 수 있는데, 이를 '3×6 FRA'라고 한다.

쉬어가는 코너

선물 가운데 최고는 돈(통화)?

C4에는 '통화선물'이라고 쓰자. 선물환거래의 좋은 대체제로 통화를 대상으로 하는 선물거래이다.

D4에는 '금리선물'이라고 쓰자. 기초자산의 '금리'와 파생금융상품의 하나인 '선물'을 합하면 금리선물이다. 한국거래소에서 국고채를 기초자산으로 하는 금리선물을 활발하게 거래한다.

C5에는 '통화스왑'이라고 쓰자. 나중에 보겠지만 통화스왑은 초기와 만기에 서로 다른 통화의 원금을 교환하고, 만기일까지 주기적으로 서로 다른 통화에 대한 이자를 교환하는 거래이다.

D5에는 '이자율스왑'이라고 쓰자. 통화스왑과 달리 이자율스왑은 같은 통화에 대해 원금은 교환하지 않고 만기일까지 이자만 주기적으로 교환하는 거래이다.

C6에는 '통화옵션'이라고 쓰자. 선물환거래 또는 통화선물의 대안으로 사용할 수 있는 매우 다양한 만기손익구조를 가지는 거래이다.

D6에는 '금리옵션'이라고 쓰자. 여기에는 금리캡, 금리플로어 및 금리칼라 등이 있다.

바. 12, 13, 14, 15

파생금융상품은 매매예약거래이다. 즉, 거래일에는 거래만 하고 만기일에 기초자산을 주고받는다. 그런데 몇 번 주고받는지 그 횟수가 파생금융상품별로 다르다.

13과 같이 14에도 '1번'이라고 쓰자. 선도거래와 선물거래는 사촌 사이라고 말했다. 즉, 이 두 거래는 '결제 횟수가 한 번'이라는 중요한 공통점이 있다.

15에는 '여러 번'이라고 쓰자. 선도거래 및 선물거래와 달리 스왑거래에서는 만기일까지 주기적으로 여러 번 현금흐름을 교환한다.

위에서 금리선도거래를 설명할 때 3개월 후부터 3개월 동안의 금리선도거래는 '3×6 FRA'거래이다. 6개월 후부터 3개월 동안의 금리선도거래는 '6×9 FRA'이고, 9개월 후부터 3개월 동안의 금리선도거래는 '9×12 FRA'이다.

만일 3×6 FRA, 6×9 FRA, 9×12 FRA 등의 여러 FRA를 동시에 거래하면 이자율스왑을 거래한 것과 같은 결과를 달성할 수 있다.

사. 16, 17, 18, 19, 20

앞에서 살펴본 바에 따르면 선도거래와 선물거래는 결제 횟수 이외의 항목에서는 스왑거래와 비슷하다는 것을 보았다. 그렇다면 이들과 옵션의 큰 차이점은 무엇일까? 만기일에 가서 발생하는 '권리와 의무'에 관련이 있다.

정리하는 코너

선도, 선물 및 스왑의 공통점은?

17, 18 및 19 이들 세 칸에는 모두 '권리와 의무가 동시에 존재'라고 쓰자. 선도, 선물 및 스왑은 만기일이 되면 사전에 계약한 대로 주고받을 권리와 의무가 동시에 존재한다.

예를 들어 숏 포지션을 헤지하기 위해 A기업이 1050원에 달러를 사는 선물환거래를 했다면 만기일에 환율이 1080원 또는 1000원이 되더라도 1050원에 달러를 산다. 즉, 1080원이 되더라도 1050원에 달러를 살 수 있는 권리가 있고, 1000원이 되더라도 1050원에 달러를 살 의무가 있다.

위의 예에서 만기일에 달러/원 환율이 1080원이 아니라 1000원이 되면 A기업의 환리스크 관리 담당자는 아주 난처한 상황이 된다. 이때 A기업의 담당자는 '1050원에 달러를 살 수 있는 권리만 있는 파생금융상품인 옵션으로 헤지할 걸' 하는 생각이 들 것이다.

20에는 '권리와 의무가 분리'라고 쓰자.

아. 21, 22, 23, 24, 25

이제 파생금융상품이 대충 어떤 거래인지 결론을 내리자. 위에서 공부한대로 이들 네 가지 파생금융상품들의 공통점은 매매예약거래이다.

그런데 이들의 이름이 서로 다른 것은 만기일에 주고받는 방법이 다르기 때문이다. 선도, 선물, 스왑 및 옵션거래는 기초자산을 어떻게 인수도하고 거래를 마무리하는지 확인하자.

정리하는 코너

선도와 선물은 왜 사촌인가?

22에는 '상대방과 합의한대로 한 번만 인수도' 라고 쓰자. 선도거래는 장외에서 사적으로 하는 거래이기 때문에 거래조건에 융통성이 있으며, 만기일에 한 번만 주고받는다.

23에는 '거래소에서 표준화한대로 한 번만 인수도'라고 쓰자. 선물거래는 장내에서 공적으로 거래하기 때문에 거래조건이 표준화되어 있으며, 만기일에 한 번만 주고받는 것은 선도거래와 같다.

24에는 '상대방과 합의한대로 여러 번 인수도'라고 쓰자. 예를 들어 3년 만기 원화 이자율스왑은 한 번만 거래하지만 12번 이자를 주고받는다.

25에는 '옵션매입자가 권리를 행사했을 때만 인수도'라고 쓰자. 그런데 기초자산에 따라 한 번만 인수도할 수도 있고 여러 번 인수도할 수도 있다. 예를 들면 스왑션은 한 번 거래하지만 스왑션을 행사하면 여러 번 주고받는다.

2-3. 파생금융상품의 또 다른 구분

파생금융상품을 주로 선도, 선물, 스왑 및 옵션으로 구분한다. 그런데 이미 살펴본 것과 같이 선도, 선물 및 스왑은 옵션과 여러 면에서 많이 다르다는 것을 공부했다. 그래서 파생금융상품을 선도형, 옵션형 및 합성형으로 나누기도 한다.

선도, 선물 및 스왑은 선도형 파생금융상품(이하 본 용어를 사용한다)이고, 옵션은 옵션형 파생금융상품이다. 그리고 서로 다른 두 가지 파생금융상품을 결합한 합성형 파생금융상품도 있다. 선물과 옵션을 결합한 선물옵션이 있고, 스왑과 옵션을 결합한 스왑션이 있다.

2-4. 장내 및 장외 파생금융상품

파생금융상품을 위에서 살펴본 것과 같이 네 가지로 나눌 수 있지만 거래를 하는 장소에 따라 장내 파생금융상품(exchange-traded derivatives)과 장외 파생금융상품(over-the-counter derivatives)으로 나눌 수도 있다.

표 3-2 장내 및 장외 파생금융상품

구분	장내 파생금융상품	장외 파생금융상품
상품 종류	선물, 옵션	선도, 스왑, 옵션
이용자	개인을 포함한 불특정 다수	상대적으로 규모가 크고 신용이 우수한 기업이나 금융기관
신용위험	증거금제도와 일일정산제도를 도입하여 신용위험이 없음	신용위험이 있음
상품 구조	표준화	다양한 구조

제2절 선물환거래

우리나라 기업들이 오래전부터 환리스크 관리에 가장 활발하게 활용하는 외부적 관리기법은 선물환거래이다. 기업이나 은행에서 관련 업무를 하는 모든 담당자들이 정확하게 이해해야 하는 거래이다. 선물환거래에 관한 모든 것을 살펴본다.

정리하는 코너

통화선도거래와 선물환거래는 …

같은 거래인데 다르게 부르는 것뿐이다. 외국계은행 서울지점들이 'FX forward'를 처음 도입할 때 현물환거래(FX spot)와 구분하기 위해 '선물환거래'라고 번역했던 것 같다.

선물환거래에는 '선물'이라는 용어가 들어 있어서 한국거래소의 주가지수선물을 들어본 사람들은 헷갈릴 수 있다. 즉, '선물환거래'에 '선물'과 '환거래'라는 용어가 있어서 통화선물로 착각할 수 있다.

두 거래를 이용하여 거의 같은 헤지나 투기 목적을 달성할 수 있지만 거래하는 방법은 다르다. 본서에서는 흔히 사용하는 용어인 '선물환거래'로 쓴다.

1. 선물환거래의 의의

1980년대 중반부터 환리스크 관리가 중요해지면서 우리나라 기업들이 선물환거래를 활용하기 시작했다. 환리스크를 관리하기 위한 외부적 관리기법의 하나인 선물환거래는 우리나라 기업들이 오래 전부터 활용하기 시작했으며, 지금도 가장 많이 활용하는 헤지 툴이다.

1-1. 선물환거래의 정의

현물환거래의 만기일인 2영업일보다 먼 미래 특정 시점(선물환거래 만기일)에 특정 환율(선물환율)로 특정 통화를 사거나 파는 외환거래이다. 선물환거래는 거래일에 선물환거래를 체결하지만 미래 특정 시점에 두 통화를 주고받는다.

선물환거래의 선물환율은 현물환율과 다르다. 두 통화의 이자율 차이만큼 다른데, 이것이 다음에 살펴볼 '스왑포인트'이다.

1-2. 선물환거래의 유래

매매예약거래를 설명할 때 이미 언급한 내용을 보다 상세하게 예를 들어 설명해보자. 수박상인이 오늘 수박 천 통을 개당 만 원에 납품하려면 산지에 가서 현금을 주고 사서 납품한다. 그리고 1개월 뒤에도 같은 조건으로 납품 계약을 했다고 하자.

쉬어가는 코너 독자가 …

수박상인이라면 1개월 뒤에 납품할 수박과 관련하여 어떻게 할 것인가? 두 가지의 대답을 생각할 수 있다.

① 지금 사서 보관한다.
② 1개월 뒤에 산다.

지금 사면 1개월 동안 보관하는 것이 힘들고, 당장 지불할 장사 밑천이 없을 수 있다. '1개월 뒤에 산다.'는 것과 관련해서는 1개월 뒤에 수박가격이 오르면 큰 손해를 본다.
그래서 앞에서 설명한 바와 같이, 오늘 산지의 수박 재배 농부와 1개월 뒤에 수박을 살 수 있는 '밭떼기거래'를 한다. 수박상인은 밭떼기거래를 통해 수박가격이 오를 위험을 대비할 수 있다.

주로 농산물과 같은 상품(commodity)을 중심으로 시작한 밭떼기거래의 개념을 통화를 대상으로 거래하는 것이 선물환거래이다.

2. 선물환거래의 동기 및 목적

주로 기업이 수출입 등과 관련되는 환리스크를 관리하기 위해 활용한다. 한편 과거 1980년대 말에는 우리나라 기업들이 환리스크를 관리할 목적이 아니라 미래의 달러/엔이나 당시 달러/마르크의 환율을 예측하고서 환차익을 목표로 투기적 목적으로 활용했다.

2-1. 환리스크 헤지 목적

휴대폰을 미국으로 수출하는 A기업이 있다고 하자. 이 기업은 수출을 많이 하는 것이 중요하지만 달러/원 환율도 매우 중요하다. 환율 하락을 우려한다면 그 불확실성을 제거해야 한다.

A기업은 안정적 경영을 위해 수출금액, 원가환율, 해당 통화에 대한 환율전망과 기업의 환리스크 관리정책 등을 고려해서 환리스크를 헤지한다. 수출기업은 선물환거래를 활용해서 달러 수출대금을 원화를 대가로 매도하는 '매도헤지'를 한다.

【그림 3-1】 환리스크 헤지 목적의 선물환거래

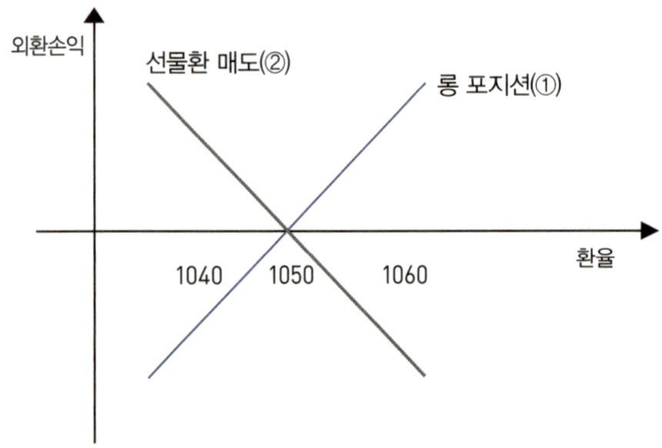

A기업이 수출한 대가로 받을 달러는 나중에 받지만 롱 포지션(①)이다. 달러를 받을 때 달러/원 환율이 하락하면 손실이 발생한다. 그래서 지금 숏 포지션을 만드는 선물환거래로 달러를 팔면(②) 된다.

정리하는 코너

A기업이 …

매도헤지하면 수출대금으로 받을 롱 포지션인 오픈 포지션과 선물환거래로 만든 숏 포지션인 헤지 포지션이 서로 상쇄되어 향후 환율변동에 관계없이 선물환율인 1050원에 해당하는 원화 현금흐름을 확정할 수 있다.

만기일에 환율이 1040원이 되더라도 A기업은 달러를 1050원에 팔 수 있다. 물론 만기일에 환율이 1060원이 되더라고 달러를 1050원에 팔아야 한다.

2-2. 투기 목적

금융기관은 파생금융상품의 하나인 선물환거래를 투기 목적으로 활용할 수 있다. 선물환거래를 투기 목적으로 사용할 때 거래 결과를 그림으로 설명하면 다음과 같다.

【그림 3-2】 투기 목적의 선물환거래

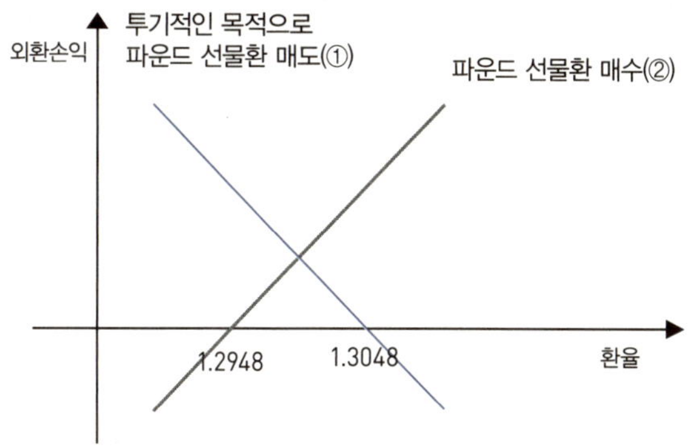

B은행의 딜러가 파운드/달러 환율이 떨어질 것으로 예상하면 투기적인 목적으로 파운드를 선물환율인 1.3048에 매도(①)한다. 예상대로 환율이 떨어져 같은 만기일의 선물환율이 1.2948이 되면 만기일 이전이라도 같은 만기일에 맞추어 같은 금액의 파운드를 매입(②)하면 만기일에 외환차익을 확보할 수 있다.

물론 그가 처음 예상한 것과 달리 환율이 상승하면 손실이 발생한다.

3. 선물환거래 절차

선물환거래를 하기 위한 사전 절차 및 사후 절차는 은행별로 다르며, 각각의 은행 내부 규정을 따르면 된다. 각행의 내부 규정 가운데 중요한 것들을 요약하면 다음과 같다.

3-1. 사전 절차

은행이 기업에 선물환거래를 마케팅하기 이전에 다음과 같은 사전 절차를 거친다.

가. 투자자 유형 확인 및 투자자 정보 확인

은행은 선물환거래를 체결할 기업이 어느 유형의 투자자인지를 확인해야 한다. 모든 기업은 기본적으로 일반투자자로 분류한다. 다만 아래 세 가지 요건에 해당하는 기업은 전문투자자 전환신청서를 받은 뒤 전문투자자(기업투자자)로 분류할 수 있다.

그리고 매년 1회 이상 투자자정보확인서를 받아야 한다. 만일 기업이 투자자정보 제공을 거부하면 선물환거래를 체결하면 안 된다.

정리하는 코너

세 가지 요건 및 전문투자자

1. 세 가지 요건

① 해외증권시장에 주권을 발행한 국내법인

② 주권상장(코스닥등록 포함) 법인 중 전문투자자로 전환한 법인

③ 금융수탁잔고(법인: 100억 이상, 개인: 50억 이상) 요건을 갖추고 금융투자협회에 전문투자자 등록 후 전문투자자로 전환한 법인 및 개인

2. 전문투자자

① 대통령령으로 정하는 금융기관(은행, 증권, 보험 등)

② 대통령령으로 정하는 자(예금보험공사, 자산관리공사, 지방자치단체 등)

③ 기업투자자(대기업)

나. 투자자 적합성 평가

매년 1회 이상 투자자의 적합성을 평가하여 투자자 등급에 따라 거래 가능한 상품을 확인해야 한다. 만일 기업이 적합성에 부적절한 거래를 요청하는 경우 확인서를 받는다.

다. 장외파생상품 거래한도 설정

선물환거래를 하기 위해서 선물환거래약정을 체결한다. 왜냐하면 은행은 상대방 기업이 선물환거래 만기일 이전에 부도를 맞으면 선물환거래에 따른 손실이 발생할 수 있기 때문이다.

은행은 사전에 상대방 기업의 신용위험을 분석하여 선물환거래를 해도 될지를 결정한다. 이런 이유 때문에 개인 또는 영세한 기업처럼 신용도가 낮은 거래자는 금융기관과 선물환거래를 하려고 할 때 제약이 있을 수 있다.

쉬어가는 코너 **만일 은행이 …**

기업과 선물환거래약정을 아직 체결하지 못했다면 선물환거래를 할 때마다 선물환계약이행보증금을 받아야 한다. 선물환계약이행보증금의 크기는 은행별로 그리고 선물환거래의 만기에 따라 다르다.

라. 기본 계약서 체결 및 일반위험고지문 교부

은행은 선물환거래약정서에 선물환거래의 적용범위, 만기일 결정, 만기일의 연장 또는 중도해지 여부, 계약보증금의 예치, 발생비용 등의 부담과 기타 필요한 사항 등을 포함한다.

고객이 약정서의 내용을 변경하지 않는 한 1회 약정으로 충분하다. 그리고 은행은 기업에게 일반위험고지문을 교부한다.

3-2. 선물환거래의 체결

가. 헤지 목적 여부 확인

자본시장법 및 은행감독업무시행세칙상 금융기관을 제외한 기업투자자(전문, 일반 모두 포함)의 경우 장외파생상품을 헤지수단으로 이용할 경우 위험회피 실거래를 사전적으로 증빙하여야 한다.

실수요의 범주로는 기업 재무제표의 자산, 부채, 손익계산서의 매출액 및 미래 추정매출액이 모두 포함되기 때문에 실수요의 확인뿐 아니라 경기변동에 따른 매출액의 감소 가능성 등을 점검해야 한다.

나. 위험고지 및 관련 설명서 교부

정리하는 코너

상품설명서의 …

설명의무를 서명할 때 파생상품투자상담사 자격을 취득하고 금융투자협회에 등록한 유자격자가 진행한다. 여기에서 키코사태 이후 매우 중요한 이슈가 된 완전판매를 위한 정확한 설명이 필수적이다.

다. 거래 실행

기업이 선물환거래를 요청하면 은행은 만기일과 거래하려는 금액을 확인한 뒤 해당 선물환율을 고시하고, 기업이 거래를 체결하기를 원하면 선물환거래를 체결한다.

거래의 종료와 함께 기업의 외환거래 담당자가 아닌 다른 담당자와 체결한 선물환거래의 내용을 확인한다. 이때 가능하면 전화 내용도 녹취한다.

라. 거래확인서(Deal Confirmation) 교부 및 보관

은행은 상대방 기업과 선물환거래를 체결한 뒤 선물환거래의 거래일, 만기일, 환율, 거래 금액 등과 같은 거래내역을 확인하는 문서를 2부 이상을 만들어서 기업에 교부하고 1부씩 상호 보관한다.

3-3. 사후 절차

선물환거래 만기일 이전에 환율변화에 따른 선물환거래의 평가내용을 기업에게 제공한다. 그리고 만기일에 거래 금액을 인수도한다.

4. 선물환율 산출

4-1. 선물환율의 의의

선물환율은 선물환거래에 적용하는 환율이다. 이것을 이해하기 위해서 선물환거래의 가격인 선물환율을 산출하기 이전에 한 예로 일상생활과 밀접한 연탄의 미래가격을 산출하는 원리를 먼저 파악해 선물환율의 의의를 생각해보자. 그런 다음 선물환율을 정확히 산출해보자.

무더위가 한창인 8월 16일 오전 11시에 일용직 노동자 김씨는 오랜만에 산뜻한 기분으로 일어났다. 오전 5시경에 일어났지만 비가 내려 공사장에 일이 없다고 해서 다시 잠자리에 들었다.

다른 집 아이들과 달리 변변한 선물 하나 받지도 못하고, 하필 연탄이 떨어져 작년 크리스마스 이브를 추위 속에서 떨던 아이들 모습이 떠올랐다. 아이들이 올 겨울을 따뜻하게 지낼 수 있도록 연탄을 미리 확보하기로 마음을 먹었다.

쉬어가는 코너 **크리스마스 이브에 …**

필요한 연탄을 지금 사서 보관하면 된다. 그런데 수중에 돈이 없을 수 있다. 그것보다 더 중요한 것은 연탄을 잘 보관해야 한다.
연탄 백 장을 사서 부엌 옆에 잘 두었는데, 아이들이 장난치다가 넘어져 연탄이 깨지면 큰일이다.
아이의 머리에 난 작은 상처는 금방 아물 수 있지만 깨진 연탄은 야속하지만 사용할 수 없다.
그래서 당장 연탄가게에 가서 연탄 밭떼기거래(?)를 하기로 마음먹었다.

독자가 연탄가게 주인인 이씨라면 8월 16일인 오늘 12월 24일에 팔게 될 연탄의 미래가격을 얼마로 제시할 것인가? 이것은 'B은행이 8월 16일에 12월 24일 만기일의 달러/원 선물환율을 얼마로 고시할 것인가?'하는 것과 크게 다르지 않다.

두 사람이 오늘 연탄을 12월 24일 만기로 사고 팔기로 계약하면 김씨는 미래 연탄가격에 대한 위험이 없어지지만, 연탄을 파는 이씨는 연탄가격이 오르면 큰일이다. 왜냐하면 위의 거래로 연탄 숏 포지션이 발생하기 때문이다.

이씨는 김씨가 원하는 거래를 하면서 관련되는 가격변동 위험을 어떻게 관리하면서 수수료를 챙길 수 있을까?

이씨는 당장 이 포지션을 스퀘어해야 한다. 그 방법은 둘 중 하나이다. 즉, 이씨가 연탄공장에 가서 같은 만기일인 12월 24일자로 연탄을 미리 사면 된다. 아니면 오늘 연탄을 사서 보관하면 된다. 그런데 공장에서는 12월 24일자로는 거래하지 않는다고 하면 연탄을 사서 보관해야 한다.

정리하는 코너

12월 24일에 …

사고팔 연탄가격은 하늘에서 '뚝'하고 떨어지지 않는다. 연탄의 선도가격은 현재가격과 관련이 있다. 즉, 이씨가 오늘 공장에서 연탄을 살 수 있는 현재가격인 예를 들면 500원이 그 출발점이다.

그런데 12월 24일에 사고팔 연탄의 미래가격은 현재가격인 500원과 같을까? 이씨의 입장은 다음과 같다.

8월 16일	12월 24일
−KRW	+KRW
+연탄	−연탄

오늘 이씨가 연탄을 사려면 원화를 지불한다. 그런데 이씨 수중에 돈이 없을 수 있다. 그는 동네 입구에 있는 사채업자로부터 연 28%의 고금리로 원화를 빌려야 하며, 이때 금융비용이 발생한다. 설령 그의 수중에 돈이 있더라도 금융비용은 당연히 챙겨야 한다.

한편 오늘 연탄 100장을 사두더라도 아무런 수익이 발생하지 않아 12월 24일에 105장이 되지는 않는다. 그러므로 만기일이 12월 24일인 미래가격은 현재가격인 500원에 대략 50원(=500×28%×130/365)의 금융비용을 합한 550원이다.

4-2. 보유비용모형의 활용

연탄의 이론적인 미래가격의 출발점은 현재가격이다. 그리고 매매예약거래를 하기 위해 발생하는 비용과 수익의 차이를 구해서 현재가격에 감안하면 된다.

이 원리는 연탄의 미래가격뿐만 아니라 KOSPI200지수선물 3월물이나 알루미늄 3월물 선물가격 및 달러/원 선물환율 등 다른 기초자산의 이론적인 미래가격을 구하는 원형이다.

가. KOSPI200지수선물 3월물의 이론 선물가격 산출

출발점은 역시 KOSPI200의 현재가격이다. KOSPI200의 현재가격은 우리나라 유가증권시장본부에 상장된 종목 가운데 업종을 대표하며 재무구조가 건전한 2백 개 기업의 주가를 1990년 1월 3일을 100으로 기준하여 산출한다.

정 리 하 는 코 너

연탄과 주식의 차이

KOSPI200종목을 사기 위한 금융비용과 주식을 보유하기 때문에 발생할 수 있는 수익을 산출한다. 앞에서 살펴본 연탄과 달리 주식을 사두면 그 주식 자체에서 발생하는 수익인 배당금이 있다. 연탄과 달리 금융비용과 수익인 배당금의 차이를 구해서 현재가격에 감안한다.

나. 알루미늄 3월물의 이론 선물가격 산출

이번에도 출발점은 알루미늄의 현재가격이다. 알루미늄과 같은 상품선물(commodity futures)의 비용은 조금 복잡하다. 알루미늄을 사기 위한 금융비용, 운송비용, 보관료나 보험료 등 현물을 보유하기 위한 모든 비용을 알아야 한다.

알루미늄 현물 재고를 가지고 있을 때 알루미늄 선물을 매입할 때 향유하지 못하는 보유편익(convenance yield)이 발생한다. 여러 비용과 보유편익의 차이를 구해서 현재가격에 감안하면 알루미늄 3월물 이론 선물가격을 산출할 수 있다.

다. 선물환율 산출의 원리

은행이 선물환율을 어떻게 구하는지 살펴보자. 그 출발점은 역시 달러/원 현물환율이다. 그리고 두 자금의 이자비용과 이자수익을 알아서 그 차이를 환율로 환산한 '스왑포인트'를 알면 된다.

결국 선물환율은 현물환율과 두 통화의 이자율 차이를 환율로 표시한 스왑포인트를 감안하면 된다. 짧은 만기일의 선물환거래에서 두 통화의 이자율 차이의 변화는 작지만, 현물환율의 변동이 크기 때문에 선물환율에서 출발점인 현물환율이 더 중요하다.

정 리 하 는 코 너

이자율 차이를 정산

선물환거래는 현물환거래의 만기일보다 먼 미래에 서로 다른 통화를 주고받기 때문에 이 기간 동안 고금리 통화는 저금리 통화보다 높은 이자수익을 얻는다. 또 그 반대도 성립한다.
그래서 현물환율과 같은 거래조건이 되려면 두 통화의 선물환계약 기간 동안의 이자율 차이를 서로 보상하는 환율을 적용한다.

고금리 통화를 운용하는 입장에서는 현물환율보다 불리한 선물환율, 저금리 통화를 운용하는 입장에서는 현물환율보다 유리한 선물환율을 적용받는다.

4-3. 선물환율 고시 방법

Quoting party인 은행은 선물환율을 고시할 때도 현물환율을 고시할 때처럼 two-way quotation한다. 은행은 두 가지 방법으로 선물환율을 고시한다. 은행이 예를 들면 1052원처럼 선물환율 자체를 고시하는 'outright forward' 고시방법이다.

그리고 은행이 선물환율의 출발점인 현물환율(예를 들면 1050원)과 스왑포인트(예를 들면 +2원)를 각각 고시하는 방법이다. 두 번째 방법으로 고시하면 스왑포인트가 변하지 않더라도 현물환율이 변할 때마다 선물환율을 다시 고시해야 하는 outright forward 고시방법의 번거로움을 피할 수 있다.

5. 스왑포인트 산출

5-1. 세 가지 방법

은행은 세 가지 방법으로 선물환거래의 위험을 헤지한다. 먼저 다른 은행과 같은 만기일의 선물환거래로 반대거래한다. 그리고 현물환거래와 자금거래를 이용한다. 마지막으로 현물환거래와 외환스왑거래를 이용하는 방법이다.

첫 번째 방법은 은행이 다른 은행과 같은 만기일의 선물환거래로 대고객 선물환 포지션을 스퀘어한다. 은행은 다양한 만기일과 금액의 선물환거래를 지속적으로 거래하기 때문에 대고객 선물환거래에서 발생한 포지션을 은행간 선물환거래로 일대일로 매치해서 커버하는 경우는 거의 없다.

정리하는 코너

대부분의 경우 …

은행은 여러 만기일의 선물환거래 포지션을 종합적으로 관리한다. 즉, 대고객 선물환거래 포지션을 현물환거래와 자금거래 또는 현물환거래와 외환스왑거래로 나누어서 관리한다. 왜냐하면 그렇게 할 때 은행은 더 많은 돈을 벌기 때문이다.

그래서 두 번째나 세 번째 방법을 사용한다.

먼저 은행이 현물환거래와 자금거래를 이용하여 어떻게 스왑포인트를 산출하는지를 알아보자. 제3절에서 세 번째 방법에 대해서 알아본다.

5-2. FC 이자율이 VC 이자율보다 낮을 때 스왑포인트

은행이 선물환율을 two-way quotation하려면 스왑포인트도 bid rate와 offered rate를 산출해야 한다. 먼저 달러/원과 같이 FC인 달러의 이자율이 VC인 원화의 이자율에 비해 낮은 경우를 살펴보자. 은행간 달러/원 현물환율과 원화 및 달러 자금시장의 이자율이 다음과 같다.

달러/원 현물환율: 1050.20/40
원화 3개월 금리: 0.90/2.90
달러 3개월 금리: 0.20/0.30

가. 스왑포인트의 bid rate

A기업이 3개월 만기로 B은행에 달러를 파는 선물환거래를 하는 경우가 있다고 하자. 그렇다면 3개월 만기 달러/원 선물환율의 bid rate를 B은행에서는 어떻게 구할까?

정리하는 코너

'외환딜링'에서 …

크로스레이트를 구할 때 이미 설명하였지만 B은행이 구한 선물환율은 A기업이 구한 것과 같다. 왜냐하면 B은행이나 A기업이 은행간 현물환거래나 자금거래를 할 때 calling party로서 적용받는 현물환율이나 이자율이 같기 때문이다. 즉, B은행이 A기업을 대신하여 선물환율을 구한다고 이해하면 된다.

A기업과 선물환거래를 한 뒤 B은행 입장에서 발생한 포지션과 이를 헤지하기 위한 은행간 현물환시장 및 자금시장의 거래 내용이다.

	T_0	T_2	T_{3M}
① A기업과의 선물환거래에서 발생하는 B은행의 포지션:			+USD −KRW
② ①의 포지션을 커버하기 위한 B은행의 은행간 현물환 반대거래:		−USD +KRW	
③ ①과 ②의 거래를 하면 B은행의 종합 포지션은 스퀘어가 됨			
④ ①과 ②의 거래를 한 뒤 B은행 입장에서 발생한 현금흐름의 불일치를 해결하기 위한 자금시장의 거래:			
USD 차입(⑤):		+USD	−USD
KRW 예금(⑥):		−KRW	+KRW

1) 포지션 커버하기

B은행은 A기업으로부터 3개월 만기로 달러를 사는 선물환거래를 한다. 즉, ①에서 A기업과 선물환거래를 하면서 B은행은 달러 롱 선물환 포지션이 발생한다.

이 선물환 포지션에 따른 환리스크를 헤지하기 위해 B은행은 은행간 현물환거래에서 ②와 같이 달러를 1050.20에 팔아서 종합 포지션을 스퀘어한다.

③의 내용은 B은행이 스퀘어 포지션을 만들었다는 것을 보여준다. 즉, ①의 A기업과 선물환거래와 ②의 은행간 현물환거래로 종합 포지션을 스퀘어했다. 이미 환리스크를 관리할 때 종합 포지션이 스퀘어되어야 한다는 것을 배웠다.

2) 현금흐름 맞추기

쉬어가는 코너 이제 …

B은행은 환리스크는 없지만 다른 문제가 있다. 현금흐름의 만기일이 일치하지 않는다. 즉, B은행은 ①의 A기업과 선물환거래 만기일은 3개월이지만 ②의 은행간 현물환거래 만기일은 2영업일이기 때문에 현금흐름이 일치하지 않는다.

B은행은 현금흐름을 맞추기 위해 어떻게 할까? B은행은 은행간 현물환거래에 따라 2영업일에 달러를 다른 은행에 주어야 하지만 A기업으로부터 3개월 뒤에 달러를 받기 때문에 그 동안 ⑤처럼 자금시장에서 달러를 빌린다.

또 B은행은 은행간 현물환거래에 따라 2영업일에 원화를 받지만 이 원화는 A기업에게 3개월 뒤에 준다. 이 원화를 당좌예금에 두면 아무런 이자수익도 발생하지 않기 때문에 ⑥처럼 자금시장에서 원화를 예금한다.

3) 스왑포인트 구하기

B은행이 은행간 외환시장에서 달러를 파는 현물환율은 1050.20이다. 그렇다면 B은행이 A기업으로부터 3개월 만기로 달러를 사는 선물환율은 현물환율과 같을까?

앞에서 설명한 것처럼 다르다. 얼마나 다를까? 스왑포인트만큼 다르다. 스왑포인트는 원화와 달러의 이자율 차이를 환율로 표시한 것이다.

쉬어가는 코너 **사실 …**

선물환율을 아주 쉽게 산출할 수 있다. 지금 외환거래를 하지만 2영업일이 아니라 3개월 뒤에 달러와 원화를 교환하는 환율이 선물환율이다.
B은행이 ④와 같이 3개월 동안 달러를 차입하고 원화를 예금하면 만기일에 각각 원금과 이자가 발생한다.

자금거래, 즉 ⑤의 달러차입(@0.30%)과 ⑥의 원화예금(@0.90%)에서 발생하는 현금흐름이 같아지도록 하는 환율이 선물환율(⑥/⑤)이다. 결국 스왑포인트는 선물환율에서 현물환율을 빼서 산출한다.

$$\text{스왑포인트} = \text{선물환율} - \text{현물환율}$$

$$= \frac{⑥}{⑤} - \text{현물환율}$$

$$= \frac{\text{KRW } 1050.20 \times (1+0.90\% \times 90/365)}{\text{USD } 1 \times (1+0.30\% \times 90/360)} - \text{현물환율}$$

$$= \text{현물환율} \times \frac{(1+0.90\% \times 90/365)}{(1+0.30\% \times 90/360)} - \text{현물환율}$$

$$= \text{현물환율} \times \frac{\{(1+0.90\% \times 90/365)-(1+0.30\% \times 90/360)\}}{(1+0.30\% \times 90/360)}$$

$$= \text{현물환율} \times \frac{\{(0.90\% \times 90/365)-(0.30\% \times 90/360)\}}{(1+0.30\% \times 90/360)}$$

$$= 1.542\text{원}(154.2\text{pips})$$

정리하는 코너

정부는 2010년 6월 13일에 …

선물환포지션 한도 설정을 주된 내용으로 하는 '자본유출입 변동완화 방안'을 발표했다. 급격한 외화 유출입을 줄여 외환변동성의 관리능력을 키우기 위한 것이다. 글로벌 금융위기 이후에 해외자본에 대한 규제의 필요성이 제기되면서 나온 조치였다.

앞에서 본 대로 B은행은 A기업으로부터 3개월 만기로 달러를 사면 은행간 현물환거래로 달러를 팔아서 종합 포지션을 스퀘어한다. 그리고 난 뒤 ④와 같이 달러 차입 자금거래를 통해 현금흐름을 맞춘다.

B은행은 은행간 자금시장에서 달러를 차입하고, 원화를 예금하여 2영업일과 3개월 사이의 현금흐름을 맞췄다.

이 부분이 정부가 규제하려는 것이다. 여러 은행이 B은행처럼 기업으로부터 달러를 사는 선물환거래를 많이 하면 은행은 필요한 달러를 해외로부터 계속해서 빌려야 된다.

IMF사태 때나 2008년 금융위기 때 주로 외국계은행 서울지점들은 대고객 선물환거래를 하기 위한 목적으로 빌려왔던 외화자금을 한꺼번에 해외에 있는 본점으로 유출시켰다. 그 과정에서 우리나라 금융기관들은 달러를 원활하게 빌리지 못하거나 차입 비용이 높아지는 등 많은 부작용이 발생했던 점을 정부가 우려했다.

그래서 특히 외국계은행 서울지점들이 이러한 거래를 많이 하지 못하게 하여 사전에 달러 유동성이 급격하게 해외로 유출되는 상황을 방지하는 것이 선물환거래한도 규제의 내용이었다.

나. 스왑포인트의 offered rate

B은행은 3개월 만기 달러/원 선물환율의 offered rate를 어떻게 산출할까? B은행은 bid rate를 구하는 것과 같은 순서로 offered rate를 산출한다.

독자들은 앞에서 배운 내용을 복습한다고 생각하고 스스로 산출하면 6.982원(698.2pips)이다. 만일 이해하기 힘들면 한국금융연수원에서 출간한 '외환딜링'을 참고하자.

5-3. FC 이자율이 VC 이자율보다 높을 때 스왑포인트

3개월 만기 달러/엔의 스왑포인트도 bid rate와 offered rate를 각각 구해보자. 은행간 달러/엔 현물환율과 달러 및 엔 자금시장의 이자율이 다음과 같다.

아래의 달러/엔과 같이 FC인 달러의 이자율이 VC인 엔보다 높은 경우도 물론 5-2에서 살펴보았던 스왑포인트의 산출과정과 같다.

달러/엔 현물환율: 109.22/25
엔 3개월 금리: 0.05/0.15
달러 3개월 금리: 0.20/0.30

가. 스왑포인트의 bid rate

A기업이 3개월 만기로 B은행에 달러를 파는 선물환거래를 하는 경우, 즉 3개월 만기 달러/엔 선물환율의 bid rate를 B은행은 어떻게 구하는지 알아보자. A기업과 선물환거래를 한 뒤 B은행 입장에서 발생한 포지션과 이를 커버하기 위한 은행간 현물환거래 및 자금거래의 내용이다.

	T_0	T_2	T_{3M}
① A기업과의 선물환거래에서 발생하는 B은행의 포지션:			+USD −JPY
② ①의 포지션을 커버하기 위한 B은행의 은행간 현물환 반대거래:		−USD +JPY	
③ ①과 ②의 거래를 하면 B은행의 종합 포지션은 스퀘어가 됨			
④ ①과 ②의 거래를 한 뒤 B은행 입장에서 발생한 현금흐름의 불일치를 해결하기 위한 자금시장의 거래:			
USD 차입(⑤):		+USD	−USD
JPY 예금(⑥):		−JPY	+JPY

1) 포지션 커버하기

B은행은 A기업으로부터 3개월 만기로 달러를 사는 선물환거래를 한다. 즉, ①에서 A기업과 선물환거래를 하면서 B은행은 달러 롱 선물환 포지션이다. 이 선물환 포지션에 따른 환리스크를 헤지하기 위해 B은행은 은행간 현물환거래에서 ②와 같이 달러를 109.22에 팔아서 종합 포지션을 스퀘어한다.

③의 내용은 B은행이 포지션을 스퀘어하는 것을 보여준다. 즉, ①의 A기업과 선물환거래와 ②의 은행간 현물환거래를 통해 종합 포지션은 스퀘어이다.

2) 현금흐름 맞추기

B은행은 이제 환리스크는 없지만 현금흐름의 만기일이 일치하지 않는다. 즉, B은행 입장에서 ①의 A기업과의 선물환거래의 만기일은 3개월이지만 ②의 은행간 현물환거래의 만기일은 2영업일이기 때문에 현금흐름이 일치하지 않는다.

정리하는 코너

이번에도 …

B은행은 현금흐름을 맞추기 위해서 어떻게 할까? 은행간 현물환거래에 따라 2영업일에 달러를 다른 은행에 주어야 하지만 A기업으로부터 3개월 뒤에 받기 때문에 그 동안 ⑤처럼 자금시장에서 달러를 빌린다.

그리고 은행간 현물환거래에 따라 2영업일에 엔을 받지만 이 엔을 A기업에게 3개월 뒤에 준다. 이 엔을 당좌예금에 두면 이자수익이 발생하지 않기 때문에 ⑥처럼 자금시장에서 엔을 예금한다.

3) 스왑포인트 구하기

B은행이 은행간 현물환거래에서 달러를 파는 환율은 109.22이다. 그런데 B은행이 오늘 거래를 하고 A기업으로부터 3개월 뒤에 달러를 사는 선물환율은 현물환율과 스왑포인트만큼 다르다.

이번에도 B은행은 선물환율을 아주 쉽게 구할 수 있다. 즉, 지금 외환거래를 하지만 2영업일이 아니라 3개월 뒤에 달러와 엔을 교환하는 환율이다.

B은행이 ④와 같이 3개월 동안 달러를 차입하고 엔을 예금하면 만기일에 각각 원금과 이자가 발생한다. 자금거래, 즉 ⑤의 달러차입(@0.30%)과 ⑥의 엔예금(@0.05%)에서 발생하는 현금흐름이 같아지도록 하는 환율이 선물환율(⑥/⑤)이다.

$$\text{스왑포인트} = \text{선물환율} - \text{현물환율}$$
$$= \frac{⑥}{⑤} - \text{현물환율}$$
$$= \frac{\text{JPY } 109.22 \times (1+0.05\% \times 90/360)}{\text{USD } 1 \times (1+0.30\% \times 90/360)} - \text{현물환율}$$
$$= \text{현물환율} \times \frac{(1+0.05\% \times 90/360)}{(1+0.30\% \times 90/360)} - \text{현물환율}$$
$$= \text{현물환율} \times \frac{\{(1+0.05\% \times 90/360)-(1+0.30\% \times 90/360)\}}{(1+0.30\% \times 90/360)}$$
$$= \text{현물환율} \times \frac{\{(0.05-0.30)\% \times 90/360)\}}{(1+0.30\% \times 90/360)}$$
$$= -0.0682\text{엔}(-6.82\text{pips})$$

나. 스왑포인트의 offered rate

3개월 만기 달러/엔 선물환율의 offered rate를 독자가 앞에서 설명한 bid rate를 산출하는 것과 같은 논리를 적용해서 산출하면 -0.0136엔(-1.36pips)이다. 모든 독자가 정확하게 산출했길 바란다.

5-4. 모든 통화의 선물환율과 현물환율은 다를까?

어떤 통화이든 현물환율과 두 통화의 이자율만 알면 스왑포인트를 산출할 수 있다. 그런데 이미 살펴본 달러/원이나 달러/엔의 선물환율은 현물환율과 다르다.

쉬어가는 코너 **그렇다면 …**

전세계 모든 통화의 선물환율은 현물환율과 다를까? 그렇지는 않다. 즉, 아주 드물게 선물환율과 현물환율이 같을 수 있다. 어떤 경우일까?

선물환율은 출발점인 현물환율에 스왑포인트를 감안한 것이다. 스왑포인트는 두 통화의 이자율 차이를 환율로 표시한 것이다. 아주 드물게 두 통화의 이자율 차이가 없다면 스왑포인트는 영(零; zero)이 되고, 이때 선물환율은 현물환율과 같다.

5-5. 선물환율은 현물환율보다 높을까? 아니면 낮을까?

결론적으로 선물환율이 현물환율보다 높거나 낮다. 즉, 선물환율은 현물환율에 스왑포인트를 더하거나 뺀다.

어떤 경우일까? 두 통화의 이자율 차이를 환율로 표시하는 스왑포인트의 근사치를 구하는 간편식은 '현물환율×이자율 차이×기간'이다.

만일 이 식의 '이자율 차이'를 절대값으로 하면 스왑포인트의 부호는 양수이다. 절대값으로 산출하면 스왑포인트의 부호가 양수가 되어 선물환율을 구할 때 현물환율에 스왑포인트를 더할지 뺄지가 매우 애매하다.

쉬어가는 코너

은행이 …

현물환율에 스왑포인트를 더해야 하는데 빼서 선물환율을 고시하면 어떻게 될까? 반대로 현물환율에 스왑포인트를 빼야 하는데 더해서 선물환율을 고시하면 어떻게 될까?

고객은 선물환율을 잘못 고시한 은행과 거래하지 않거나, 그 은행과 선물환거래를 하려고 아우성을 칠 것이다. 왜냐하면 두 경우 모두 은행이 선물환율을 잘못 고시하여서 고객에게 터무니 없이 불리하거나 유리하기 때문이다. 결국 은행이 선물환율을 잘못 고시할 때 고객이 거래하거나 거래하지 않으면 어떤 경우라도 은행은 손해이다.

이에 대한 대답은 차입과 예금의 두 자금거래를 할 때 발생하는 이자율 차이가 은행 입장에서 순이자 비용이 되는지 아니면 순이자 수익이 되는지를 기준으로 이해하면 된다. 즉, 은행이 고객과 선물환거래를 하기 위해 현금흐름의 불일치를 맞추기 위한 두 개의 자금거래에서 얼마만큼의 순이자 수익 또는 순이자 비용이 발생했는지를 알면 된다.

그리고 은행이 순이자 수익이나 비용을 고객과 어떻게 정산하는 것이 공정한지를 보아서 현물환율에 스왑포인트를 더하거나 빼면 된다. 이에 대한 추가학습은 '외환딜링'을 참고하면 된다.

정리하는 코너

강남 학원식 특강(?)

스왑포인트는 두 통화의 이자율 차이를 해당기간에 대해서 환율로 환산한 것이다. 간편식은 '현물환율×이자율 차이×기간'이다.

여기에서 '이자율 차이' 부분을 (FC 이자율−VC 이자율)이 아니라 (VC 이자율−FC 이자율)로 하면 된다. 즉, '현물환율×(VC 이자율−FC 이자율)×기간' 에서 구한 스왑포인트를 현물환율에 더하기 하면 된다.

위의 달러/원의 경우 VC 이자율이 FC 이자율보다 높기 때문에 스왑포인트 부호는 양수(+)이다. 달러/엔의 경우 VC 이자율이 FC 이자율보다 낮기 때문에 스왑포인트 부호는 음수(−)이다.

실제로 은행간이나 외환브로커를 통해 외환스왑을 거래할 때 해당 만기의 스왑포인트는 양수 또는 음수 부호가 붙어 있기 때문에 현물환율에 스왑포인트를 단순히 더한다.

5-6. 산출한 스왑포인트의 소수점은 어떻게 처리하면 좋을까?

B은행이 산출한 스왑포인트의 소수점이 은행간 외환거래에서 환율표시의 소수점 자리 수와 맞지 않는 경우가 많다. 예를 들어, 달러/원 은행간 외환거래에서 환율을 소수점 둘째 자리까지 표시한다.

B은행이 구한 스왑포인트의 소수점이 다섯 자리일 때 어떻게 처리하면 좋을까? 힌트는 은행이 선물환율이나 스왑포인트를 고시한다는 점이다.

정리하는 코너

Quoting party인 …

은행은 가능하면 많은 수익을 남기기 위해 스프레드를 넓게 고시할 것이라는 점을 명심하면 된다. 이에 대한 추가 설명도 '외환딜링'을 참고하자.

6. 선물환율 산출 요약

아래의 내용은 제3절의 나오는 외환스왑을 먼저 완벽하게 학습한 뒤에 공부해야 한다. 지금까지 공부한 내용에 이어 외환스왑을 연결해서 공부하자. 그리고 다양한 만기의 선물환율을 구해보자.

6-1. 선물환거래의 만기일

가. 역월 만기일 선물환거래(Regular Forward 또는 Even Date Forward)

현물환거래 만기일부터 1주일물, 1개월물, 3개월물, 6개월물 및 12개월물 등과 같이 달력에서 해당 개월의 같은 날짜를 만기일로 정하는 선물환거래이며, calendar week 또는 calendar month라고도 한다.

예를 들어, 2015년 1월 4일에 3개월 역월 만기일로 선물환거래를 하면 그 만기일은 2015년 4월 6일이다. 즉, 현물환거래 만기일인 1월 6일로부터 3개월 뒤인 4월의 같은 날짜인 4월 6일로 정한다. 외환스왑시장에서 은행이나 브로커들은 주로 정형화된 역월 만기일 스왑포인트를 고시한다.

나. 비역월 만기일 선물환거래(Irregular Forward 또는 Odd Date Forward)

쉬어가는 코너 **은행은 …**

대고객 선물환거래를 할 때 기업이 원하는 날짜를 만기일로 정하는데, 그 만기일이 calendar week 이나 calendar month가 아닌 선물환거래이다.
대고객 선물환거래에서는 역월 만기일보다 비역월 만기일 선물환거래가 많다. 은행은 최종 수요자인 기업이 헤지를 편리하게 할 수 있도록 배려한다.

비역월 만기일 선물환거래의 스왑포인트는 해당 만기일 양쪽에 있는 역월 만기일의 스왑포인트를 가지고 보간법(pro rata method)을 이용한다. 그래서 비역월 만기일 선물환거래의 스왑포인트는 역월 만기일 스왑포인트에 비해 다소 불리하다.

6-2. 역월 만기일 선물환율 구하기

가. A기업이 달러를 팔 때

2015년 1월 5일에 달러/엔 현물환율과 스왑포인트가 다음과 같다고 가정하자. 이때 A기업이 2015년 3월 7일 만기로 B은행에 달러를 팔 수 있는 선물환율은 얼마인가? 선물환거래를 할 때 만기일이 역월(calendar month) 만기일과 일치하기 때문에 현물환율에 외환스왑 시장에서 해당하는 만기일의 스왑포인트를 더한다.

USD/JPY 현물환율(1월 7일): 109.40/44
2개월 스왑포인트(3월 7일): −42/−41

은행은 먼저 현물환거래로 선물환거래에 따른 포지션을 스퀘어한 뒤 외환스왑을 한다.

	T_0	T_2	T_{3M}
① A기업과의 선물환거래에서 발생하는 B은행의 포지션:			+USD −JPY
② ①의 포지션을 헤지하기 위한 B은행의 은행간 현물환 반대거래:		−USD +JPY	
③ ①과 ②의 거래를 하면 B은행의 종합 포지션은 스퀘어가 됨			
④ ①과 ②의 거래를 한 뒤 B은행 입장에서 발생한 현금흐름의 불일치를 해결하기 위한 외환스왑: USD buy & sell against JPY FX swap		+USD −JPY	−USD +JPY

다음의 설명을 보기 전에 선물환율을 구해보라. 출발점인 현물환율은 109.40이다. 이제 스왑포인트는 외환스왑시장에서 구하면 되는데, 제3절의 외환스왑의 거래방향'에서 충분히 설명했다.

정리하는 코너

같은 방향끼리!

스왑포인트는 현물환율과 같은 방향이다. 즉, 현물환율이 bid rate이면 스왑포인트도 bid rate를 선택한다. 결국 선물환율은 108.98[=109.40+(−0.42)]이다.

나. A기업이 달러를 살 때

위와 같은 상황에서 A기업이 2015년 3월 7일 만기로 B은행으로부터 달러를 살 수 있는 선물환율은 얼마인가? 이번에도 선물환거래를 할 때 만기일이 역월(calendar month) 만기일과 일치하기 때문에 현물환율에 외환스왑시장에서 해당하는 만기일의 스왑포인트를 더한다.

출발점인 현물환율은 109.44이며, 이번에도 스왑포인트는 현물환율과 같은 방향이기 때문에 스왑포인트의 offered rate인 −41을 선택한다. 결국 선물환율은 109.03[=109.44+(−0.41)]이다.

다. A기업이 달러를 팔 때와 살 때의 강남 학원식 특강(?)

선물환율은 현물환율에 해당 만기일의 스왑포인트를 더한다. A기업이 B은행에게 달러를 팔 때는 현물환율과 스왑포인트 모두 bid rate를 선택하여 더한다. A기업이 B은행으로부터 달러를 살 때는 현물환율과 스왑포인트 모두 offered rate를 선택하여 더한다.

선물환율의 bid rate나 offered rate는 그저 위(현물환율)와 아래(스왑포인트)를 같은 방향끼리 즉, bid rate는 bid rate끼리, offered rate은 offered rate끼리 더한다.

쉬어가는 코너

만일 A기업이 달러를 팔 때 …

적용할 선물환율을 산출할 때 현물환율은 bid rate로 하고 스왑포인트는 offered rate로 하면 어떻게 될까? 또는 반대로 A기업이 달러를 살 때 적용할 선물환율을 산출할 때 현물환율은 offered rate로 하고 스왑포인트는 bid rate로 하면 어떻게 될까?
즉, 선물환율의 bid rate나 offered rate를 구할 때 위(현물환율)와 아래(스왑포인트)를 같은 방향끼리 더하지 않고 교차해서 더하면 어떻게 될까?

만일 시험에 이런 문제가 나왔다면 그 채점 결과는 다음과 같다. 즉, 위(현물환율)와 아래(스왑포인트)를 같은 방향끼리 더하는 것은 고개를 위와 아래로 흔드는 것과 같아서 정답이다.

위(현물환율)와 아래(스왑포인트)를 교차해서 더하면 고개가 위와 아래로 흔들리지 않고 'X자'가 되어 오답이다.

6-3. 비역월 만기일 선물환율 구하기

2015년 1월 5일에 달러/엔 현물환율과 스왑포인트가 다음과 같이 고시되고 있다고 하자. 이때 A기업이 2015년 3월 25일 만기로 엔화 수입대금을 헤지하기 위해 B은행으로부터 달러를 대가로 2억 엔을 매입하려면 B은행이 A기업에게 고시할 선물환율은 얼마인가?

USD/JPY 현물환율(1월 7일): 109.40/44
2개월 스왑포인트(3월 7일): −42/−41
3개월 스왑포인트(4월 7일): −66/−65

B은행이 A기업과 선물환거래를 할 때 만기일이 역월 만기일과 일치하지 않을 때가 있다. 이때는 고시된 두 개 만기의 역월 만기일 스왑포인트를 이용하여 산출할 수 있다.

거래하려고 하는 만기일의 양쪽에 있는 역월 만기일 스왑포인트를 구한 뒤 해당하는 기간을 감안한 보간법(pro rata method)을 이용한다.

쉬어가는 코너 **출발점인 현물환율은 얼마인가?**

만일 "109.44요"라고 마음속으로 대답했다면 큰일이다. A기업이 달러를 팔아서 엔을 사는 거래이기 때문에 bid rate인 109.40이다. 그리고 스왑포인트는 '고개를 끄덕 끄덕 또는 위와 아래로 흔드는 방향'이기 때문에 스왑포인트도 bid rate를 적용한다.

그런데 비역월 만기일 선물환거래이기 때문에 B은행은 2개월과 3개월 스왑포인트의 bid rate인 −42과 −66를 택하고 이 두 기간의 스왑포인트는 보간법을 이용한다.

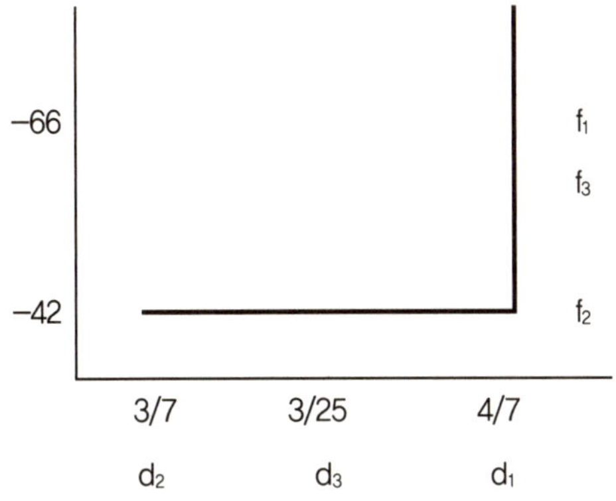

삼각형의 비례식으로 산출할 수 있다. 즉, $(f_1-f_2)/(d_1-d_2)=(f_3-f_2)/(d_3-d_2)$이다. 해당하는 날짜와 2개월 및 3개월 스왑포인트를 적용하여 구하면 $f_3=-55.935 \fallingdotseq -55.94$이다.

3월 25일 만기일의 선물환율은 109.40+(-0.5594)=108.8406이기 때문에 B은행이 A기업에게 고시할 선물환율은 108.84이다.

6-4. Ante-spot거래

현물환율과 스왑포인트만 알면 모든 만기일의 선물환율도 산출할 수 있다. 그런데 아직도 환율을 산출할 수 없는 만기일의 외환거래가 있다. 결제일이 현물환거래 만기일보다 짧은 당일물(value today) 및 익일물(value tom)과 같은 ante-spot거래의 환율은 알 수가 없다. 이들 환율만 알면 그야말로 모든 만기일의 환율을 산출할 수 있다.

선물환율은 현물환율에 스왑포인트를 감안한 것처럼 이들 거래에서도 현물환율에 O/N과 T/N 스왑포인트를 감안한다. 예를 들어 1월 5일 달러/엔 현물환율과 스왑포인트가 다음과 같이 고시되고 있을 때 A기업이 당일물로 엔을 사려고 할 때 B은행은 환율을 얼마로 고시하면 될까?

그 환율을 정확하게 고시하려면 넘어야 할 큰 고비가 네 개이다.

USD/JPY 현물환율(1월 7일): 109.40/44
2개월 스왑포인트(3월 7일): -42/-41
3개월 스왑포인트(4월 7일): -66/-65

먼저 출발점인 현물환율은 109.40이다. A기업이 엔을 살려고 하기 때문에 B은행도 현물환거래에서 달러/엔의 bid rate인 109.40에 커버거래를 한다.

정리하는 코너

이제…

스왑포인트를 알아야 한다. 제3절에 나오는 O/N이나 T/N라는 용어는 알고 있을 것이다. 현물환거래의 만기일을 당일물로 만들어야 하는데, 역월 만기일 선물환율을 구할 때와 달리 B은행은 외환스왑을 두 번 거래해야 한다.

먼저 현물환거래 만기일을 T/N스왑(①)을 활용하여 익영업일로 조정한 뒤, 다시 O/N스왑(②)을 활용하여 익영업일의 만기일을 당일로 조정한다.

T1월 5일	T1월 6일	T1월 7일	
		−USD +JPY	USD/JPY spot
	−USD +JPY	+USD −JPY	T/N USD sell and buy FX swap ①
−USD +JPY	+USD −JPY		O/N USD sell and buy FX swap ②

T/N와 O/N 스왑포인트는 얼마일까? T/N는 −0.65이고 O/N은 −0.60이다. 하지만 앞에서 선물환율을 완벽하게 공부했다고 자부하는 독자는 이에 동의하지 않을 것이다.

그 이유는 앞에서 선물환율을 구할 때 현물환율과 스왑포인트를 선택할 때와 같은 방향, 즉 위와 아래로 같은 방향끼리 더해야 된다고 말했기 때문이다. 하지만 그것은 강남 학원식 특강과 같은 방법이고, 그런 공부의 한계이다.

T/N스왑에서 USD sell and buy FX swap할 때 far date를 기준으로 하여 buy하기 때문에 T/N 스왑포인트의 bid rate가 아닌 offered rate를 선택한다. 이것이 조금 높지만 마지막이 아닌 두 번째 고비이다.

쉬어가는 코너 **셋째 고비는?**

B은행은 현물환율과 스왑포인트를 알았으니 이제 더하기만 하면 된다. 그러면 얼마인가? 108.15[=109.40+(−0.60)+(−0.65)]인가? 왠지 당일물 환율이 현물환율에 비해 너무 낮다는 의문이 들지 않는가?

T/N 스왑포인트는 −0.65이다. 독자들이 이미 알고 있는 것과 같이 −0.65포인트이기 때문에 달러/엔 환율로 보면 −0.65엔이 아니라 −0.0065엔이다. 이것이 셋째 고비이다.

아직도 넘어야 할 고비가 하나 더 있는데, 무엇일까? 현물환율인 109.40에 T/N와 O/N 스왑포인트인 −0.65와 −0.60을 더하면 109.3875가 되는데, 아직 정답이 아니다.

A기업은 고금리통화인 달러를 현물환거래 만기일인 1월 7일 이틀 전인 1월 5일에 B은행에게 주고 저금리통화인 엔화를 받기 때문에 이틀간의 두 통화 이자율 차이를 보상받아야만 합리적인 가격이다.

그래서 스왑포인트의 O/N과 T/N 매도호가를 합한 1.25(=0.60+0.65) pips만큼 현물환율보다 더 높은 109.4125(=109.40+0.0125)에 팔아야 한다. 물론 B은행은 스왑포인트의 소수점 처리 방법에 따라 109.41을 고시한다.

제3절 외환스왑

우리나라 기업들이 환리스크 관리에 가장 활발하게 활용하는 선물환거래를 보다 더 잘 활용할 수 있도록 시너지효과를 달성할 수 있는 것이 외환스왑이다. 외환스왑에 대해 잘 이해하면 다음에 학습할 통화스왑도 더 쉽게 이해할 수 있다.

1. 외환스왑의 의의

이제 가장 중요한 거래 가운데 하나를 공부하자.

④ A기업과 선물환거래와 은행간 현물환거래를 한 뒤 B은행 입장에서 발생한 현금흐름의 불일치를 맞추기 위한 자금시장에서 거래:

	T_0	T_2	T_{3M}
USD 차입(⑤):		+USD	−USD
KRW 예금(⑥):		−KRW	+KRW

위의 내용은 달러/원 스왑포인트의 bid rate를 구하는 과정을 정리한 것 가운데 자금시장 부분이다. B은행이 A기업으로부터 3개월 만기로 달러를 사는 선물환거래를 한 뒤 포지션을 스퀘어하기 위해 은행간 현물환거래로 달러를 팔고, T_2와 T_{3M}의 현금흐름을 맞추기 위해 달러를 차입하고 원화를 예금하는 두 개의 자금거래이다.

위의 내용을 다음의 세로 방향인 두 개의 박스로 구성된 거래로 보자.

T_0	T_2	T_{3M}
	+USD −KRW	−USD +KRW

예를 들어 B은행이 오늘 C은행과 달러 매입 현물환거래와 3개월 만기 달러 매도 선물환거래를 동시에 거래한 것으로 보자는 뜻이다. 이 경우에도 해당 3개월 사이에 B은행은 두 개의 자금거래를 통해 여유 자금인 원화를 빌려주고 필요한 달러를 빌리는 것과 같은 효과를 달성한다.

B은행의 여유 자금인 원화와 C은행의 여유 자금인 달러를 T_2부터 3개월 동안 서로 교환하는 효과이다.

정리하는 코너

이 거래에서 …

B은행과 C은행은 각각 자신들이 가진 원화와 달러를 서로 다른 자금인 달러와 원화로 바꾸었기 때문에 파생금융상품 가운데 하나인 스왑거래이다. 그런데 이 거래는 통화스왑이 아니라 외환스왑(FX swap)이다.

1-1. Near date와 far date

외환스왑에서 거래일로부터 가까운 결제일은 near date(또는 near end, near leg 및 first leg)이다. 그리고 거래일로부터 먼 결제일은 far date(또는 far end, far leg 및 second leg)이다.

1-2. 외환스왑의 정의와 특징

가. 외환스왑의 정의와 환리스크

외환스왑은 두 상대방이 near date의 외환거래와 이에 대응하여 반대방향으로 같은 금액의 far date의 외환거래를 동시에 거래한다. 이때 독자들은 외환거래라는 말을 듣는 순간, 포지션 그리고 환리스크를 떠올려야 한다.

외환스왑은 엄연히 두 개의 외환거래를 하기 때문에 '외환스왑을 거래하면 환리스크가 있는가?'라는 의문을 가져야 한다.

외환스왑은 같은 금액의 두 외환거래를 서로 반대로 동시에 거래하기 때문에 종합 포지션은 스퀘어가 되어 환리스크가 없다. 엄밀하게 말하면 기준통화의 이자율이 낮고 만기가 짧으면 무시해도 될 정도로 미미하다.

나. 자금시장의 대안인 외환스왑

외환스왑은 해당 기간 동안 다른 통화의 자금을 창출하는 효과를 달성하기 때문에 일종의 자금거래이다. 즉, 위의 B은행은 T_2부터 3개월 동안의 현금흐름을 맞추기 위해 자금시장을 활용해도 되고, 그 대안인 외환스왑을 활용해도 된다.

정리하는 코너

특별히 …

한 나라의 자금시장이 발달되어 있지 않아 그 시장에 접근이 쉽지 않을 때 외환스왑을 매우 유용하게 활용할 수 있다. 즉, 자금시장에 존재하는 규제 때문에 어떤 자금을 직접 차입하는 것이 어렵다면 차입이 쉬운 자금을 먼저 차입한 뒤 차입한 그 자금을 근거로 외환스왑을 하면 환리스크 없이 다른 나라 자금을 차입하는 효과를 달성할 수 있다.

다. 외환스왑의 가격

외환거래 두 개를 동시에 거래하는 외환스왑의 가격은 환율인데, 이들 두 환율은 어떻게 정해질까? 외환스왑은 near date와 far date 외환거래를 동시에 거래하며, 만기일이 다르기 때문에 당연히 두 환율은 다르다. 즉, 스왑포인트만큼 다르다.

2. 외환스왑의 거래 메커니즘

2-1. 자금거래와 외환스왑의 비교

T_0	T_2	T_{3M}		
자금거래	+USD	−USD	⇒	USD 차입
	−KRW	+KRW	⇒	KRW 예금
	↓	↓		
외환스왑	+USD	−USD	⇒	USD buy & sell
	−KRW	+KRW	⇒	KRW sell & buy

자금거래는 한 나라의 자금을 빌리거나 빌려주는 거래이며, 위의 달러 차입이나 원화 예금처럼 가로 방향의 거래이다. 외환거래는 환전이며, 위처럼 세로 방향의 거래이다.

자금거래의 차입은 어떤 통화를 near date에 사고 far date에 파는 외환스왑이고, 예금은 어떤 통화를 near date에 팔고 far date에 사는 외환스왑이라고 볼 수 있다. 결국 위 그림은 가로 방향인 두 개의 자금거래를 세로 방향으로 보면 현물환거래와 선물환거래를 동시에 거래하는 것과 같다.

정리하는 코너

외환스왑을 …
읽을 때 near date를 먼저 읽는다. 위의 외환스왑은 USD buy & sell 외환스왑 또는 KRW sell & buy 외환스왑이다. 이 둘을 한꺼번에 읽으려면 어떻게 하면 될까? 읽는 속도를 두 배로 하면 혀가 꼬일 수도 있으니 조심해야 한다.

그래서 'USD buy & sell against KRW FX swap(또는 Buy & sell USD against KRW FX swap)' 또는 'KRW sell & buy against USD FX swap'이라고 읽는다. 'USD buy & sell against KRW FX swap'은 원화를 대가로 USD buy & sell 외환스왑을 한다는 뜻이다.

2-2. 외환스왑에 적용하는 환율

스왑포인트의 bid rate는 quoting party가 near date에 기준통화를 팔고, far date에 기준통화를 산다(기준통화 sell & buy). 또 offered rate는 quoting party가 near date에 기준통화를 사고, far date에 기준통화를 판다(기준통화 buy & sell).

현물환거래 및 외환스왑거래의 bid rate와 offered rate에서 quoting party나 calling party의 거래행위는 같다. 즉, quoting party는 bid rate에 기준 통화를 사고, calling party는 기준 통화를 판다. 다만 외환스왑은 관련되는 결제일이 두 개인데 사거나 파는 기준은 far date이다.

2-3. 외환스왑의 거래방향

달러/엔 현물환율과 스왑포인트가 다음과 같을 때, 달러/엔 1개월 외환스왑을 할 경우 quoting party와 calling party가 bid rate와 offered rate에 각각 적용하는 환율은 다음과 같다.

USD/JPY Spot: 109.40/44
1 month swap point: -21/-20

quoting party는 현물환율처럼 외환스왑도 two-way quotation한다. 1개월 달러/엔 스왑포인트의 bid rate는 -21이고, offered rate는 -20이다. 과연 -21과 -20은 무엇을 의미할까?

외환스왑의 거래방향

	Bid Rate		Offered Rate	
	near date	far date	near date	far date
quoting party	-USD @109.42	+USD @109.21	+USD @109.42	-USD @109.22
calling party	+USD @109.42	-USD @109.21	-USD @109.42	+USD @109.22

정리하는 코너

외환스왑에서 …

스왑포인트가 중요하며, near date에 적용할 환율은 은행간 거래에서는 거래시점의 현물환율의 중간률(middle rate 또는 mid-rate; bid rate와 offered rate의 중간이 되는 환율을 말한다)을 사용하는 것이 일반적이며 현물환율을 크게 벗어나지 않는 한 큰 차이는 없다.

Far date에는 near date의 환율에 스왑포인트를 더한 환율을 적용한다.

그러나 은행과 기업 사이의 선물환거래에서는 스왑포인트보다 현물환율이 더 중요하다. 현물환율도 bid rate인지 또는 offered rate인지가 중요하다.

3. 외환스왑의 조건

3-1. Near date에 기준통화를 사거나 팔 수 있다.

Near date에 기준통화를 사거나 파는 외환스왑을 할 수 있다. 물론 이것은 상대통화 기준으로는 상대통화를 팔거나 사는 외환스왑이다.

3-2. Near date에 사거나 판 기준통화를 far date에 팔거나 산다.

외환스왑의 중요한 특징의 하나는 외환거래 두 개를 동시에 거래하지만 그 방향은 반대이다. 그래서 far date의 거래는 near date의 거래와 관련이 있기 때문에 두 거래를 같이 묶어서 이해하면 된다.

만일 near date에 기준통화를 샀다면 far date에는 기준통화를 판다. 이는 '기준통화 buy & sell against 상대통화 FX swap'이다.

3-3. 대부분의 경우 near date와 far date에 각각 반대방향으로 거래하는 기준통화(또는 상대통화)의 금액은 같다.

쉬어가는 코너

외환스왑에서 …

두 개의 외환거래가 동시에 이루어진다. 그래서 near date와 far date에 거래하는 기준통화 또는 상대통화의 금액을 동일하게 해야 두 이자율의 차이가 정산된다.
예를 들어 기준통화인 1백만 달러를 기준으로 외환스왑을 거래하면 near date와 far date의 금액은 1백만 달러가 된다. 그러나 near date와 far date의 원화 금액은 서로 다르다. 왜 그럴까? Near date와 far date에 적용하는 환율이 다르기 때문이다.

상대통화 금액을 기준으로 외환스왑을 할 수도 있다. 예를 들면 near date와 far date의 금액을 백억 원을 기준으로 외환스왑을 할 수 있는데, 이때는 near date와 far date의 달러 금액은 달라진다. 역시 near date의 환율은 far date의 환율과 스왑포인트만큼 다르기 때문이다.

그런데 드물게 은행이 기업의 수요를 충족시켜주기 위해 기준통화와 상대통화 금액을 둘 다 다르게 할 수도 있다.

3-4. 대부분의 경우 거래상대방이 같다.

99% 이상의 외환스왑에서 near date와 far date의 거래상대방이 동일하다. 아주 드물게 near date와 far date의 거래상대방이 다를 수도 있는데, engineered swap이다. 예를 들어, B은행이 3개월 만기 USD buy & sell 외환스왑을 할 때 near date 거래는 X은행과 거래하고, far date 거래는 Y은행과 거래하면 어떤 점이 불리할까?

정리하는 코너

만일 …

B은행의 딜러가 환율이 상승할 것을 확신한다면 먼저 X은행으로부터 달러를 사는 현물환거래를 한다. 그리고 난 뒤 환율이 올라서 유리하게 움직인 뒤 Y은행과 3개월 만기로 달러를 파는 선물환거래를 하면 T2부터 3개월 만기의 USD buy & sell 외환스왑을 한 효과를 달성할 수 있다.

그런데 예상과 달리 Y은행과 선물환거래를 하려고 할 때 환율이 떨어지게 되면 불리해진다. 결국 B은행은 Z은행과 한꺼번에 USD buy & sell 외환스왑을 할 때보다 불리하다.

설령 현물환율이나 스왑포인트가 하나도 안 움직이더라도 B은행이 X은행 및 Y은행과 engineered swap을 하면 불리하다. 왜냐하면 현물환율의 스프레드에 해당하는 손실이 발생하기 때문이다.

3-5. Near date와 far date의 거래를 동시에 체결한다.

외환스왑의 중요한 조건의 하나는 동시체결이다. 예를 들면 B은행이 Z은행과 near date 거래와 far date 거래를 동시에 하는 것이다. 99%의 외환스왑은 engineered swap이 아니기 때문에 동시에 두 개의 외환거래를 한다.

3-6. Near date와 far date의 거래를 반드시 동시에 기표한다.

금융기관이나 기업이 외환거래나 선물환거래를 하면 즉시 전산에 입력한다. 외환스왑을 거래할 때도 마찬가지이다. 외환스왑은 두 개의 외환거래, 즉 near date와 far date의 거래를 반드시 동시에 기표(booking)한다.

4. 외환스왑의 장점

쉬어가는 코너

자금거래보다 외환스왑

이미 설명한 것과 같이 자금거래와 외환스왑 두 거래의 경제적인 효과는 같다. 그러나 외환스왑이 자금거래보다 여러 면에서 유리하다.

4-1. 신용위험의 최소화

3개월 만기로 A기업과 선물환거래를 한 B은행은 현물환거래 만기일과 선물환거래 만기일의 현금흐름이 일치하지 않는다. 이때 현금흐름을 맞추기 위해 자금거래 또는 외환스왑을 이용할 수 있다.

B은행은 신용위험 측면에서 외환스왑을 이용하는 것이 유리한지 자금거래를 이용하는 것이 유리한지 살펴보자.

(달러/원 3개월 만기 선물환거래의 bid rate를 산출하기 위한 자금거래)

	T_0	T_2	T_{3M}
USD 차입		+USD	−USD
KRW 예금		−KRW	+KRW

(달러/원 3개월 만기 선물환거래의 bid rate를 산출하기 위한 외환스왑)

	T_0	T_2	T_{3M}
외환스왑		+USD −KRW	−USD +KRW

먼저 B은행이 자금시장에서 원화를 예금하는 경우 만기일에 상대방이 파산하면 원금과 이자 전액에 대하여 손실을 입을 수 있다. 즉, 매우 큰 신용위험을 감수해야 한다.

쉬어가는 코너

그에 비해 …

외환스왑을 이용할 경우 외환스왑에서는 near date와 far date에 두 상대방이 해당 통화를 실제로 주고받는다. 즉, B은행은 near date에 원화를 주는 대신 달러를 자신의 수중에 가지고 있다.

B은행은 설령 만기일에 상대방이 파산하더라도 자금거래와 달리 원금과 이자 전액에 대한 손실을 입을 가능성이 있는 것은 아니다. 외환스왑에서는 환리스크만 부담하면 되기 때문에 자금거래보다 신용위험이 적다.

4-2. 은행간 금리 적용

A기업은 어떤 이유로 B은행으로부터 원화를 차입하고 달러를 예금하는 자금거래를 할 수 있다. 이에 대한 대안으로 A기업은 USD sell & buy against KRW 외환스왑을 이용해서 환 리스크 없이 원화를 차입하고 달러를 예금하는 효과를 달성할 수 있다.

그런데 이때 신용도가 상대적으로 낮은 A기업이 B은행과 외환스왑을 하지 않고 직접 자금거래를 이용해서 원화를 차입하고 달러를 예금할 때는 일반적으로 은행간 금리를 적용받을 수 없다. 은행간 금리에 A기업의 신용도에 따른 스프레드를 가감한 불리한 금리를 적용받을 수밖에 없다. 즉, 원화를 빌릴 때 B은행이 은행간 자금시장에서 빌리는 것보다 비싸게 빌릴 수밖에 없다. 그리고 달러를 예금할 때는 B은행이 은행간 자금시장에서 예금할 때보다 낮은 금리로 예금할 수밖에 없다. 그리고 은행은 지불준비금도 부담시킨다.

정 리 하 는 코 너

그러나 …

A기업이 B은행과 외환스왑을 이용하면 A기업은 은행보다 신용도가 낮은 기업이지만 B은행과 같은 은행간 금리로 원화를 차입하고 달러를 예금하는 것과 같은 효과를 누릴 수 있다.

이 점은 기업에게 매우 유리하다. 물론 A기업은 외환스왑거래에 따른 수수료는 지불한다.

4-3. 풍부한 유동성

앞에서 설명한 것처럼 외환스왑이 자금거래에 비해 유리한 점이 있기 때문에 달러/엔이나 유로/엔과 같은 주요 통화에 대한 외환스왑시장의 유동성이 매우 풍부하다. 우리나라의 달러/원 외환스왑시장도 거래가 많다.

5. 외환스왑의 유형

외환스왑은 near date와 far date의 외환거래를 동시에 체결한다. 외환스왑을 near date 만기일과 far date 만기일에 따라 세 가지 형태가 있다.

5-1. 현물환거래와 현물환거래

외환스왑 기간이 1일과 같이 단기인 외환스왑들이다. 이들을 one day swap(또는 roll-over swap)이라고 하는데, 대개 자금결제일을 1일간 조정하기 위한 수단으로 이용한다.

주로 금융기관이나 기업이 하루짜리 외화 현금흐름의 불일치를 환리스크 없이 조정하려고 할 때 자금거래의 대안으로 사용한다.

정리하는 코너

O/N과 T/N

대표적인 O/N swap(Over-Night swap)은 거래일과 1영업일의 외환스왑이다. 은행간 자금거래에서 거래가 활발한 만기는 일일물 콜거래(O/N call)이다. 같은 맥락에서 외환스왑에서도 O/N swap의 거래량이 많다.

T/N swap(Tom-Next swap)은 1영업일과 2영업일의 외환스왑이다.

5-2. 현물환거래와 선물환거래

현물환시장에서 매입(또는 매도)하고 동시에 선물환시장에서 매도(또는 매입)하는 외환스왑이다. 예를 들어 1 month FX swap(또는 1 month over spot FX swap)은 2영업일과 1역월 만기일의 외환스왑이다.

S/N swap(Spot-Next swap)은 2영업일과 3영업일의 외환스왑이다.

5-3. 선물환거래와 선물환거래

외환스왑의 near date 및 far date의 만기일이 둘 다 선물환거래인 형태로 선선 외환스왑(forward-forward FX swap)이다. 예를 들면 1개월 뒤부터 3개월 뒤까지의 외환스왑 등으로, 금융기관이나 기업이 미래 두 시점의 외화 현금흐름의 불일치를 환리스크 없이 관리하려고 할 때 활용한다.

6. 외환스왑의 활용

외환스왑의 용도는 매우 다양하다. 환리스크 관리를 위한 기본적인 활용은 본서를 학습하면 되고, 금리차익거래와 외화스왑예금 등의 난이도가 높은 활용은 '외환딜링'을 참고하자.

6-1. 선물환거래 창출

제2절에서 선물환율을 구하는 방법을 설명할 때 아래와 같이 설명했다.

> 은행은 세 가지 방법으로 선물환거래의 위험을 커버한다. 먼저 다른 은행과 같은 만기일의 선물환거래로 반대거래한다. 그리고 현물환거래와 자금거래를 이용한다. 마지막으로 현물환거래와 외환스왑거래를 이용하는 방법이다.

이제 그 마지막 방법인 '은행간 현물환거래과 외환스왑거래를 이용하는 방법'에 대해 알아보자. 예를 들어 1월 22일인 오늘(거래일, 현물환거래 만기일 및 선물환거래 만기일뿐만 아니라 그 주위의 날들은 휴일이 아닌 것으로 가정한다) A기업의 박과장은 4월 24일 만기로 B은행으로부터 달러를 사는 선물환거래를 한다고 가정하자.

둘째 방법에서 한 단계 더 나아가보자. 자금시장을 이용하는 방법처럼 마지막 방법을 다음과 같이 정리할 수 있다.

T_{0}(1월 22일)	T_{2}(1월 24일)	T_{3M}(4월 24일)

① A기업과의 선물환거래에서 발생하는 B은행의 포지션: −USD +KRW

② ①의 포지션을 커버하기 위한 B은행의 은행간 현물환 반대거래: +USD −KRW

③ ①과 ②의 거래를 하면 B은행의 종합 포지션은 스퀘어가 됨

④ ①과 ②의 거래를 한 뒤 B은행 입장에서 발생한 현금흐름의 불일치를 해결하기 위한 외환스왑: USD sell & buy against KRW FX swap

	T_{2}	T_{3M}
	−USD	+USD
	+KRW	−KRW

둘째 방법과 다른 점은 오로지 ④부분이다. 즉, 자금시장을 이용할 때는 '①과 ②의 거래를 한 뒤 B은행 입장에서 발생한 현금흐름의 불일치를 해결하기 위한 자금시장의 거래'인데, 외환스왑을 이용할 때는 '①과 ②의 거래를 한 뒤 B은행 입장에서 발생한 현금흐름의 불일치를 해결하기 위한 외환스왑: USD sell & buy against KRW FX swap'이라고 바뀐 것뿐이다.

자금거래와 외환스왑을 같은 용도로 활용할 수 있다는 말만 기억한다면 충분히 이해할 수 있다. 여러 외환스왑의 용도 가운데 가장 중요한 하나는 은행이 외환스왑을 이용하여 고객을 위한 선물환거래를 만드는 것이다.

6-2. 기존 외환거래의 만기일 연장

위에서 예로 들었던 A기업의 박과장은 4월 22일(1월 22일에 거래한 선물환거래 만기일인 4월 24일의 2영업일 이전)에 깜짝 놀라서 식은 땀이 났다. 1월 22일에 선물환거래를 할 때 선물환거래 만기일이 7월 24일인데, 착각해서 B은행과 4월 24일 만기로 선물환거래했다는 것을 알았기 때문이다.

> **쉬어가는 코너** Once done deal can't be undone.
>
> B은행에 전화해서 담당자에게, "1월 22일에 저희 회사와 선물환거래를 하신 것 기억나세요? 죄송하지만 그 거래 없었던 걸로 하면 안 될까요?"라고 말한다면 B은행의 담당자는 무엇이라고 대꾸할까?
> "박과장님, 'Once done deal can't be undone.'도 모르세요?"라고 말할 것이다. 이 표현은 '외환딜링'에서 공부했다.

이때 A기업의 박과장이 B은행 담당 딜러에게, "달러/원 3개월 FX swap 가격을 two-way quotation해주세요."라고 요청한다면 지금까지 열공한 보람이 있다. 즉, 4월 24일부터 3개월 뒤(7월 24일)를 만기로 외환스왑을 하는 가격을 알고 싶다는 의사 표시이다.

A기업의 박과장이 B은행이 제시한 외환스왑 가격이 적절하다고 생각하면, 기존 선물환거래의 만기일을 3개월 뒤로 연장하는 외환스왑을 하면 된다. 이것을 정리하면 다음과 같다.

T3M(4월 24일) T6M(7월 24일)

① 1월 22일에 A기업이 B은행으로부터 달러를 사는 선물환거래:

+USD
−KRW

② 기존 ①의 만기를 새로운 만기로 연장하기 위한 외환스왑: ?

A기업은 B은행과 외환스왑거래를 어떻게 거래하면 될까? A기업은 B은행으로부터 4월 24일 만기로 달러를 매입해 둔 상태이다.

정리하는 코너

그런데 …

그 달러는 그날 필요하지 않고 새로운 만기인 7월 24일에 필요하다. 그래서 4월 24일에 달러를 팔고 7월 24일에는 달러를 사는 외환스왑, 즉 USD sell & buy against KRW FX swap을 한다.

T3M(4월 24일) T6M(7월 24일)

① 1월 22일에 A기업이 B은행으로부터 달러를 사는 선물환거래:

+USD ⓑ
−KRW

② 4월 22일에 기존 ①의 만기를 새로운 만기로 연장하기 위한 외환스왑:
USD sell & buy against KRW FX swap

−USD ⓢ +USD
+KRW −KRW

이제 4월 24일에 A기업은 ⓑ의 달러 및 원화는 ⓢ의 달러 및 원화와 서로 상쇄된다. 4월 24일의 달러와 원화가 서로 상쇄되면서 7월 24일에 달러를 사는 거래만 남게 되어 A기업은 선물환거래의 만기일을 연장할 수 있다.

결국 남는 것은 새로운 만기, 즉 기존 선물환거래 만기일보다 3개월 뒤인 7월 24일에 A기업이 달러를 사는 선물환거래만 남는다.

쉬어가는 코너

HRR, 안 돼요!

기업이 환리스크를 관리하기 위해 선물환거래를 많이 활용한다. 그런데 처음 거래한 선물환거래 만기일이 나중에 필요한 실제 현금흐름과 맞지 않으면 외환스왑을 이용하여 만기일을 연장한다.

기존 선물환거래 만기일을 연장할 때 당시 현물환율에 근거하여 만기일을 연장하는 것이 market rate roll-over이다. 즉, 기존 선물환거래 만기일에 발생하는 외환차익이나 외환차손을 정산하고 만기일을 연장하는 것이다.

한편 1990년대 초 우리나라 기업들이 투기적 목적으로 선물환거래를 한 뒤 환율이 유리하게 움직이면 외환차익을 챙겼다. 그러나 환율이 불리하게 움직이면 즉시 외환차손을 정산하지 않고 처음 거래할 당시의 현물환율을 기준으로 만기를 연장했는데, 이는 historical rate roll-over(HRR)이다.

HRR을 통해 계속해서 만기를 연장했지만 환율이 처음 선물환거래를 할 때의 현물환율대로 되돌아 오지 않았다. 결국 투기적 목적의 선물환거래 때문에 엄청난 외환차손을 입게 되면서 당시 외환관리규정에서 HRR을 엄격하게 금지한 바 있다.

비단 우리나라뿐만 아니라 일본 등 다른 여러 나라에서도 비슷한 상황이 벌어졌다.

6-3. 기존 외환거래의 만기일 단축

위에서 예를 든 선물환거래 사례를 대상으로 계속해서 다른 외환스왑의 활용사례를 살펴보자. A기업은 '6-2'에서 살펴본 대로 4월 24일 만기의 선물환거래의 만기를 7월 24일인 새로운 만기의 선물환거래로 3개월을 연장했다.

쉬어가는 코너

A기업의 박과장은 …

7월 22일(새로운 선물환거래의 만기일인 7월 24일의 2영업일 전)에 또 다시 등골이 서늘해졌다. 최종적으로 달러를 사서 결제를 해야 하는 날이 7월 24일이 아니라 하루 전인 7월 23일이기 때문이다.

B은행에 전화해서 아쉬운 소리를 할 필요가 없다. 외환스왑이 있지 않는가? 이번에는 '6-2'에서 설명한 내용과 반대로 A기업은 기존의 선물환거래의 만기일을 하루 앞으로 당기면 된다.

T_{6M-1}(7월 23일) T_{6M}(7월 24일)

① 4월 22일에 A기업이 B은행과 외환스왑으로 만기를 연장한 선물환거래:

+USD
−KRW

② 7월 22일에 기존 ①의 만기를 새로운 만기로 단축하기 위한 외환스왑: ?

이번에도 A기업은 외환스왑을 하면 되는데, 어떻게 외환스왑거래를 하면 될까? 기존 선물환거래의 만기일을 연장할 때처럼 USD sell & buy against KRW FX swap이 아니라 USD buy & sell against KRW FX swap을 해야 한다.

T_{6M-1}(7월 23일) T_{6M}(7월 24일)

① 4월 22일에 A기업이 B은행과 외환스왑으로 만기를 연장한 선물환거래:

+USD ⓑ
−KRW

② 7월 22일에 기존 ①의 만기를 새로운 만기로 단축하기 위한 외환스왑:
USD buy & sell against KRW FX swap

T_{6M-1}	T_{6M}
+USD	−USD ⓢ
−KRW	+KRW

이제 7월 24일에는 A기업 입장에서 ⓑ의 달러 및 원화는 ⓢ의 달러 및 원화와 서로 상쇄된다. 결국 남는 것은 새로운 만기, 즉 7월 23일에 A기업은 달러를 사는 외환거래만 남는다.

A기업이 ②와 같이 외환스왑하는 것이 T/N스왑이다. 이와 같이 1일 사이를 만기로 하는 one day swap을 이용하여 자금결제일을 환리스크 없이 관리할 수 있다.

6-4. 선물환율에서 현물환율이 스왑포인트보다 더 중요한 이유

은행은 기업이 환리스크를 합리적으로 관리할 수 있는 툴을 제공하고 수수료를 버는 것이 목적이다. B은행의 기업고객담당 J지점장은 거래 기업의 환리스크 관리를 컨설팅한다. J지점장이 달러 숏 포지션이 발생한 A기업의 박과장에게 3개월 만기 선물환거래로 달러를 사라고 권유했다고 하자.

쉬어가는 코너

그런데 …

박과장이 금액은 1백만 달러로 정확히 알지만 결제일을 정확히 모른다고 하면 B은행의 J지점장은 어떻게 해야 하나? 만일 J지점장이 박과장에게 "만기일을 모르시면 그때 가서 달러를 사세요."라고 컨설팅하면 아무런 문제가 없을까?

A기업이 헤지를 하지 않은 상태에서 환율이 폭등하면 박과장은 매우 곤란해진다.

이런 경우 J지점장은 A기업이 결제일을 정확히 모르더라도 나름대로 추정한 날짜를 만기로 하는 선물환거래를 하도록 안내해야 한다.

왜냐하면 숏 포지션이 발생할 당시 A기업이 달러를 매입하는 선물환거래를 한다는 것은 선물환거래의 출발점인 거래일의 현물환율로 환리스크를 헤지하는 효과가 있기 때문이다. 즉, 환율이 3개월 사이에 상승하더라도 환리스크는 거래일의 현물환율로 확정된다는 뜻이다. 이것이 선물환율에서 현물환율이 스왑포인트보다 중요한 이유이다.

그런데 처음에 추정한 선물환거래의 만기일이 실제 만기일과 다르면 어떻게 하면 되는가? 외환스왑을 통해 기존 선물환거래의 만기일을 연장을 하든지 단축을 하면 된다.

물론 이때 다음과 같은 의문이 생길 것이다.

6-5. 선물환거래의 만기연장 효과

이미 설명하였지만 기업이 기존 선물환거래의 만기일을 연장할 때는 market rate roll-over를 해야 한다. 그런데 연장할 때 현물환율은 처음 선물환거래를 했을 당시의 현물환율과 다를 수 있는데, 현물환율이 달라져도 과연 문제가 없을까?

만일 두 통화의 이자율 차이에 큰 변화가 없다면 처음 선물환거래를 할 때 현물환율로 헤지를 하는 효과가 있다. 처음 선물환거래 거래일 당시 달러/엔 현물환율과 스왑포인트는 다음과 같다고 가정하자.

USD/JPY spot(1월 7일): 109.40/44
1개월 스왑포인트(2월 7일): −21/−20
2개월 스왑포인트(3월 7일): −42/−40

은행은 1월 5일에 1개월 만기로 엔을 사는 A기업에게 선물환율을 109.19[=109.40+(−0.21)]로 고시한다. 그런데 2월 5일에 A기업의 박과장은 엔을 매입해야 할 만기가 2월 7일이 아니라 3월 7일이라는 사실을 뒤늦게 알았다.

정리하는 코너

이런 경우 …

박과장은 B은행에 기존 선물환거래의 만기일을 1개월 연장하는 USD buy & sell against JPY 외환스왑을 요청한다. 그러면 새로운 선물환거래의 만기는 3월 7일로 바뀌게 되어 A기업은 현금흐름에 아무런 문제가 없다.

만일 지난 1개월 동안 달러와 엔의 이자율이 거의 변하지 않아 2월 5일에 1개월 스왑포인트가 다음과 같이 고시된다면 ① A기업이 1월 5일에 2개월, 즉 3월 7일을 만기로 달러를 매도한 것이나 ② A기업이 1월 5일에 1개월 만기로 선물환거래를 한 뒤, 2월 5일에 1개월 외환스왑을 이용해서 새로운 만기를 3월 7일로 연장하더라도 차이가 없다. 이것을 확인하기 위해 다음과 같이 가정하자.

USD/JPY spot(2월 7일): 109.40/44과 같을 확률은 거의 없고 낮거나 높을 것임
1개월 스왑포인트(3월 7일): −21/−20

먼저 2월 5일의 현물환율은 분명히 A기업이 처음 선물환거래를 했던 1월 5일의 현물환율(109.40/44)과 다를 가능성은 매우 높다. 단순하게 109.40/44보다 높은 경우(110.40/44)와 낮은 경우(108.40/44)를 가정해보자.

가. 현물환율: 110.40/44, 1개월 스왑포인트: −21/−20일 때

A기업은 USD buy & sell against JPY 외환스왑을 통해 110.44과 110.23[=110.44+(−0.21)]으로 외환스왑을 할 수 있다. 이때 기존 선물환율(109.19)과 외환스왑의 현물환율에서 1.25(=109.19−110.44)엔만큼의 손실이 발생하였기 때문에 전체 원가는 108.98(=110.23−1.25)이 된다.

나. 현물환율: 108.40/44, 1개월 스왑포인트: -21/-20일 때

A기업은 USD buy & sell against JPY 외환스왑을 통해 108.44와 108.23[=108.44+(-0.21)]로 외환스왑을 할 수 있다. 이때 기존의 선물환율과 외환스왑의 현물환율에서 0.75(=109.19-108.44)엔만큼의 이익이 발생하기 때문에 전체 원가는 108.98(=108.23+0.75)이 되어 먼저 설명한 현물환율이 110.40/44일 때와 결과가 같다.

다. 결론

A기업이 1월 5일에 2개월 만기로 선물환거래를 했다면 선물환율은 108.98[=109.40+(-0.42)]이다. 만일 이자율 차이가 없다면 A기업이 1개월 선물환거래를 하고 난 뒤 1개월 외환스왑을 통해 만기를 연장한 것과 2개월 선물환거래를 바로 한 것이나 차이가 없다.

정리하는 코너

완전판매의 조건

A기업은 달러와 엔의 이자율 차이에 의한 스왑포인트의 변화만큼에 해당하는 위험에는 노출될 수 있다는 것은 명심해야 한다. 하지만 이자율 차이의 변화는 현물환율의 변화보다 심각하지 않다.

그리고 추가 거래를 하기 위해 은행에 지급해야 할 수수료도 감안해야 한다. 한번 더 A기업이 선물환거래를 할 때 선물환율에서 현물환율이 스왑포인트보다 중요한 이유가 여기에 있다.

6-6. 자국통화를 이용하여 외화투자에 필요한 외국통화 창출

가. 기업들이 활용하는 사례

A기업은 앞으로 3개월간 1백만 달러가 필요하지만 보유하고 있는 달러가 없다. 박과장이 모든 거래 은행에 전화했지만 외화대출한도가 없어 달러 차입('직접 차입'이라고 부르자)이 불가능하여 외환스왑을 활용하려고 한다.

A기업이 달러를 못 빌리면 원화를 빌린 뒤 어떻게 하면 될까? 원화를 팔고 싶은가? 나중에 환리스크는 어떻게 감당할 셈인가?

	T_0	T_2	T_{3M}
① KRW 차입:		+KRW	−KRW
② 외환스왑:		−KRW +USD	+KRW −USD

즉, A기업이 달러를 직접 빌리지 못하면 먼저 원화를 빌리고 USD buy & sell against KRW 외환스왑을 활용하면 환리스크 없이 달러를 빌리는 효과('간접 차입'이라고 부르자)를 달성할 수 있다.

①과 ②의 거래에서 발생한 KRW 현금흐름을 서로 상쇄하고 나면 달러를 차입하는 효과를 누릴 수 있다. 위의 '직접 차입'과 '간접 차입'이라는 표현은 또 다른 스왑인 통화스왑에서도 사용한다.

나. 금융기관들도 활용한다

2008년 9월 15일에 투자은행인 리먼브라더스가 역사의 뒤안길로 사라졌다. 당시 그 여파는 우리나라 금융기관들에 즉각 전염되어 달러를 빌리지 못해 야단이었다. 그해 10월 경제신문에 그때까지 일반인들에게 생소했던 '외환스왑'이라는 용어가 등장했다.

쉬어가는 코너 **당시 …**

우리나라 금융기관들은 심각할 정도로 달러가 부족했다. 정부가 그냥 방치할 상황이 아니었다. 그렇다고 달러를 빌려 주려고 하니 IMF사태가 생각났다.

IMF사태 이전에 정부가 외환보유고의 일정 부분을 은행들에게 빌려주었다. 은행들은 스프레드를 붙여 기업들에게 대출했다.

그런데 기업들이 달러 유동성 위기에 몰리면서 그 여파가 은행 및 정부까지 위협하면서 결국 IMF의 구제금융을 받았던 것이다.

정부는 그때를 잊을 수 없다. 학습효과라는 것이 있지 않는가? 그래서 이번에는 정부에서 은행에게 달러 유동성을 공급하긴 하지만 직접 자금시장을 통해 빌려주지 않고 원화를 받고 외환스왑을 통해서 빌려주었다.

	T_0	T_2	T_{3M}
① 은행이 보유한 원화:		+KRW	−KRW
② 외환스왑:		−KRW	+KRW
		+USD	−USD

당시 은행들은 원화는 가지고 있었지만 달러가 없었다. 은행들이 USD buy & sell against KRW FX swap을 하여 환리스크 없이 달러를 조달하는 효과를 달성했다. 정부가 자금거래를 통해 달러를 빌려주면 신용위험이 크지만, 외환스왑을 이용하면 자금거래보다 신용위험이 적기 때문이었다.

7. 통화관련 파생금융상품의 체계

지금까지 외환거래, 자금거래, 선물환거래 및 외환스왑에 대해 공부했다. 기업은 무역이나 외화자금거래에 따라 환리스크가 발생하며, 이에 대응하여 선물환거래와 같은 파생금융상품을 활용하여 환리스크를 관리한다.

선물환거래는 현물환거래에서 출발하는데, 두 자금거래의 이자율 차이를 환율로 환산한 스왑포인트만큼 다르다. 지금까지 공부한 내용을 정리하면 다음과 같다.

【그림 3-3】 현물환거래, 외환스왑 및 선물환거래의 관계

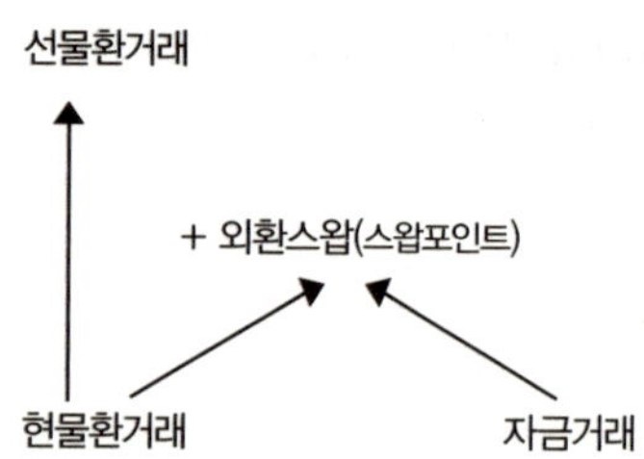

정리하는 코너

이제 남은 …

통화관련 파생금융상품에는 통화선물, 통화스왑과 통화옵션이 있다. 통화선물은 이미 배운 선물환거래를 선물거래소에서 표준화하여 거래하는 것뿐이다. 즉, 선물환거래나 통화선물의 가격이나 용도는 거의 같다.

앞에서 공부한 외환스왑을 잘 이해하면 통화스왑도 쉽게 배울 수 있다. 통화스왑은 외환스왑과 다른 점을 모두 가지고 있지만 그 경제적 효과나 개념은 유사하다.

마지막으로 통화옵션은 선물환거래와 매우 다르며, 선물환거래의 좋은 대체제이다.

이미 공부한 것과 앞으로 공부할 것들을 비교하며 정리하면 다음과 같다.

【그림 3-4】 통화관련 파생금융상품의 체계

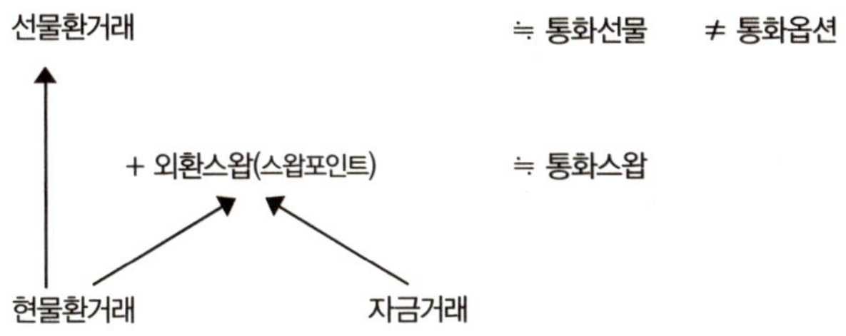

주요내용 종합정리

⊙ 통화관련 파생금융상품을 학습하기 전에 파생금융상품의 개요를 이해할 필요가 있다. 파생금융상품은 매매예약거래인데, 만기일에 기초자산을 인수도하는 방법에 따라 선도, 선물, 스왑 및 옵션거래가 있다. 이들을 크게 선도형 파생금융상품(선도, 선물 및 스왑) 및 옵션형 파생금융상품으로 나눈다. 그리고 장내 및 장외파생금융상품으로 구분한다.

⊙ 선물환거래(또는 통화선도거래)는 우리나라 기업들이 가장 많이 사용하는 외부적 관리기법이다. 만기일이 현물환거래의 만기일, 즉 2영업일 이후인 거래이며 미래 특정일(만기일)에 특정 환율(선물환율)로 한 나라 통화를 다른 나라 통화를 대상으로 매입하거나 매도하는 거래이다.
선물환거래는 환리스크 헤지 목적 및 투기 목적으로 사용할 수 있다. 하지만 글로벌 금융위기 이후로 기업은 헤지 목적으로만 활용할 수 있다. 은행 담당자는 고객을 위한 선물환거래 절차를 사전에 숙지하고 업무를 처리해야 한다.
선물환율은 선물환거래에 적용하는 환율로 보유비용모형의 원리로 산출하며 출발점인 현물환율에 두 통화의 이자율 차이를 환율로 표시한 스왑포인트를 더한다. 짧은 만기일의 선물환거래에서 두 통화의 이자율 차이의 변화는 작지만, 현물환율의 변동이 크기 때문에 선물환율에서 현물환율이 더 중요하다.

⊙ 선물환율을 고시하는 방법에는 선물환율 자체를 고시하는 outright forward 고시방법이 있다. 그리고 현물환율과 스왑포인트를 각각 고시하는 방법이 있다. 후자인 두 번째 방법으로 고시하면 스왑포인트가 변하지 않더라도 현물환율이 변할 때마다 선물환율을 다시 고시하는 선물환율 자체 고시방법의 번거로움을 피할 수 있다.
은행은 세 가지 방법으로 선물환거래의 위험을 커버한다. 다른 은행과 같은 만기일의 선물환거래로 반대거래한다. 그리고 현물환거래와 자금거래를 이용한다. 마지막으로 현물환거래와 외환스왑거래를 이용하는 방법이다.
선물환거래의 만기일에는 ① 역월 만기일 선물환거래(현물환거래 만기일부터 1주일물, 1개월물 등과 같이 달력에서 해당 개월의 같은 날짜를 만기일로 정하는 방법), ② 비역월 만기일 선물환거래(만기일이 calendar week이나 calendar month가 아닌 방법)가 있다.
대고객 선물환거래에서는 역월 만기일보다 비역월 만기일 선물환거래가 많다. 비역월 만기일 선물환거래의 스왑포인트는 해당 만기일 양쪽에 있는 역월 만기일의 스왑포인트를 가지고 보간법을 이용한다.

⊙ 외환스왑은 두 상대방이 near date의 외환거래와 이에 대응하여 반대방향으로 같은 금액의 far date의 외환거래를 동시에 거래한다. 외환스왑은 같은 금액의 두 외환거래를 서로 반대로 동시에 거래하기 때

주요내용 종합정리

문에 종합 포지션은 스퀘어가 되어 환리스크가 없다.

외환스왑은 해당 기간 동안 다른 통화의 자금을 창출하는 효과를 달성하기 때문에 일종의 자금거래이다. 외환거래 두 개를 동시에 거래하는 외환스왑의 가격은 환율인데, near date와 far date의 환율은 스왑포인트만큼 다르다.

자금거래의 차입은 어떤 통화를 near date에 사고 far date에 파는 외환스왑이고, 예금은 어떤 통화를 near date에 팔고 far date에 사는 외환스왑이라고 볼 수 있다. 외환스왑을 읽을 때는 near date를 먼저 읽는다. 예를 들어 USD buy & sell against KRW FX swap은 원화를 대가로 USD buy & sell하는 외환스왑이다.

스왑포인트의 bid rate는 quoting party가 near date에 기준통화를 팔고, far date에 기준통화를 산다(기준통화 sell & buy). 또 offered rate는 quoting party가 near date에 기준통화를 사고, far date에 기준통화를 판다(기준통화 buy & sell).

⊙ 현물환거래 및 외환스왑거래의 bid rate와 offered rate에 quoting party나 calling party가 하는 거래행위는 같다. 즉, quoting party는 bid rate에 기준 통화를 사고, calling party는 기준 통화를 판다. 다만 외환스왑은 관련되는 결제일이 두 개인데 사거나 파는 기준은 far date이다.

외환스왑에서 스왑포인트가 중요하며, near date에 적용할 환율은 은행간 거래에서는 거래시점의 현물환율의 중간률(mid-rate)을 사용하는 것이 일반적이며 현물환율을 크게 벗어나지 않는 한 큰 차이는 없다. Far date에는 near date의 환율에 스왑포인트를 더한 환율을 적용한다. 그러나 은행과 기업 사이의 선물환거래에서는 스왑포인트보다 현물환율이 더 중요하다. 현물환율도 bid rate인지 또는 offered rate인지가 중요하다.

⊙ 외환스왑의 조건에 대해서도 복습하자. 자금거래와 외환스왑 두 거래의 경제적인 효과는 같다. 그러나 외환스왑이 자금거래보다 여러 면(신용위험의 최소화, 은행간 금리 적용 및 풍부한 유동성 등)에서 유리하다. 외환스왑의 유형에는 현물환거래와 현물환거래(O/N swap 및 T/N swap), 현물환거래와 선물환거래[1 month FX swap (또는 1 month over spot FX swap)] 및 선물환거래와 선물환거래 (예를 들면 1개월 뒤부터 3개월 뒤까지의 외환스왑) 등이 있다.

외환스왑의 용도에는 선물환거래 창출, 기존 외환거래의 만기일 연장, 기존 외환거래의 만기일 단축 및 자국통화를 이용하여 외화투자에 필요한 외국통화 창출 등이 있다. 외환스왑의 용도에 대해서는 교재에서 설명한 상세한 내용까지 숙지해야 완전판매를 할 수 있다.

연습문제

01. 수입기업인 A기업은 3개월 이후에 미화 5백만 달러의 수입대금을 결제해야 한다. A기업이 거래할 수 있는 헤지거래에 대한 다음 설명 중 옳지 않은 것은? ( )

① 만일 A기업이 지금부터 만기일까지 달러/원 환율이 상승할 것으로 예상하면 현재 선물환율인 1100원에 달러를 사면 된다.

② 만기일에 환율이 1110원이 되더라도 선물환율인 1100원에 달러를 매입할 수 있다.

③ 만기일의 환율에 관계없이 선물환율인 1100원에 헤지하는 효과를 달성할 수 있다.

④ 만기일에 환율이 1090원이 되면 현물환율인 1090원에 달러를 매입하면 된다.

02. 1영업일부터 2영업일까지의 외환스왑을 무엇이라 하는가? ( )

① T/N swap

② T/S swap

③ S/N swap

④ O/N swap

03. 자금거래의 예치거래는 외환스왑의 매입과 매도의 합성거래로 볼 수 있고, 자금거래의 차입거래는 외환스왑의 매도와 매입의 합성거래로 볼 수 있다. ( )

① O

② ×

정답해설

01. ④ 〈해설〉 만기일에 시장에서 거래되는 현물환율은 1090원지만 선물환율인 1100원에 달러를 매입해야 한다.

02. ① 〈해설〉 O/N swap은 금일부터 1영업일까지의 외환스왑을 말하고, S/N swap은 2영업일부터 3영업일까지의 외환스왑을 말한다.

03. ② 〈해설〉 자금거래와 외환스왑은 본질적으로 같다. 그런데 자금거래의 예치거래는 외환스왑의 매도와 매입의 합성거래이고, 자금거래의 차입거래는 외환스왑의 매입과 매도의 합성거래이다.

제4장
선물

제1절 | 선물거래의 개요
제2절 | 통화선물

학습목표

1. 선도거래와 선물거래를 비교하여 설명할 수 있다.
2. 환리스크의 외부적 관리기법인 통화선물에 대해 이해한다.
3. 환리스크 관리를 위해 통화선물과 선물환거래를 활용할 때 장단점 등을 비교하여 설명할 수 있다.

학습개요

1. 파생금융상품 가운데 가장 유사한 선도거래와 선물거래의 공통점과 차이점을 설명하여 선물환거래와 통화선물을 쉽게 이해할 수 있도록 설명했다.
2. 선물환거래의 대안인 통화선물의 정의, 거래하는 방법 및 활용에 대해 설명했다.
3. 기업이 환리스크를 관리하기 위해 선물환거래와 통화선물을 활용하는 경우 사전에 필요한 요소, 거래방법 및 헤지결과 등의 차이점 및 장단점 등에 대해 설명했다.

제1절 선물거래의 개요

파생금융상품 가운데 가장 유사한 선도거래와 선물거래를 비교 설명하여 그 장단점을 이해할 수 있다. 특히 선물거래의 특징과 선물거래를 하기 위해 필요한 사전 절차를 살펴본다.

1. 선도거래와 선물거래의 비교

> 쉬어가는 코너
>
> **사촌은 무엇이 같은가요?**
>
> 파생금융상품의 개요를 설명할 때 선도거래와 선물거래는 '사촌 사이'라고 말했다. 사촌들은 무엇이 같은가? 일부 수강생들은 "성이 같습니다."라고 대답한다.

그러면 "성이 같다고 대답하신 분은 성급한 대답을 하셨네요."라고 대답한다. 왜냐하면 사촌 가운데는 성이 다른 이종사촌도 있고 고종사촌도 있기 때문이다.

사촌은 친할아버지나 외할아버지가 같지만 생김새나 생각이 너무나 다르다. 이제 선도거래와 선물거래의 공통점과 차이점을 알아보자. 즉, 선도거래와 선물거래가 왜 사촌인지를 증명해 보자.

1-1. 선물거래의 출현

19세기 중반 미국에서 주로 농산물이나 축산물과 같은 상품(commodity)을 대상으로 선도거래(forwards)의 유동성을 높이고 신용위험을 줄이기 위해 상품거래소를 설립하면서 선물거래의 기틀이 마련되었다. 거래소는 장외에서 거래되는 선도계약의 거래조건을 표준화시키고 상대방에 대한 신용위험을 없앴다.

그리고 공정한 거래관행을 정착시키기 위해 거래규칙을 정하고 분쟁을 조정할 수 있는 장치도 만들었다.

쉬어가는 코너

선물거래를 이용해서 …

거래자들은 상대방을 찾기가 쉽고 거래비용을 줄일수 있다. 선도거래의 단점을 보완한 선물거래를 통해서도 헤지거래나 투기거래를 할 수 있다.
장외에서 사적으로 거래하는 선도거래와 달리 선물거래소(exchange)에서 공적으로 거래하는 매매예약거래가 선물거래이다.

두 거래를 활용하여 헤지나 투기목적을 거의 비슷하게 달성할 수 있기 때문에 경제적인 기능면에서는 비슷하지만 거래하는 방법은 다르다.

선물거래는 거래소나 청산소(clearing house)라는 공적 기구를 통해 계약의 이행을 보증하는데, 이는 선도거래와 다른 점이다. 선물거래는 기초자산에 따라 크게 상품선물(commodity futures)과 금융선물(financial futures)로 나눈다.

1-2. 선도거래와 선물거래의 공통점

여기서는 통화선도거래, 즉 선물환거래와 통화선물거래를 대상으로 설명한다.

가. 선도거래와 선물거래의 거래 목적

기업이나 금융기관은 선물환거래를 환리스크를 관리하기 위한 헤지 목적으로 많이 사용한다. 그리고 때로는 투기 목적으로도 사용한다.

정리하는 코너

그런데 …

앞으로 공부할 통화선물거래를 활용해도 선물환거래를 이용하여 달성할 수 있는 헤지 목적뿐만 아니라 투기 목적을 달성할 수 있다.

두 거래를 활용하면 같은 목적을 거의 비슷한 효과를 내면서 달성할 수 있다. 아주 중요한 공통점이다.

나. 선도거래와 선물거래의 가격

두 거래의 목적만 같다고 해서 두 거래가 사촌이라는 결론을 내리는 것은 조금 성급하다. 또 어떤 공통점이 있을까?

예를 들어보자, 물을 마시기 위한 도구로 무엇을 사는가? 당연히 컵을 산다. 그런데 시장에 가면 컵의 종류가 너무 다양하다. 독자는 어떤 기준으로 원하는 컵을 사는가? 여러 가지 기준이 있다. 그 가운데 중요한 하나가 가격이다.

A기업의 P과장은 환리스크를 관리하기 위한 헤지 목적으로 선물환거래나 통화선물거래를 활용할 수 있다. 이때 P과장은 거래하기 편한 헤지방법을 활용하면 된다. 그런데 과연 이들 두 거래를 하기 위한 가격은 얼마일까?

정리하는 코너

모든 거래에서 가격이 중요해!

만일 A기업의 P과장이 은행에 전화해서 같은 만기일의 선물환율을 물어보고, 동시에 A기업의 L과장은 선물회사에 전화해서 역시 같은 만기일의 통화선물가격을 물어보면 어떨까?

1. 정확하게 일치한다.
2. 엄청나게 차이가 난다.
3. 정확하게 일치하지는 않겠지만 그렇다고 엄청나게 차이가 나지는 않는다.

우스개소리로 선다형문제를 풀 때 지문이 긴 것이 정답인 경우가 많다고 한다. 만일 두 개의 가격이 엄청나게 차이가 난다면 P과장은 어떻게 할까? 두 거래는 동일한 금융상품이나 마찬가지인데, 하나는 저평가되어 있고 하나는 고평가된 상태이다.

이런 경우 저평가되어 있는 것을 사면서 동시에 고평가되어 있는 것을 팔아 위험 없이 수익을 거두는 차익거래를 한다. 결국 이론적으로 보면 두 거래의 가격은 거의 비슷해서 차익거래가 불가능할 정도로 수렴할 것으로 볼 수 있다.

1-3. 선도거래와 선물거래의 차이점

두 거래는 거래하는 목적과 가격이 거의 같은 아주 중요한 공통점이 있다. 따라서 이제 이들 두 거래의 차이점을 비유적으로 설명해보자.

서울 남산에 있는 힐튼호텔에서 원주에 있는 원주관광호텔로 간다고 하자. 이때 자동차를 몰고 가거나 기차를 이용할 수 있다. 만약, 자동차로 간다면, 운전자가 원하는 출발 시간과 노선 등을 선택할 수 있다. 그리고 네이게이션 안내만 따라 가게 되면 호텔 정문에 바로 도착할 수 있어 매우 편리하다. 그러나 출발하는 시간이 주말이나 연휴라면 차가 엄청나게 막힐 수 있고, 눈이 오거나 장마철이라면 도로의 노면 때문에 위험할 수 있다.

쉬어가는 코너

한편 기차로 가는 경우에 …

힐튼호텔에서 가까운 서울역이 아닌 청량리역까지 가야 하기 때문에 불편하다. 그리고 본인이 아무리 바쁘더라도 청량리역에서 기차를 한 시간 이상 기다릴지도 모른다. 기차는 아무 때나 출발할 수 있는 자동차와 달리 사전에 정해진 출발시각이 있기 때문이다.

그런 불편한 점이 있지만 철도 위를 달리기 때문에 기후에 영향을 받지 않고, 극심한 교통체증을 피할 수 있다. 그러나 원주역에 내려서 다시 택시나 버스를 타야 최종 목적지에 도착할 수 있기 때문에 불편할 것이다

자동차를 이용하거나 기차를 이용할 때 나름대로의 장단점들이 있다. 그렇기 때문에 교통여건이나 비용 등 여러 조건들을 따져서 자동차나 기차로 목적지로 간다.

선물환거래에서 살펴본 것처럼 신용도가 낮은 기업이나 개인은 은행과 선물환거래를 할 수 없다. 이때 기업이나 개인은 그 대체제인 통화선물거래로 목적을 달성할 수 있다.

선도거래와 선물거래는 거래하는 목적을 비슷하게 달성하지만 거래하는 방법은 다르며, 차이점은 다음과 같다.

표 4-1 선물거래와 선도거래의 비교

구분	선물거래	선도거래
거래장소	장내(선물거래소)	장외(직접 또는 브로커 경유)
거래방식	공개호가방식(Open Outcry) 또는 전산거래방식	거래당사자 간 협상
거래조건	표준화	거래당사자 간 협상
거래상대방 인지 여부	알 수 없음	알 수 있음
가격고시	선물거래소 회원	금융기관
참가자	불특정 다수	신용도가 우수한 거래자
일일정산	있음	없음
거래상대방에 대한 신용위험	없음	있음
증거금 납입 여부	있음	없음
실물인수도	계약 대부분은 만기일 이전에 청산되고 소수 계약만 만기일에 실물인수도	헤지 목적 선도거래의 대부분은 만기일에 실물인수도
거래비용	정해진 수수료	비드-오퍼 스프레드
결제일	만기월의 특정일	제한 없음

2. 선물거래의 특성

선물거래는 선물거래소가 거래조건을 표준화한대로 선물계약을 거래한다. 선물계약은 표준화된 선물상품을 공적인 기관인 선물거래소에서 거래일에 거래한 가격으로 결제일에 인수도할 것을 약속하는 매매예약계약이다. 선물거래는 선도거래와 비교할 때 다음과 같은 특징들이 있다.

2-1. 선물거래의 중요한 특징

가. 장내거래

이미 살펴본 선물환거래는 은행과 기업이 선물거래소가 아닌 은행의 창구나 전화로 거래하는 장외거래이다.

정리하는 코너

그러나 …

선물거래는 조직화된 거래소에서 자격이 있는 회원인 선물회사나 증권회사가 중개하여 거래한다. 일정한 자격 요건을 갖춘 거래소 회원인 선물회사나 증권회사는 독점적인 중개권을 가지고 있기 때문에 거래소가 정한 거래시간에 공개호가방식 또는 전산거래방식으로 자기거래와 고객을 위한 위탁거래를 한다.

나. 표준화된 계약조건

장외거래인 선도거래를 할 때 계약 당사자들은 계약조건에 대해 서로 합의만 하면 되기 때문에 매우 편리하다. 계약조건이 다양한 것은 선도거래의 장점이다.

한편 선물거래는 거래하는 선물상품의 규격 및 품질, 거래단위, 인수도 방법 및 시기, 호가단위 등의 계약조건을 거래소가 사전에 표준화한다. 그래서 대량으로 거래하기가 쉬워서 유동성이 풍부하다. 그러나 계약조건이 표준화되어 있기 때문에 선도거래와 같은 융통성은 떨어진다.

다. 증거금 적립

1) 증거금(Margin)의 의미

거래소가 모든 선물거래의 상대방이기 때문에 만기일에 모든 거래의 계약이행을 책임진다. 결국 선물거래소는 만기일에 상대방이 계약을 이행하지 못할 수 있는 신용위험을 부담한다.

정리하는 코너

독자나 필자도 선물거래를 할 수 있다 …

그런데 선물거래 참가자들 가운데 개인 등 신용도가 낮은 참가자들도 있다. 선물거래소가 그 많은 참가자들의 신용도를 심사하는 것이 힘들다. 설령 신용도 심사를 하더라도 개인들은 적격한 심사기준을 충족하기 힘들다.

이에 선물거래소는 상대방의 계약불이행으로부터 선물거래 참가자를 보호하기 위해 선물거래를 하려는 모든 참가자들이 증거금을 적립하도록 한다.

증거금은 선물거래 참가자가 만기일에 선물계약을 성실히 이행하겠다는 표시로 선물거래를 하기 이전에 적립하는 보증금이다. 따라서 선물거래 참가자는 만기일에 선물계약을 이행하고 나면 적립한 증거금을 찾을 수 있다.

2) 증거금의 종류

증거금은 선물거래 참가자가 결제이행을 보증하기 위한 보증금이다. 결제의무를 부담하는 주체에 따라 두 가지로 분류된다.

위탁증거금은 선물거래 참가자가 선물거래소의 회원인 선물회사에 결제이행보증금으로 적립한다. 거래증거금은 선물거래소의 회원인 선물회사가 선물거래소에 결제이행보증금으로 적립한다. 그런데 현재 우리나라에서는 선물거래를 하기 위해서 위탁증거금과 별개로 삼천만 원(변경될 수 있음)의 기본예탁금을 적립해야 한다. 기본예탁금은 현금, 대용증권, 외화로 예탁할 수 있고 위탁증거금으로 충당할 수 있다.

가) 주문증거금

정리하는 코너

선물거래 참가자는 …

사전에 선물회사를 방문하여 거래계좌를 개설해야 한다. 계좌를 개설한 뒤 선물거래별로 일정한 금액의 증거금을 납입하고 거래를 시작할 수 있는데, 주문증거금(initial margin)이며 개시증거금이라고도 한다. 우리나라 한국거래소에서는 위탁증거금이다.(www.krx.or.kr 참조)

주문증거금의 예치수단은 거래소별로 다르며 일반적으로 현금 이외에 유가증권으로도 예치할 수 있다. 예를 들어 미국달러선물의 1계약은 1만 달러이며 주문증거금은 5.1%(변경될 수 있음)이다.

만일 1계약당 주문증거금이 사십만 원(환율에 연동됨)이면 미국달러선물 100계약을 신규매수 또는 신규매도를 하려면 사천만 원을 적립해야 한다.

나) 유지증거금

유지증거금(maintenance margin)은 선물거래 참가자가 선물거래를 체결한 후 언제나 최소한 유지하여야 하는 증거금이다. 우리나라 한국거래소에서는 유지위탁증거금이다(www.krx.or.kr 참조).

일반적으로 주문증거금을 유지증거금의 약 1.5배로 설정한다. 선물거래 참가자가 유지증거금 이상으로 미리 충분한 자금을 적립하도록 하여 자주 증거금을 적립하는 불편을 덜기 위한 것이다.

다) 추가증거금

어떤 선물거래 참가자가 보유하고 있는 포지션에서 손실이 발생하여 투자자의 위탁증거금이 유지증거금 수준 아래로 떨어질 수 있다.

쉬어가는 코너 이런 경우 …

선물회사는 해당 투자자에게 위탁증거금이 개시증거금 수준이 되도록 부족한 자금을 추가로 적립할 것을 통보하는데, 마진콜이다.

마진콜을 받은 선물거래 참가자가 추가로 적립한 증거금이 추가증거금(variation margin)이다.

라. 일일정산

선물거래소가 증거금을 받고 난 뒤에 선물거래 참가자가 포지션을 가지고 있는 경우 매일의 종가를 기준으로 손익을 정산하는데, 이것이 바로 일일정산제도이다. 이 제도는 선물거래 참가자의 증거금이 일정 수준을 유지하고 있는지를 매일 확인하는 장치이다.

아울러 선물가격 변화에 따른 손익을 선물거래 참가자의 증거금에 반영한다. 만일 손실이 발생한 선물거래 참가자가 증거금을 추가로 납입하지 못하면 해당 고객의 포지션을 거래소가 강제로 반대매매를 통해 청산한다.

마. 레버리지효과 달성

다른 파생금융상품에서와 마찬가지로 선물거래를 할 때도 거래소가 정한 소액의 증거금만 예치하면 현물거래와 같은 계약금액을 거래할 수 있기 때문에 현물거래에 비하여 투자금액에 대한 기대수익률이 매우 높아지는 레버리지효과를 누린다.

2-2. 선물거래의 중요한 계약조건

이미 설명한 것처럼 선물거래소는 사전에 거래할 선물계약의 조건을 표준화하였다. 그 내용들에 대해 살펴보기로 하자.

가. 다양한 기초자산

쉬어가는 코너

선물거래의 참가자는 …

오로지 선물거래소에서 거래하고 있는 선물계약만 거래할 수 있다. 이들 선물계약의 거래대상이 되는 대상상품에 대해 특별한 제한이 있는 것은 아니다.
그러나 미국을 비롯한 여러 나라의 선물거래소에는 각 거래소의 특성에 맞는 대상상품을 선정하여 거래한다.

미국의 시카고상업거래소(CME)에서 거래하는 선물계약들과 한국거래소(KRX)에서 거래하는 선물계약들은 다르다. 어떤 대상상품을 선물거래소에 상장할 때 상품의 품질 및 저장성, 가격구조 및 가격변동의 정도, 헤지 수요 및 현물시장의 규모 등 여러 가지 조건을 고려한다.

나. 계약단위를 기준으로 거래 체결

계약단위(contract size)는 선물거래를 할 때 거래하는 대상상품의 기본 거래단위이며, 선물계약 1건의 크기이다. 즉, 하나의 거래단위가 1계약이다. 이에 모든 선물거래소는 신속하게 거래할 수 있도록 거래하는 대상상품별로 계약단위를 표준화하여 거래한다.

이러한 방법은 선물거래를 하기 위한 비용을 낮추는 긍정적인 면도 있지만 결제월 등을 마음대로 정하지 못하는 면도 있다.

예를 들어 우리나라 한국거래소에 상장되어 있는 미국달러선물의 1계약은 1만 달러이다. 따라서 123,000달러를 헤지하려는 사람은 12계약 또는 13계약을 거래해야 하며 과소헤지 또는 과대헤지가 된다.

다. 표준화된 결제월

정리하는 코너

선물거래에서 …

기초자산을 주고받는 결제월도 선물거래소가 정한대로만 거래한다. 결제월(delivery month)은 선물계약의 만기가 되어 실물의 인수도가 이루어지는 달로 인도월이라고도 한다.

선물거래소는 선물계약을 처음 거래하기 시작할 때 거래유동성을 높이기 위해 그 상품의 특성에 맞추어 일년 중 2~12개에 달하는 다양한 달을 결제월로 지정한다.

금융선물거래의 경우에는 통상 일년 중 3, 6, 9, 12월물로 구분한다. 현재 거래 가능한 최장 결제월은 통상 1~3년 이내지만 예외적으로 시카고상업거래소(CME)의 SOFR선물은 최장 10년까지 거래한다.

한국거래소에 상장된 미국달러선물의 결제월은 1년 이내의 12개월과 1년 초과 3년 이내의 분기월 8개월 등 총 20개이다. 예를 들어 2월물의 최종거래일 이전에 상장되는 결제월은 그해 2월물부터 다음 해 1월물까지 12개 결제월과 그 이후의 8개 분기월 등 총 20개이다.

라. 대부분의 선물계약은 가격제한폭이 있다

가격제한폭(price limit)은 직전일의 결제가격을 기준으로 해당일 거래 중 등락할 수 있는 상하 최대한의 가격변동 범위이다. 선물거래소는 시장상황이 과열되는 것을 방지하기 위하여 선물계약에 따라 가격제한폭을 설정한다.

일부 선물계약은 가격제한폭을 설정하지 않는다. 그리고 선물계약이 만기시점인 결제월이 되어 당월물이 되면 가격제한폭을 적용하지 않는 것이 일반적이다.

현재 미국달러선물은 '기준가격 대비 상하 ±4.5%(변경될 수 있음)'로 가격제한폭을 두고 있지만 그 이전에는 주문오류방지를 위한 주문가격제한은 있으나 가격제한폭은 없었다.

쉬어가는 코너 **계약명세는 바뀐다!**

이처럼 선물거래소는 필요에 따라 가격제한폭을 설정하거나 폐지한다. 선물거래 참가자는 자신이 거래하는 선물계약과 관련되는 상품의 명세를 자주 확인할 필요가 있다.

마. 최소호가단위로 거래할 수 있다

선물거래에서 매입 또는 매도 주문을 접수할 때 최소호가단위(tick)가 설정되어 있다. 각 선물거래소마다 선물계약별로 그 크기를 표준화시켜 거래를 활발하게 할 수 있도록 한다.

여기에 계약단위를 곱하면 최소호가단위 1단위가 변동할 때 계약당 손익금액을 계산할 수 있다. 예를 들어 미국달러선물거래의 최소호가단위는 0.10원이고 1계약은 1만 달러이기 때문에 최소가격변동금액(tick value)는 1,000원(1만 달러×0.10원)이다.

2-3. 선물시장 참가자

선물시장에는 참여하는 목적에 따라 다양한 참가자들이 있다.

가. 헤저(Hedger)

기초자산에 대한 실수요로 인해 시장위험이 있는 참가자로 가격변동에 따른 위험을 관리하기 위해 선물시장에 참여한다. 이들이 선물시장을 통해 위험을 관리하는 행위가 헤지이다.

나. 투기자(Speculator)

기초자산을 생산하거나 판매하지 않지만 기초자산 가격을 예측하고 투기적인 이익을 추구하는 참가자이다. 선물시장의 유동성이 풍부하기 때문에 반대매매가 쉬워 투기자들의 거래 수요를 충분히 충족시켜 준다.

특히 현물거래와 달리 거래 절차가 간단하고 비교적 적은 증거금만으로 거래할 수 있어 투기자들에게 매우 유리하다.

정리하는 코너

투기자들은 …

거래 형태에 따라 scalper, day trader와 position trader 등이 있다. scalper는 시장에 아주 가까이 있으면서 가격을 예측하지 않고 단순히 시장에 들어오는 매도 및 매수 주문의 양 등을 참고하여 적은 이익을 목표로 아주 짧은 시간 동안 포지션을 운영한다.

Day trader는 가격을 예측하면서 포지션을 하루 이내에 스퀘어한다. 한편 position trader는 다소 큰 포지션을 좀 더 긴 추세에 투자한다.

이들의 거래는 단순히 가격의 방향에 투자하는 outright거래와 서로 다른 계약 사이의 가격 관계에 투자하는 스프레드거래(spread trading)가 있다.

다. 차익거래자(Arbitrageur)

현물과 선물시장에 동시에 참여하여 낮은 거래비용으로 거래를 하는 대규모의 기관투자가들이다. 이들은 선물가격과 현물가격 사이의 관계를 이용한다. 만일 해당 선물의 이론가와 시장가격이 많이 괴리되어 거래되면 저평가된 것을 사고 고평가된 것을 팔아서 위험 없이 이익을 추구한다.

제2절 통화선물

선물환거래의 대체제이자 경쟁 상품인 통화선물에 대해 그 정의, 현황 및 가격 등에 대해 학습한다. 선물환거래와 달리 표준화되어 거래되는 통화선물의 계약명세를 살펴보아 헤지 목적을 달성할 때 선물환거래와의 장담점을 이해할 수 있다.

1. 통화선물의 정의

선물환거래는 기초자산인 통화를 대상으로 두 거래당사자들이 장외에서 거래조건에 서로 합의하여 거래한다. 앞에서는 선도거래와 선물거래의 중요한 공통점과 차이점을 학습한 바 있다.

통화선물은 기업이 선물환거래의 대체제로 많이 사용하는 통화관련 파생금융상품이다. 선물환거래와 통화선물의 공통점은 이들 두 파생금융상품의 기초자산이 통화이다. 선물환거래와 달리 통화선물은 장내에서 거래한다.

정리하는 코너

통화선물은 …

장외에서 거래하는 선물환거래를 장내로 옮겨서 거래조건을 표준화하여 거래하는 것이라고 보면 된다. 즉, 계약단위와 결제월, 가격의 표시 단위 및 거래시간을 선물거래소가 사전에 표준화한대로 거래한다.

2. 통화선물의 현황

통화선물은 금융선물 가운데 가장 먼저 거래되기 시작했다. 그러나 대체제인 선물환거래가 워낙 활발하기 때문에 통화선물 거래량은 주가지수선물이나 금리선물 등 다른 선물상품의 거래량보다 적다.

왜냐하면 은행과 선물환거래한도를 확보한 신용도가 양호한 기업이 선물환거래를 할 때 증거금을 적립할 필요가 없고 일일정산에 따른 회계처리를 하지 않아도 되기 때문이다. 그리고 여러은행들이 기업과 선물환거래를 하기 위해 치열한 경쟁을 펼쳐야 하기 때문에 선물환율이 매우 경쟁적이고 유동성이 풍부하기 때문이다.

3. 통화선물가격

A기업의 외환거래 담당자가 B은행과 C선물회사에 8월 18일 만기인 달러/원 선물환율과 미국달러선물가격이 얼마인지 동시에 문의하면 두 가격은 얼마일까? 만일 두 가격이 많이 다르면 A기업의 담당자는 어떻게 할까?

앞에서 언급한 것과 같이 두 거래는 같은 것이나 마찬가지이기 때문에 저평가된 것을 사고 고평가된 것을 팔아 위험 없이 이익을 챙기는 차익거래를 할 수 있다.

쉬어가는 코너

두 상품의 가격도 같다.

파생금융상품시장에서도 일물일가의 원칙은 성립한다. 이론적으로는 이들 두 가격은 차익거래가 불가능할 정도로 수렴한다. 즉, 같은 만기의 미국달러선물가격은 달러/원 선물환율과 거의 같다.

4. 우리나라 통화선물의 계약명세

4-1. 미국달러선물 계약명세

미국달러선물은 미래의 일정시점에 인수도할 미국달러를 현재시점에서 미리 매수하거나 매도하는 계약이다. 우리나라 한국거래소에서 거래되는 미국달러선물을 헤지나 투기 목적으로 활용하기 위해서는 먼저 그 계약명세를 알아야 한다. 미국달러선물의 계약명세는 다음과 같다.

구분	미국달러선물
거래대상	미국달러화(USD)
거래단위	US$10,000
결제월	분기월 중 12개와 그 밖의 월 중 8개
상장결제월	총20개(1년 이내 매월, 1년 초과 매분기월 상장)
가격의 표시	US $1당 원화
최소가격변동폭	0.10원
최소가격변동금액	1,000원 (US $10,000×0.10원)
거래시간	09:00~15:45 (최종거래일 09:00~11:30)
최종거래일	결제월의 세 번째 월요일(공휴일인 경우 순차적으로 앞당김)
최종결제일	최종거래일로부터 기산하여 3일째 거래일(T+2)
결제방법	인수도결제
가격제한폭	기준가격 대비 상하 ± 4.5%(변경될 수 있음)
단일가격경쟁거래	개장 시(08:30~09:00) 및 거래종료 시(15:35~15:45), 최종거래일 거래종료시(11:20~11:30)

자료: 한국거래소 홈페이지 www.krx.co.kr

4-2. 엔선물 계약명세

엔선물은 미래의 일정시점에 인수도할 일본엔화를 현재시점에서 미리 매수하거나 매도하는 계약이다. 우리나라 한국거래소의 엔선물을 헤지나 투기 목적으로 활용하기 위해서는 계약명세를 사전에 알아야 한다. 엔선물거래의 계약명세는 다음과 같다.

구분	엔선물
거래대상	일본엔(JPY)
거래단위	1,000,000엔
결제월	분기월 중 4개와 그 밖의 월 중 4개
상장결제월	1년 이내의 8개 결제월
가격의 표시	100엔당 원화(엔/원)
최소가격변동폭	0.10원
최소가격변동금액	1,000원 (1,000,000×0.10원/100)
거래시간	09:00~15:45 (최종거래일 09:00~11:30)
최종거래일	결제월의 세 번째 월요일(공휴일인 경우 순차적으로 앞당김)
최종결제일	최종거래일로부터 기산하여 3일째 거래일(T+2)
결제방법	인수도결제
가격제한폭	기준가격 대비 상하 ± 5.25%(변경될 수 있음)
단일가격경쟁거래	개장 시(08:30~09:00) 및 거래종료 시(15:35~15:45), 최종거래일 거래종료시(11:20~11:30)

자료: 한국거래소 홈페이지 www.krx.co.kr

4-3. 유로선물 계약명세

유로선물은 미래의 일정시점에 인수도할 유럽 유로화를 현재시점에서 미리 매수하거나 매도하는 계약이다. 우리나라 한국거래소에 상장되어 있는 유로선물을 헤지나 투기 목적으로 활용하기 위해서는 그 계약명세를 사전에 알고 있어야 한다. 유로선물거래의 계약명세는 다음과 같다.

구분	유로선물
거래대상	유로화(EUR)
거래단위	10,000유로
결제월	분기월 중 4개와 그 밖의 월 중 4개
상장결제월	1년 이내의 8개 결제월

구분	유로선물
가격의 표시	1유로당 원화(유로/원)
최소가격변동폭	0.10원
최소가격변동금액	1,000원 (10,000×0.10원)
거래시간	09:00~15:45 (최종거래일 09:00~11:30)
최종거래일	결제월의 세 번째 월요일(공휴일인 경우 순차적으로 앞당김)
최종결제일	최종거래일로부터 기산하여 3일째 거래일(T+2)
결제방법	인수도결제
가격제한폭	기준가격 대비 상하 ± 5.25%(변경될 수 있음)
단일가격경쟁거래	개장 시(08:30~09:00) 및 거래종료 시(15:35~15:45), 최종거래일 거래종료시(11:20~11:30)

자료: 한국거래소 홈페이지 www.krx.co.kr

4-4. 위안선물 계약명세

위안선물은 미래의 일정시점에 인수도할 위안화를 현재시점에서 미리 매수하거나 매도하는 계약이다. 우리나라 한국거래소에 상장되어 있는 위안선물을 헤지나 투기 목적으로 활용하기 위해서는 그 계약명세를 사전에 알고 있어야 한다. 위안선물거래의 계약명세는 다음과 같다.

구분	위안선물
거래대상	중국위안화(CNH)
거래단위	100,000위안
결제월	분기월 중 4개와 그 밖의 월 중 4개
상장결제월	1년 이내의 8개 결제월[(6개 연속 결제월(1개월~6개월), 2개 분기월(9개월, 12개월)]
가격의 표시	1위안당 원화(위안/원)
최소가격변동폭	0.01원(현행 원/위안 현물 직거래 시장과 동일)
최소가격변동금액	1,000원(100,000×0.01원)
거래시간	09:00~15:45(최종거래일 09:00~11:30)

구분	위안선물
최종거래일	결제월의 세 번째 월요일(공휴일인 경우 순차적으로 앞당김)
최종결제일	최종거래일로부터 기산하여 3일째 거래일(T+2)
결제방법	인수도결제
가격제한폭	기준가격 대비 상하 ± 4.5%(변경될 수 있음)
단일가격경쟁거래	개장 시(08:30~09:00) 및 거래종료 시(15:35~15:45), 최종거래일 거래종료시(11:20~11:30)

자료: 한국거래소 홈페이지 www.krx.co.kr

5. 통화선물의 활용사례

앞에서 선도거래와 선물거래를 비교할 때 자동차나 기차를 타고 같은 목적지로 갈 수 있다고 비유적으로 설명했다. 즉, 자동차나 기차 가운데 어느 것을 이용하더라도 방법은 다르지만 결국 같은 목적지에 도착할 수 있다.

정 리 하 는 코 너

만일 …

환리스크를 관리하려는 A기업이 B은행으로부터 달러/원 선물환거래를 할 수 있는 외환거래한도를 얻지 못하면 대체제인 미국달러선물을 활용해서 거의 비슷하게 헤지 목적을 달성할 수 있다.

미국달러선물 계약명세를 보았지만 거래조건이 표준화되어 있어 얼핏 보기에 달러/원 선물환거래를 할 때와 같은 헤지 결과를 달성할 수 없는 것처럼 보인다. 특히 달러/원 선물환거래에서 만기일을 미국과 우리나라의 휴일이 아닌 날로 합의하여 정하면 된다. 그러나 미국달러선물에서는 최종결제일이 결제월의 특정일로 표준화되어 있다.

만기일이 표준화되었지만 미국달러선물거래를 통해서도 달러/원 선물환거래를 이용할 때와 거의 같은 헤지 효과를 달성하는 것을 다음 예를 통해 확인하자.

사 례

A기업은 10월 1일에 11월 1일자로 1십만 달러 수출계약을 맺었다. 향후 달러/원 환율이 떨어질 것으로 예상하여 환리스크를 헤지하기로 결정하였다. A기업은 달러/원 선물환거래나 미국달러선물을 모두 활용할 수 있다.

선물환거래의 경우 만기일을 11월 1일로 정한다. 그러나 미국달러선물의 만기는 세 번째 수요일인 11월 19일이고 통화선물가격은 다음과 같다고 하자.

11월 1일 만기일 선물환율: 1063.00

11월 19일 통화선물가격: 1064.80

5-1. 달러/원 선물환거래로 헤지한 경우

만기일인 11월 1일이 되면 그날의 현물환율과 관계없이 10월 1일에 거래한 선물환율인 1063.00에 1십만 달러를 매도하고 그에 해당하는 원화를 인수도하고 선물환거래를 마무리한다.

5-2. 미국달러선물로 헤지한 경우

만기일인 11월 1일에 수출대금으로 받은 1십만 달러를 받지만 이를 인수도하는 것은 11월 19일이다. 만일 11월 1일에 1십만 달러에 해당하는 원화 자금이 필요하다면 어떻게 하면 될까?

수출대금으로 받은 1십만 달러를 매도하고 10월 1일에 매도한 11월 미국달러선물 10계약을 되사서 청산하면 된다. 그런데 11월 1일의 현물환율은 10월 1일 거래 당시의 현물환율과는 다를 것이다. 예를 들어 1100원이나 1000원이 되는 경우를 가정해서 헤지결과를 살펴보자.

가. 11월 1일의 현물환율이 1100원인 경우

정리하는 코너

1십만 달러를 …

현물환율인 1100원에 팔고 10월 1일에 매도한 11월물 미국달러선물 10계약을 1101.80원[현물환율(1100)+스왑포인트(1.80원: '하루에+0.10원X18일'로 단순하게 가정하였음)]에 되사는 반대거래를 통해 청산하면 된다. 이 과정에서 A기업이 달러를 매도하는 원가는 1063원이다.

11월 1일에 현물환율인 1100원에 매도하였지만 11월물 미국달러선물을 청산하는 과정에서 달러당 37원(10월 1일에 매도한 11월물 미국달러선물가격인 1064.80원에 팔고, 11월 1일에 반대거래한 11월 미국달러선물가격인 1101.80원에 매입했기 때문임)의 손실이 발생했기 때문이다.

나. 11월 1일의 현물환율이 1000원인 경우

1십만 달러를 현물환율인 1000원에 팔고 10월 1일에 매도한 11월물 미국달러선물 10계약을 1001.80원에 되사는 반대거래를 통해 청산하면 된다. 이 과정에서 A기업이 달러를 달러를 매도하는 원가도 역시 1063원이 된다.

11월 1일에 현물환율인 1000원에 매도하였지만 11월물 미국달러선물을 청산하는 과정에서 달러당 63원(1064.80원과 1001.80원의 차이)의 이익이 발생했기 때문이다.

다. 결론

정 리 하 는 코 너

결국 …

10월 1일 거래한 달러/원 선물환거래나 11월물 미국달러선물을 통해 환리스크를 헤지한 결과 모두 달러 매도 원가는 1063원이 된다. 물론 여기서는 거래비용과 스왑포인트의 변화 가능성은 감안하지 않았다.

이미 선물환거래에서 충분히 설명한 것과 같이 현물환율의 변화는 두 통화의 이자율 차이의 변화를 반영하는 스왑포인트의 변화보다 훨씬 심각하다. 수입기업도 달러/원 선물환거래나 미국달러선물거래를 통해 수출기업이 달성할 수 있었던 것과 같이 거의 같은 헤지 효과를 달성할 수 있다.

주요내용 종합정리

⊙ 선도거래와 선물거래는 공통점과 차이점이 있다. 두 거래를 활용하여 거의 동일한 헤지 및 투기적 목적을 달성할 수 있고, 같은 만기일의 선물환율과 통화선물가격은 차익거래가 불가능할 정도로 같아 중요한 공통점이다. 그러나 장외에서 거래하는 선물환거래와 선물거래소에서 거래조건을 표준화하여 거래하는 통화선물은 거래하는 방법은 완전히 다르다.
선도거래와 선물거래의 차이를 특히 거래장소, 거래방식, 일일정산 여부 및 증거금 납입 여부 등의 차이점을 복습하자.
선물거래의 중요한 특징은 1) 선물거래소에서 거래, 2) 표준화된 계약조건에 따라 거래, 3) 증거금 적립 의무, 4) 일일정산제도 채택, 5) 레버리지효과 달성 가능 등이다.
특히 증거금의 종류(주문증거금, 유지증거금 및 추가증거금)와 일일정산제도 등에 대해 숙지해야 한다.

⊙ 선물거래의 계약단위(contract size)는 선물거래를 할 때 거래하는 대상상품의 기본 거래단위이며, 선물계약 1건의 크기이다. 결제월(delivery month)은 선물계약의 만기가 되어 실물의 인수도가 이루어지는 달이다. 가격제한폭(price limit)은 직전일의 결제가격을 기준으로 해당일 거래 중 등락할 수 있는 상하 최대한의 가격변동 범위이다.
선물거래에서 매입 또는 매도 주문을 접수할 때 최소호가단위(tick)가 설정되어 있다. 최소호가단위에 계약단위를 곱하면 최소호가단위 1단위가 변동할 때 계약당 손익금액인 최소가격변동금액(tick value)을 산출할 수 있다.

⊙ 선물시장 참가자에는 헤저, 투기자 및 차익거래자가 있다. 그 가운데 투기자들은 거래 형태에 따라 scalper, day trader와 position trader 등이 있다.

⊙ 통화선물은 기업이 선물환거래의 대체제로 많이 사용하며, 장외에서 거래하는 선물환거래를 장내에서 거래조건을 표준화하여 거래하는 선물상품이다. 통화선물은 금융선물 가운데 가장 먼저 거래되기 시작했으나 대체제인 선물환거래가 워낙 활발하기 때문에 통화선물 거래량은 주가지수선물이나 금리선물 등 다른 선물상품의 거래량보다 적은 편이다. 그 이유는 은행과 선물환거래한도를 확보한 신용도가 양호한 기업이 선물환거래를 할 때 증거금을 적립할 필요가 없고 일일정산에 따른 회계처리를 하지 않아도 된다. 그리고 은행이 고시하는 선물환율이 매우 경쟁적이고 유동성이 풍부하기 때문이다.

주요내용 종합정리

⊙ 한국거래소의 미국달러선물은 미래의 일정시점에 인수도할 미국달러를 현재시점에서 미리 매수하거나 매도하는 계약이다. 미국달러선물을 헤지나 투기 목적으로 활용하기 위해서는 거래단위, 결제월, 최종거래일, 최종결제일 등의 계약명세를 숙지해야 한다.

이외의 통화선물에 엔선물, 유로선물 및 위안선물이 있으며, 한국거래소 홈페이지인 www.krx.co.kr에서 계약명세를 확인할 수 있으며, 거래소는 계약명세를 필요에 따라 바꾸기 때문에 유의해야 한다.

⊙ 통화선물은 거래조건이 표준화되어 있지만 선물환거래와 큰 차이 없이 헤지 목적을 달성할 수 있는 것을 교재를 통해 복습하자. 설명한 대로 거래수수료나 스왑포인트의 변화 등에 대한 위험이 있지만 개략적으로 보면 선물환거래를 활용할 때와 거의 비슷한 헤지 효과를 달성할 수 있다.

연습문제

01. 다음의 선물거래와 선도거래에 대한 설명 중 옳지 않은 것은? (　)

① 선물거래는 거래소를 통해 공개적으로 거래가 형성된다.

② 모든 선물거래자는 계약당 소정의 증거금 적립의무가 있다.

③ 선물거래의 경우 계약의 대부분이 만기일에 실물에 대한 인수도가 이루어진다.

④ 선물거래의 경우 거래소를 통한 일일정산이 이루어진다.

02. 다음에서 (　) 안에 들어갈 같은 말을 쓰시오.

선물거래체결 이후 항시 최소한 유지하여야 하는 증거금을 (　　)이라 한다. 일반적으로 개시증거금 수준을 (　　) 수준의 약 1.5배 내외에서 설정하는데 이것은 투자자로 하여금 미리 충분한 자금을 예치하도록 하여 빈번하게 증거금을 예탁하는 불편을 해소하기 위한 것이다.

정답해설

01. ③ 〈해설〉 선물거래가 아니라 선도거래의 경우 계약의 대부분이 만기일에 실물에 대한 인수도가 이루어진다.

02. 유지증거금

제5장
스왑

학습목표

1. 스왑의 발달과 스왑시장에서 은행의 역할 등에 대해 설명할 수 있다.
2. 통화스왑을 이해한 뒤 활용하거나 마케팅할 수 있는 역량을 배양한다.
3. 선물환거래, 외환스왑과 통화스왑을 비교하여 설명할 수 있다

학습개요

1. 선도형 파생금융상품의 하나인 스왑의 태동, 스왑시장에서의 은행의 역할 등 스왑거래의 개요를 설명했다.
2. 통화스왑의 정의, 가격, 거래하는 방법 및 활용에 대해 설명했다. 특히 세 가지 통화스왑의 가격 산출과 다양한 통화스왑의 활용을 신문 기사 등을 인용해서 충분히 설명했다.
3. 외환스왑과 통화스왑을 비교하여 공통점과 차이점을 설명했다. 그리고 선물환거래, 외환스왑 및 통화스왑의 차이점과 적절한 활용에 대해 설명했다.

제1절 스왑의 개요

사전에서 '스왑(swap)'이라는 말은 '교환하다'라는 의미를 가지고 있으며, 어떤 대상을 맞바꾸는 것을 의미한다. 금융에서 금리나 통화 등을 바꾸는 스왑은 매우 유용하다.

1. 스왑의 개요

정리하는 코너

스왑은 …

거래당사자가 약정한 현금흐름을 교환하는 계약이다. 스왑에는 고정금리와 변동금리를 교환하는 이자율스왑, 서로 다른 통화의 원금과 이자를 교환하는 통화스왑, 주식스왑과 상품스왑 등이 있다.

이미 배운 외환스왑은 지금 공부하는 통화스왑과 비슷한 점과 다른 점 모두를 가지고 있다.

스왑은 서로 다른 나라의 금융시장 사이의 연계성을 강화시킨다. 원화를 3년간 차입할 국내 A기업은 원화 회사채 발행만 고집할 필요가 없다. 왜냐하면 해외에서 달러 채권을 발행하고 동시에 달러/원 통화스왑을 하면 환리스크 없이 원화를 차입하는 효과를 달성할 수 있기 때문이다.

그리고 스왑을 이용하여 금융자산 가격의 변동성 확대에 따른 이자율 및 환리스크 등을 헤지하여 시장효율성을 높일 수도 있다.

2. 스왑시장의 현황

2-1. 스왑의 유래

스왑의 출발점은 현재 활발하게 거래하는 통화스왑의 현금흐름과 비슷한 back-to-back loan이며, 이는 parallel loan으로부터 진화했다. 1960년대 말 영국은 심각한 경상수지 적자와 파운드 약세로 어려움을 겪었다. 영국 정부는 자본이 국내에서 해외로 유출되는 것을 방지하려고 '외환프리미엄'이라는 외환규제를 시행했다.

규제 때문에 신용도가 낮은 영국 회사의 해외법인은 신용도가 높은 모회사로부터 재정적 도움을 받는 것이 어려워졌다. 이에 외환규제를 피하기 위해 parallel loan을 거래하기 시작했고, 1973년에 외환규제가 철폐될 때까지 이용했다.

가. Parallel Loan

영국의 B회사는 미국에 b자회사를 설립했다. 미국에 있는 b자회사는 1억 달러를 차입하려고 한다. 그러나 아직 미국은행으로부터 자금을 독자적으로 빌릴 만큼 인지도가 높지 않다. 그렇다고 신용도가 높은 B회사가 b자회사 대신 달러를 차입하여 도와주는 것은 외환규제 때문에 쉽지 않았다.

정 리 하 는 코 너

B회사는 …

금융기관의 도움으로 비슷한 니즈가 있는 미국 A회사와 parallel loan을 체결했다. 즉, 영국의 B회사가 영국에 있는 미국 A회사의 자회사인 a자회사에 합의한 금액만큼의 파운드를 대출해 주었다.

그리고 A회사는 b자회사에 같은 만기로 1억 달러를 대출해 주었다. 이때 달러 원금과 파운드 원금은 계약 당시 파운드/달러 현물환율을 기준으로 정하고 이자율은 시장금리로 결정했다.

【그림 5-1】 Parallel Loan

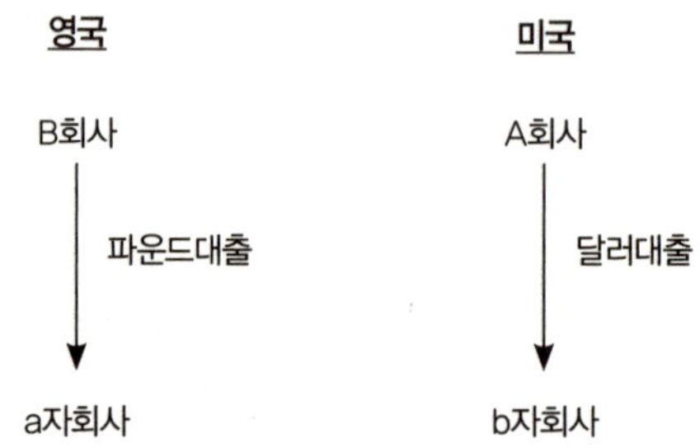

Parallel loan을 이용하여 b자회사는 영국의 외환규제를 피할 수 있었다. 그렇다면 이러한 parallel loan의 문제점은 무엇이었을까? 무엇보다 b자회사와 비슷한 니즈가 있는 상대방을 찾는 것이 쉽지 않았을 것이다.

더 중요한 점은 parallel loan이 두 개의 독립적인 대출계약이기 때문에 거래상대방들은 서로에 대한 신용리스크를 부담했다. 이런 맥락에서 살펴보면 parallel loan이 그렇게 활발하게 거래되지는 않았던 것 같다.

나. Back-to-back Loan

Parallel loan은 외환규제를 피하기 위해 고안되었지만 탐색비용과 신용리스크가 있었다. 이후 영국 정부가 외환규제를 철폐하자 parallel loan은 back-to-back loan으로 진화했다.

Back-to-back loan은 parallel loan과 달리 신용도가 우수한 두 모회사 사이에 자금을 대출했고, 두 모회사는 그 자금을 자신들의 자회사에 대출했다. 즉, parallel loan보다 신용위험을 줄일 수 있었다.

【그림 5-2】 Back-to-back Loan

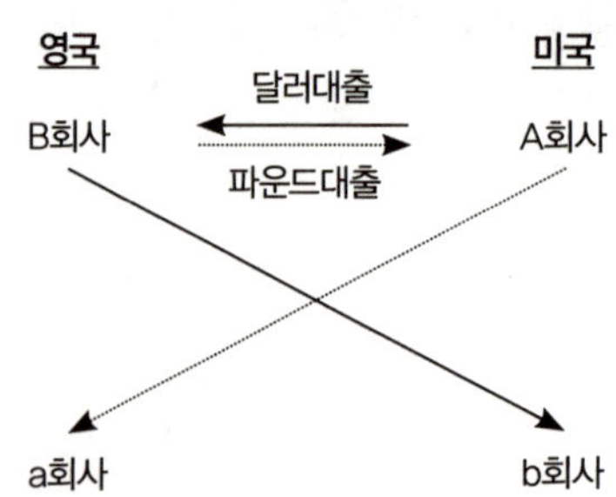

정리하는 코너

비교우위 차입

Back-to-back loan을 거래한 다른 이유는 비교우위(comparative advantage) 때문이었다. B회사는 b자회사를 위해 달러를 차입해야 하는데, 영국에서 인지도가 높았기 때문에 달러보다 파운드를 차입하는 것에 비교우위가 있었다.

한편 A회사는 a자회사를 위해 파운드를 차입해야 하는데, 파운드보다 달러를 차입하는 것에 비교우위가 있었다. 즉, 비교우위가 있는 자금을 차입한 뒤 바꾸면 유리했기 때문에 back-to-back loan을 활용했다.

다. 통화스왑의 태동

통화스왑과 back-to-back loan의 현금흐름을 비교해보자.

【그림 5-3】 Back-to-back loan의 현금흐름

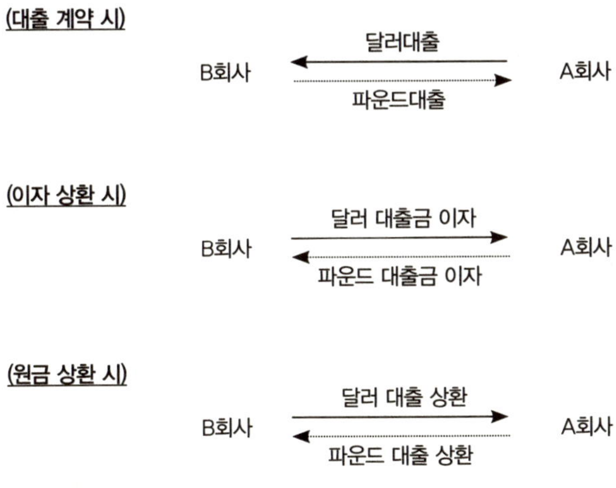

【그림 5-4】 통화스왑의 현금흐름

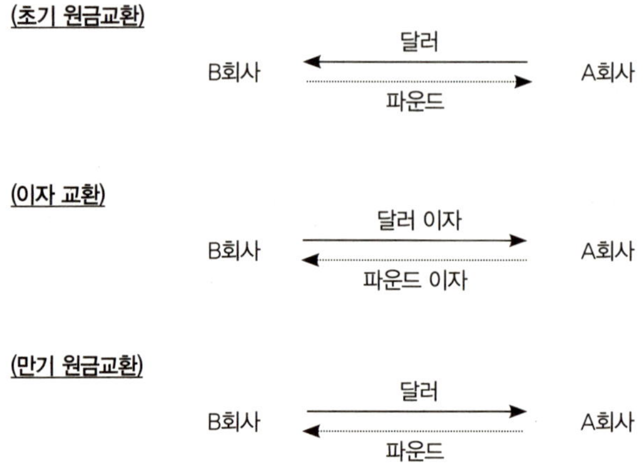

위에서 비교해본 것과 같이 back-to-back loan의 현금흐름과 통화스왑의 현금흐름은 거의 같다.

정 리 하 는 코 너

Back-to-back loan vs. 통화스왑

Back-to-back loan은 두 개의 대출계약이기 때문에 대출 실행, 이자 상환 및 원금 상환의 현금흐름으로 이루어진다. 그에 비해 통화스왑은 하나의 금융계약이기 때문에 초기 원금교환, 이자 교환 및 만기 원금교환의 현금흐름으로 이루어진다.

2-2. 국제 스왑시장

1981년 세계은행과 IBM이 처음 통화스왑을 거래한 뒤 더 간단한 이자율스왑을 거래하기 시작하였다. 현재 전세계 단일 파생금융상품 가운데 이자율스왑의 잔액이 가장 많다.

금융기관이나 기업은 환율, 금리 및 상품가격의 변동성이 증가하면서 위험관리를 위한 헤지툴로서 이들 스왑을 활용한다. 그리고 통화스왑이나 이자율스왑을 활용하여 금융과 세법상의 각종 규제를 회피하기도 한다.

특히 자금조달이나 투자활동이 세계화되면서 스왑의 이용 범위가 더욱 넓어지고 있다.

2-3. 국내 스왑시장

1980년대 말 국내에서 스왑을 거래하기 시작했다. 외국계은행이 국내 금융기관, 몇몇 공기업이나 대기업과 스왑을 거래했다. 주로 달러 이자율스왑이나 환리스크 관리를 위한 달러와 엔화 등 외국통화 사이의 통화스왑이 대부분이었으며, 그 규모는 영세했다.

IMF 이전까지 기업들이 스왑을 활발하게 거래하지 않았던 이유는 오로지 성장에 몰두하여 자금조달에만 매달렸기 때문이었다. 그리고 조달한 자금과 관련되는 이자율 및 환리스크 관리에 대한 인식도 부족했다.

정 리 하 는 코 너

IMF의 선물!

그러나 IMF를 겪으면서 위험관리에 대한 인식이 달라지고 특히 2000년 초부터 시작된 저금리 현상이 고착화되면서 국내 금융기관이나 기업 등이 달러/원 통화스왑이나 원화 이자율스왑을 거래하기 시작했다.

그리고 1999년에 당시 선물거래소를 통한 CD선물과 국채선물시장 등 장내 파생금융상품이 도입되었다. 그리고 현물 채권시장의 제도와 인프라가 구축되기 시작하면서 스왑거래를 활성화하는 기반도 마련되었다.

그 이후 원화관련 스왑시장은 본격적인 궤도에 들어섰다. 특히 다양한 구조화상품을 도입하면서 이에 대한 헤지툴로서 원화관련 스왑시장이 필요했고, 그 뒤로 성장세가 두드러졌다.

글로벌 금융위기 이후 성장세가 조금 주춤하지만 스왑시장은 지속적으로 성장할 것으로 예상한다.

3. 스왑시장 참가자

스왑을 통해 이자율 및 환리스크를 관리하는 아주 전형적인 활용 이외에 미래 현금흐름을 사용자가 원하는 형태로 다양하게 변화시켜 규제 회피나 상품개발 등 여러 목적으로 활용할 수 있다.

여러 목적으로 사용할 수 있는 스왑은 장외에서 거래한다. 다른 장외거래처럼 스왑을 거래할 때 상대방에 대한 신용위험이 있기 때문에 신용도가 높은 금융기관이나 기업만 사용할 수 있다.

3-1. 기업

정 리 하 는 코 너

국제적인 경영과 …

관련되는 이자율 및 환리스크를 관리하는 헤지 목적으로 이자율스왑이나 통화스왑을 활용한다.
필요한 자금조달 수단의 다양화, 조달비용 절감이나 자산부채관리 차원에서 스왑을 활용한다.

뿐만 아니라 최근에는 일정한 리스크를 적극적으로 부담하면서 고수익을 추구하거나 자금조달 비용을 줄이는 구조화된 파생결합상품을 많이 활용하는데, 그 안에 스왑이 내재된 것들이 많다.

3-2. 은행

위에서 살펴본 대로 은행은 처음부터 스왑의 발달과정에 매우 깊이 관여했다. Parallel loan부터 통화스왑을 거래하기까지 은행의 역할은 다음과 같이 변했다.

가. Advisory

Parallel loan처럼 설령 어떤 거래자가 원하는 거래를 하려 해도 적절한 상대방을 찾는 것이 쉽지 않았다. 그래서 은행이 advisory(자문역)로서 적절한 상대방을 찾아주고 수수료를 받았다.

이때 은행은 단지 두 상대방을 찾아주기만 하고 신용위험이나 시장위험은 부담하지 않았다.

나. Intermediary

Advisory인 은행이 두 스왑 상대방을 찾았더라도 만일 한 상대방이 다른 상대방의 신용위험을 부담하려고 하지 않으면 스왑을 거래할 수 없었다. 이런 경우 은행이 두 상대방의 신용위험을 분석한 뒤 자신이 두 상대방의 신용위험을 부담하면서 중간에서 intermediary(중개인)로서 스왑거래를 성사시켰다.

이때 은행은 마진 형태로 수익을 올리고 시장위험은 부담하지 않았다.

다. Market Maker

지금까지는 은행이 두 상대방이 있을 때만 중간에서 advisory나 intermediary로서의 역할을 했다.

정리하는 코너

이후 …

은행은 좀더 적극적으로 상대방에 대한 신용위험과 시장위험을 적극적으로 감수하면서 스왑거래를 하려는 상대방이 있으면 먼저 거래한 뒤 시장위험을 관리하는 가격제시자(market maker 또는 quoting party)로서 역할을 했다.

이때부터 은행은 스왑북(swapbook)을 운영하기 시작했고, 스왑시장이 비약적으로 발전하게 되었다.

3-3. 브로커

외환브로커와 마찬가지로 스왑브로커는 본인의 계정(book)은 보유하지 않고 은행간의 스왑거래를 중개하여 거래비용을 줄이는 역할을 한다. 현재 우리나라에도 두 개의 국내 브로커회사뿐만 아니라 다수의 외국계 브로커회사가 원화 이자율스왑과 달러/원 통화스왑을 중개한다.

제2절 통화스왑

통화스왑의 정의, 의의, 가격, 거래방법 및 용도 등에 대해 여러 사례를 중심으로 설명하였다. 이미 학습한 외환스왑과의 유사점과 차이점도 이해할 수 있다. 그리고 지금까지 학습한 선물환거래, 외환스왑과 통화스왑의 비교 및 활용에 대해 정리할 수 있다.

1. 통화스왑의 의의

1-1. 통화스왑은 언제 필요할까?

가. 우리나라에서 최초로 외국채를 발행한 아시아개발은행의 목표는?

쉬어가는 코너 외국채의 애칭

외국채는 외국인이 우리나라에서 발행한 원화표시 채권이다. 역으로 우리나라 K기업이 미국에서 발행한 달러 채권도 외국채이다. 즉, 외국채는 외국인 채권발행인이 발행국에서 그 나라 통화로 발행하는 채권이다.
외국채의 발행 통화가 다양하기 때문에 각 외국채에 애칭들을 붙였다. 미국에서 발행한 외국채는 Yankee bond, 일본에서 발행한 외국채는 Samurai bond이다.
영국에서 발행한 외국채의 애칭은 무엇일까? 강의에서 종종 "제임스 본드요!"라고 능청을 떠는 수강생도 있지만, Bulldog bond이다.

1995년에 아시아개발은행(이하 ADB)은 외국인으로서 최초로 우리나라에서 원화표시 채권인 외국채를 발행했다. 발행조건은 8백억 원, 7년 만기로 금리는 12.15%였다. 우리나라에서 발행한 외국채의 애칭은 무엇일까? 아리랑본드이다.

ADB는 왜 아리랑본드를 발행해서 원화를 조달했을까? 다음은 ADB가 발행한 아리랑본드의 현금흐름이다. 즉, 채권발행일에 원화 8백억 원 수취(①), 만기일까지 주기적으로 이자지급일에 원화이자 지급(②) 및 채권만기일에 원화 8백억 원을 상환(③)한다.

【그림 5-5】 ADB의 아리랑본드 발행 현금흐름

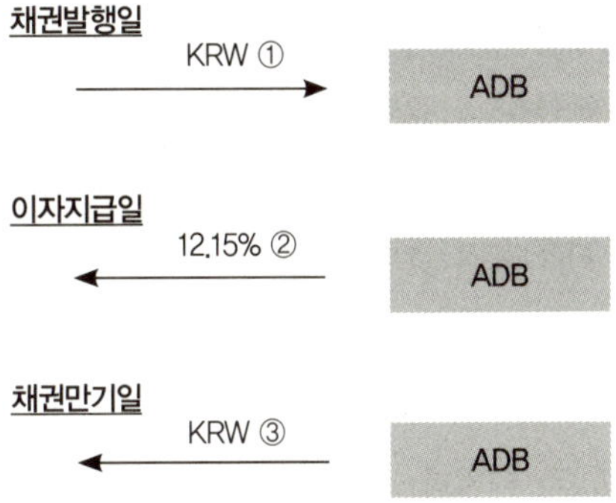

ADB가 아리랑본드를 발행하였지만 원화가 필요했던 것은 아니었다. ADB의 의도를 알아보기 위해 아리랑본드 발행의 현금흐름에 다른 현금흐름을 추가해서 정리해보자.

【그림 5-6】 ADB의 아리랑본드 발행 현금흐름과 통화스왑 현금흐름

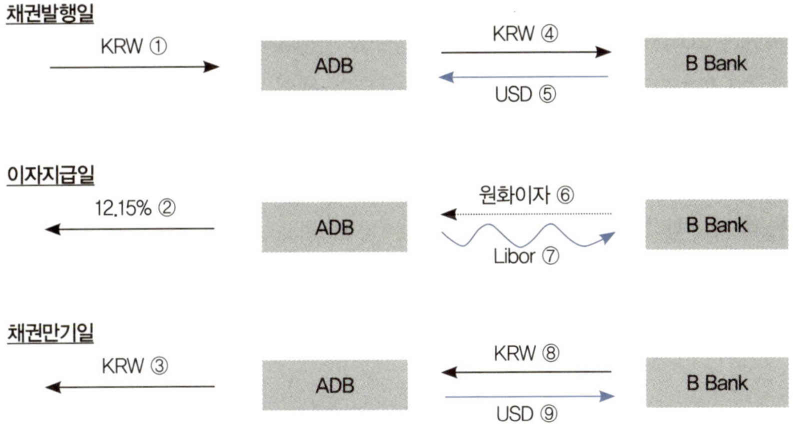

ADB는 아리랑본드 발행과 동시에 국내 B은행과 채권발행일에 원화원금과 달러원금을 교환(④와 ⑤), 만기일까지 주기적으로 원화이자와 달러이자 교환(⑥과 ⑦) 및 채권만기일에 원화원금과 달러원금을 교환(⑧과 ⑨)했다. 이제 ADB의 속내를 알 수 있겠는가?

ADB의 왼쪽 현금흐름은 아리랑본드 발행의 현금흐름이고, ADB의 오른쪽 현금흐름은 통화스왑의 현금흐름이다. ADB의 두 가지 현금흐름을 순서대로 살펴보자.

표 5-1 아리랑본드와 통화스왑의 현금흐름

구 분	아리랑본드	통화스왑		최종 현금흐름
채권발행일	원화원금 수취 ①	원화원금 지급 ④	달러원금 수취 ⑤	달러원금 수취 ⑤
이자지급일	원화이자 지급 ②	원화이자 수취 ⑥	달러이자 지급 ⑦	달러이자 지급 ⑦
채권만기일	원화이자 지급 ②	원화이자 수취 ⑥	달러이자 지급 ⑦	달러이자 지급 ⑦
채권만기일	원화원금 지급 ③	원화원금 수취 ⑧	달러원금 지급 ⑨	달러원금 지급 ⑨

통화스왑의 처음(④와 ⑤)과 마지막(⑧과 ⑨) 현금흐름에서 달러원금과 원화원금을 교환할 때 환율은 같기 때문에 ADB는 환리스크가 없다.

결국 아리랑본드 발행과 통화스왑의 현금흐름을 서로 상쇄하고 나면 ADB의 최종 현금흐름은 달러원금 수취(⑤), 달러이자 지급(⑦) 및 달러원금 지급(⑨)이 되어 환리스크 없이 달러를 차입한 효과를 달성했다.

나. 달러를 빌려서 원화 자산을 늘린다?

H캐피탈은 2003년 12월 17일 런던에서 자동차할부채권을 담보로 주간사인 S은행으로부터 2억 2천 8백만 달러(당시 약 2,745억 원) 규모의 해외 자산유동화증권(ABS)을 발행했다. 해외에서 달러 변동금리 ABS를 발행했지만 H캐피탈이 필요한 돈은 원화였다.

만일 조달한 달러를 팔아 필요한 원화를 사면 어떻게 될까? 생각만해도 끔직한 환리스크를 어떻게 감당할 것인가?

H캐피탈은 ABS 발행과 동시에 달러/원 통화스왑을 거래해서 환 및 금리리스크를 헤지하면서 당시 국내에서 최저 수준인 4.9%로 원화를 차입하는 효과를 달성했다.

정리하는 코너

H캐피탈 사례는 …

ADB사례와 함께 통화스왑을 활용할 수 있는 다양한 사례 가운데 하나이다. 당시 H캐피탈은 국내에서 활발하게 영업을 전개하면서 원화 자산이 급격하게 늘어났다.

만일 H캐피탈이 국내에서 원화로만 자금을 계속 조달하면 차입비용이 늘어날 수 있는 상황이었다. 이는 다음에 설명할 '6-2. 접근이 어려운 자본시장에서 차입하는 효과 달성'과도 같은 맥락으로 이해할 수 있다.

H캐피탈은 원화 차입방법을 다변화하기 위해 해외에서 달러를 조달했다. 조달한 달러를 원화로 환전하면 환리스크가 발생한다. 이처럼 차입한 통화와 운용하려고 하는 통화가 다를 경우 통화스왑을 통해 환 및 금리리스크를 헤지할 수 있다.

1-2. 통화스왑의 정의

통화스왑은 계약 초기에 두 상대방이 합의한 환율로 두 통화의 원금을 교환한다. 그리고 만기일까지 주기적으로 두 통화의 이자를 교환한다. 통화스왑 만기일에 계약 당시에 합의한 환율로 계약 초기와 반대 방향으로 두 통화의 원금을 교환한다.

정리하는 코너

이자율스왑과 통화스왑의 차이

이자율스왑은 원금을 교환하지 않고 같은 통화의 이자만 교환한다. 통화스왑은 서로 다른 통화의 원금뿐만 아니라 이자도 교환하는데, 이자를 교환하는 방법이 이자율스왑보다 다양하다.

통화스왑에서는 두 통화에 대한 두 종류(고정금리 및 변동금리)의 이자를 교환한다. 즉, 변동금리 대 변동금리 통화스왑, 고정금리 대 변동금리 통화스왑 및 고정금리 대 고정금리 통화스왑이다.

1-3. ADB는 왜 아리랑본드 발행과 달러/원 통화스왑을 했을까?

당시 ADB는 달러가 필요했다. 그런데 왜 아리랑본드를 발행하고 달러/원 통화스왑을 했을까? 외환스왑에서 '직접 차입'과 '간접 차입'에 대해 언급했다.

ADB는 아리랑본드 발행과 달러/원 통화스왑을 거래해서 달러를 간접 차입했다. 그렇다면 ADB는 왜 달러를 간접 차입했을까? 만일 ADB가 수취하는 원화이자가 12.30%이면 달러 차입 금리는 얼마인가? Libor−0.15%(CF무시)이다.

당시 ADB가 달러를 Libor−0.10%에 직접 차입할 수 있었다고 가정한다면 ADB가 간접 차입한 이유를 이해할 수 있다. 결국 ADB는 달러를 직접 차입하는 것보다 간접 차입하는 것이 유리했기 때문에 아리랑본드 발행과 달러/원 통화스왑을 했다고 추론할 수 있다.

정 리 하 는 코 너

'CF무시'는 무슨 뜻일까?

ADB가 아리랑본드를 발행할 때 광고를 하지 않았기 때문에 관련 비용을 뺀 금리라는 뜻은 아니다. 'Libor−0.15%'는 개략적인 금리라는 뜻이다. Libor는 달러 금리이고, 0.15%는 원화 금리이다.

달러와 원화의 0.15%는 엄밀하게 말하면 다르다. 왜냐하면 달러와 원화 이자율이 달라서 달러와 원화의 할인계수가 다르므로 스왑 기간 동안 발생하는 달러 0.15%의 현가 합과 원화 0.15%의 현가 합이 다르기 때문이다. 즉, 달러 1bp가 원화 몇 bp의 가치와 동일한지를 나타내는 수치가 conversion factor(통화전환계수)이다

이는 매 기간마다 각각의 해당통화 1단위를 받는 연금의 현재가치의 비율로 이해할 수 있으며, 그 논리로 계략적으로 산출할 수 있다. 실무에서 정확한 것은 스왑 pricing model로 산출한다. 본서에서는 conversion factor를 무시하고 개략적으로 설명한다.

1-4. 통화스왑의 의의

ADB가 아리랑본드를 발행하기 이전 우리나라 자본시장은 어떤 모습이었을까? 예를 들어 S그룹의 S전자가 3년간 원화를 차입하려면 손쉬운 방법은 원화표시 회사채를 발행하는 것이었다.

이때 투자자는 주로 우리나라의 기금 또는 금융기관들이었다. 즉, 차입자와 투자자가 모두 내국인이었다. 당시 우리나라 자본시장은 그야말로 우리만의 리그였다.

드디어 ADB가 우리나라 자본시장에서 처음으로 아리랑본드를 발행했다. ADB가 궁극적으로 필요했던 자금은 달러였기 때문에 달러/원 통화스왑을 했다.

만일 달러/원 통화스왑을 거래할 수 없는 상황에서 ADB가 아리랑본드를 발행한 뒤 원화를 달러로 환전하면 환리스크가 있다. 달러/원 통화스왑을 할 수 있었기 때문에 ADB는 아리랑본드를 발행하였지만 환리스크 없이 달러를 조달할 수 있었다.

정리하는 코너

우리나라의 …

H캐피탈(위의 사례), 금융기관 또는 기업은 이제 원화를 빌리기 위해 원화 자본시장만 접근할 필요가 없다. 통화스왑만 거래할 수 있으면 일본에 가서 Samurai bond를 발행하거나 2011년에 말도 많았던 Kimchi bond(국내에서 발행한 달러표시 채권)를 발행해도 된다.

조금 과장되게 말하자면 통화스왑을 거래할 수 있다면 이제 전세계 자본시장은 하나라고 볼 수 있다. 국제자본시장에서 발행하는 많은 채권들은 통화스왑과 연계된다. 이렇게 통화스왑은 서로 다른 자본시장을 연결시키는 중요한 역할을 한다.

2. 통화스왑의 거래 메커니즘

통화스왑에는 세 부분의 현금흐름이 있다.

2-1. 초기 원금교환

초기 원금교환(initial exchange)은 통화스왑을 거래할 때 첫째 현금흐름이다. 예를 들어 달러/원 통화스왑을 거래할 때 두 상대방이 거래 당시에 합의한 달러/원 현물환율로 달러와 원화원금을 교환한다.

그래서 이자율스왑과 달리 통화스왑에서는 명목원금(이자율스왑에서 원금을 교환하지 않기 때문에 '명목원금'이다)이 아니라 원금이다.

쉬어가는 코너

그 후 주기적으로 …

이루어지는 이자교환은 초기에 교환한 원금교환에 근거하여 이루어진다. 초기 원금교환은 이자교환과 만기 원금교환의 현금흐름과 반대이다.
위에서 ADB는 초기에 달러원금을 수취했기 때문에 주기적으로 달러이자를 지급한다. 그리고 만기에 달러원금을 지급한다.

통화스왑의 초기 원금교환은 선택사항이고 만기 원금교환은 필수사항이다. 이미 보유한 외화부채나 외화자산의 환 및 금리리스크를 통화스왑으로 헤지할 때 헤지대상 거래는 통화스왑 이전에 이루어져 초기에 교환할 원금이 없기 때문이다.

2-2. 이자교환

통화스왑은 두 가지 통화와 관련되고 각 통화에는 고정금리와 변동금리가 있다. 두 통화의 이자를 교환하는 조합에 따라 변동금리 대 변동금리 통화스왑(cross currency basis swap), 고정금리 대 고정금리 통화스왑(cross currency swap)과 고정금리 대 변동금리 통화스왑(cross currency coupon swap)으로 나눈다.

정리하는 코너

이 가운데 …

가장 많이 거래하는 이자의 조합은 고정금리 대 변동금리 통화스왑이다. 일반적인 관행은 달러 변동금리(SOFR)와 상대통화 고정금리를 교환한다.

이자율스왑은 동일한 통화의 이자를 교환하기 때문에 차액결제가 일반적이다. 그러나 통화스왑에서는 서로 다른 통화의 이자를 교환하기 때문에 차액결제를 하지 않는 것이 일반적이다.

2-3. 만기 원금교환(Final Exchange)

만기일에 원금을 교환할 때 적용하는 환율은 초기 원금교환 환율과 같다. 왜냐하면 통화스왑은 외환스왑과 달리 만기일까지 주기적으로 다른 통화에 대한 이자를 교환하여 이자율 차이를 정산하기 때문이다.

3. 통화스왑 가격

통화스왑은 서로 다른 두 통화의 원금과 이자를 교환하는 것을 말한다. 그렇다면 통화스왑의 가격은 무엇을 의미하는 걸까?

먼저 통화스왑에서 원금을 교환할 때 가격은 환율이다. 그런데 초기 및 만기에 원금을 교환하는 환율은 두 상대방이 통화스왑을 거래할 때 합의한 현물환율을 적용하기 때문에 굳이 고시할 필요가 없다.

쉬어가는 코너

결국 …

통화스왑의 가격은 서로 다른 통화의 이자를 교환하는 것이다. 그런데 이미 살펴본 것처럼 이자를 교환하는 방법에 따라 세 가지 통화스왑 가격이 있다.

3-1. 베이시스 통화스왑

통화스왑 가격의 기준은 서로 다른 통화의 변동금리와 변동금리를 교환하는 베이시스 통화스왑(cross currency basis swap)이다. 베이시스 통화스왑은 달러 변동금리 flat(스프레드가 없는 달러 변동금리 자체)과 상대통화 변동금리에 가산하는 양(+) 또는 주로 음(-)의 스프레드로 거래한다.

왜 '달러 변동금리 flat'과 '상대통화 변동금리 flat'이 아니라 '상대통화 변동금리±스프레드(정확하게는 '베이시스 통화스왑의 스프레드')'로 거래할까?

이론적으로 베이시스 통화스왑의 이자교환은 달러 변동금리 flat과 상대통화 변동금리 flat이다. 왜냐하면 베이시스 통화스왑은 두 통화 변동금리 채권의 교환과 같기 때문이다.

쉬어가는 코너 **그러나 …**

예를 들어 일본의 J은행은 해외 최고의 신용도를 지닌 은행들처럼 달러를 변동금리 flat에 차입할 수 없고 달러 변동금리+10bp에 차입할 수 있다고 가정하자. 만일 J은행이 달러/엔 베이시스 통화스왑을 달러 변동금리 flat과 엔화 변동금리 flat으로 거래할 수 있다면 J은행은 달러를 직접 차입하지 않는다.

왜냐하면 J은행은 엔화 차입과 동시에 달러/엔 베이시스 통화스왑(엔화 변동금리 수취/달러 변동금리 지급)을 하면 달러를 변동금리 flat에 간접 차입하는 효과를 달성할 수 있다.

이런 수요가 지속되면 엔화 변동금리−10bp(conversion factor 무시)와 같이 음(−)의 스프레드로 달러/엔 베이시스 통화스왑 가격이 형성된다. 이는 곧 그 나라의 country risk를 반영한다고 보면 된다.

3-2. 고정금리 대 변동금리 통화스왑

베이시스 통화스왑의 가격을 알고 상대통화 이자율스왑 가격을 알면 고정금리 대 변동금리 통화스왑(cross currency coupon swap) 가격을 구할 수 있다.

예를 들어 3년 만기 달러/엔 베이시스 통화스왑이 −7/−11이고 3년 만기 엔화 이자율스왑이 1.20/1.185일 때 3년 만기 달러/엔 고정금리 대 변동금리 통화스왑 가격은 얼마일까?

Quoting party인 C은행은 달러 변동금리와 교환하는 엔화 고정금리 수취 또는 지급하는 통화스왑 가격을 two-way quotation한다.

가. C은행이 엔화 고정금리를 수취하는 통화스왑 가격

이 통화스왑 가격은 C은행이 A기업으로부터 엔화 고정금리를 수취하고 USD 변동금리를 지급하는 가격이다. C은행이 calling party 입장에서 스왑시장에서 커버하려면 다음과 같이 두 단계를 거친다.

【그림 5-7】 C은행이 엔화 고정금리 수취하는 통화스왑 가격 산출

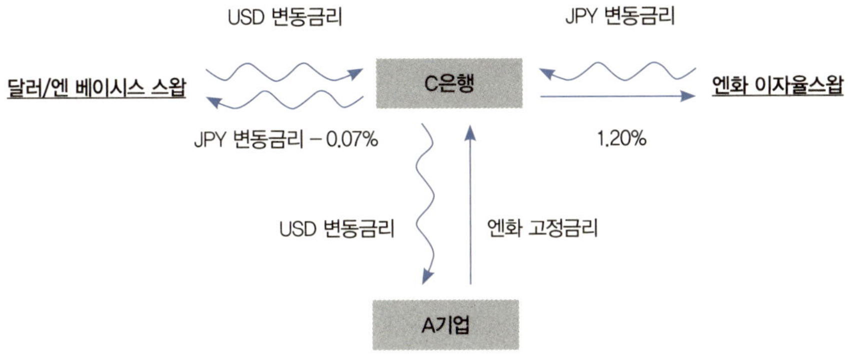

먼저 달러/엔 베이시스 스왑에서 C은행은 A기업에게 지급할 USD 변동금리를 수취하고 JPY 변동금리 – 0.07%를 지급한다. 그리고 달러/엔 베이시스 스왑의 JPY 변동금리를 지급하기 위해 엔화 이자율스왑에서 JPY 변동금리를 수취하고 엔화 고정금리 1.20%를 지급한다.

이렇게 하면 JPY 변동금리는 상쇄된다. 결국 엔화 1.13%(=1.20% – 0.07%)를 지급하면 되기 때문에 A기업으로부터 엔화 고정금리 1.13%를 수취한다.

표 5-2 C은행의 커버거래에 따른 엔화 고정금리 수취의 통화스왑 가격 산출

엔화 금리	달러 금리
–(JPY 변동금리 – 0.07%) +JPY 변동금리 –1.20%	+USD 변동금리
–1.13%	+USD 변동금리

나. C은행이 엔화 고정금리 지급하는 통화스왑 가격

이 통화스왑 가격은 C은행이 A기업에게 엔화 고정금리를 지급하고 USD 변동금리를 수취하는 가격이다. C은행이 calling party 입장에서 스왑시장에서 커버하려면 그림 〈5-8〉처럼 단계를 거친다.

【그림 5-8】 C은행이 엔화 고정금리 지급하는 통화스왑 가격 산출

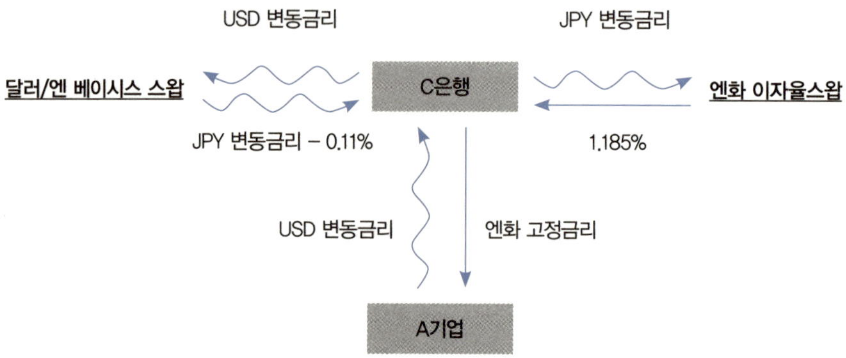

먼저 달러/엔 베이시스 스왑에서 C은행은 A기업으로부터 수취할 USD 변동금리를 지급하고 JPY 변동금리 – 0.11%를 수취한다. 그리고 달러/엔 베이시스 스왑에서 수취한 JPY 변동금리를 엔화 이자율스왑에서 지급하고 엔화 고정금리 1.185%를 수취한다.

이렇게 하면 JPY 변동금리는 상쇄된다. 결국 엔화 1.075%(=1.185% – 0.11%)를 수취하기 때문에 A기업에게 엔화 고정금리 1.075%를 지급한다.

표 5-3 C은행의 커버거래에 따른 엔화 고정금리 지급의 통화스왑 가격 산출

엔화 금리	달러 금리
+(JPY 변동금리 – 0.11%) –JPY 변동금리 +1.185%	–USD 변동금리
+1.075%	–USD 변동금리

다. 고정금리 대 변동금리 통화스왑 가격의 two-way quotation

위에서 산출한 달러/엔 고정금리 대 변동금리 통화스왑 가격은 1.13/1.075인데, 스왑은행들은 스프레드를 보다 경쟁적으로 하기 위해 1.11/1.095 등과 같이 고시하는 것이 일반적이다.

위의 산출 과정에서 베이시스 통화스왑 가격을 –7/–11의 mid rate인 –9로 하여 산출하면 1.11/1.095이다.

3-3. 고정금리 대 고정금리 통화스왑

앞에서 C은행이 엔화 고정금리 대 달러 변동금리 통화스왑 가격을 스왑시장에서 커버하면서 산출한 것과 같은 맥락에서 엔화 고정금리 대 달러 변동금리 통화스왑(cross currency coupon swap) 가격과 달러 이자율스왑 가격을 알면 엔화 고정금리 대 달러 고정금리 통화스왑(cross currency swap) 가격을 산출할 수 있다.

상세하게 설명하지는 않겠지만 이와 같은 논리를 적용하면 충분히 산출할 수 있을 것이다.

3-4. 통화스왑 가격 산출의 요약

통화스왑 가격의 중심은 상대통화 변동금리 대 달러 변동금리 베이시스 통화스왑(cross currency basis swap) 가격이다. 여기에 상대통화 이자율스왑 가격을 결합하면 상대통화 고정금리 대 달러 변동금리 통화스왑(cross currency coupon swap) 가격(흔히 CRS가격이라고 한다)을 산출할 수 있다.

그리고 여기에 달러 이자율스왑 가격을 알면 상대통화 고정금리 대 달러 고정금리 통화스왑(cross currency swap) 가격을 산출할 수 있다.

3-5. 달러/원 통화스왑 가격

앞에서 세 가지 달러/엔 통화스왑 가격을 설명했다. 이는 유로/달러 등 중요 선진국 통화스왑 가격에도 적용된다.

같은 맥락에서 이론적으로는 달러/원 통화스왑 가격도 같은 논리를 적용할 수 있다. 그러나 2000년대 초반부터 본격적으로 달러/원 통화스왑을 거래할 당시 주된 헤지 수요는 달러 변동금리 대 원화 고정금리 통화스왑이었다.

쉬어가는 코너 그래서 …

달러/원 통화스왑에서는 가격의 중심인 베이시스 통화스왑을 거래하지 않고 달러 변동금리 대 원화 고정금리 통화스왑을 거래한다. 이때 원화 고정금리인 CRS가격은 우리나라 country risk를 감안하기 때문에 무위험자산인 국고채 금리보다 낮은 상황이 지속되고 있다.

> 그런데 은행의 middle office는 달러/원 통화스왑의 시가평가를 위해 달러/원 베이시스 통화스왑가격이 필요하다. 그래서 통화스왑을 중개하는 브로커회사들은 달러/원 CRS가격에서 원화 이자율스왑 가격을 뺀 달러/원 베이시스 통화스왑의 스프레드도 참고용으로 고시한다.

달러/원 베이시스 통화스왑의 스프레드는 CRS가격(country risk와 수급에 의해 결정)과 원화 이자율스왑 가격에 따라 확대 또는 축소된다. 아래에서 CRS가격의 수급요인들에 대해 알아본다. 설령 CRS가격이 변하지 않더라도 원화 이자율스왑 가격이 국내 금리정책 등에 따라 달라지면 이 스프레드는 변한다.

4. 통화스왑 가격 고시

통화스왑에서 이자를 교환하는 방법은 세 가지이다. 우리나라 은행은 주로 고정금리 대 변동금리 통화스왑 가격을 two-way quotation한다. Quoting party인 C은행이 calling party인 A기업에게 3년 만기 스왑가격을 다음과 같이 고시했다.

SEMI/ACT365	QUART/ACT365
USD/KRW	KRW/KRW
2.58/2.38	3.35/3.33

위의 두 가격은 다르다. 둘 중 어느 것이 달러/원 통화스왑 가격일까? 'USD/KRW'와 'KRW/KRW'가 그 기준이다.

먼저 'KRW/KRW'는 두 통화가 모두 원화로 같다. 이것은 본서에서 지면상 다루지 못한 원화 이자율스왑 가격이다. 이자율스왑은 원금은 교환하지 않고, 서로 다른 인덱스 [고정금리와 변동금리 또는 변동금리와 변동금리(예를 들면 달러 3개월 SOFR와 달러 6개월 SOFR 등)]의 이자만 교환한다.

정리하는 코너

'QUART/ACT365'는 무슨 뜻일까?

원화 이자율스왑의 변동금리는 3개월 CD를 적용하기 때문에 3개월마다 이자를 교환한다. 'QUART'는 'quarterly'의 줄임말로, 원화 이자율스왑의 이자교환 주기는 분기이다.
3개월은 몇 일인가? 90일 아니면 91일? 'ACT'는 'A'로 표시하기도 하며, 'actual' 또는 'actual number of days'의 줄임말로 실제 경과일수이다. 공휴일 등으로 인해 이자를 계산하는 날짜는 달라질 수 있다. 그리고 원화 이자를 계산할 때 1년을 365일로 계산한다.

달러/원 고정금리 대 변동금리 통화스왑 가격은 'USD/KRW'이다. 여기서는 달러 6개월('SEMI'는 'semi-annual'의 줄임말로 'SA'로 표시하기도 한다) 변동금리와 교환하는 원화 고정금리이다. 이자 계산할 때 1년이 원화는 365일, 달러는 360일이다.

2.58/2.38은 달러 6개월 변동금리 flat과 교환하는 원화 고정금리인데, CRS가격(또는 CRS금리)이라고 말한다. 2.58%는 C은행이 A기업에게 변동금리를 지급하고 원화 고정금리를 수취하는 가격으로 'receive'라고 한다.

2.38%는 C은행이 A기업으로부터 변동금리를 수취하고 원화 고정금리를 지급하는 가격으로 'pay'라고 한다.

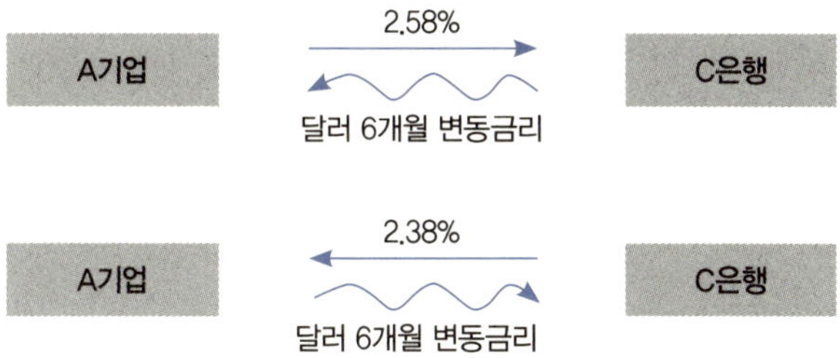

정리하는 코너

CRS가격 receive와 pay에 영향을 주는 주된 수급요인들!

다음의 내용을 위의 ADB사례처럼 통화스왑의 구조, 즉 초기 원금교환, 이자교환, 만기 원금교환으로 구분해 보라. 그러면 calling party 입장에서 이자교환 부분이 CRS가격 receive인지 pay인지 알 수 있다.

1. 글로벌 금융위기 등에 따른 신용경색으로 내국인의 외화차입 여건이 악화되면 우리나라 금융기관과 기업들은 원화를 주고 달러를 차입하는 효과를 달성하기 위해 CRS가격을 receive한다.
2. 내국인이 해외 자산을 매입하는 경우에도 보유한 원화를 근거로 달러를 차입한 뒤 외화자산에 투자하면서 CRS가격을 receive한다.
3. 기업들이 장기선물환을 매도하는 경우 은행이 이를 달러/원 통화스왑으로 커버할 때 CRS가격을 receive한다.
4. 내국인이 원화 차입을 위해 외화채권을 발행하는 경우에는 CRS가격을 pay한다.
5. 외국인이 달러 차입과 원화 운용의 차익거래를 할 때 CRS가격을 pay한다.

달러/원 통화스왑 시장에서 receive 수요가 많으면 CRS가격은 어떻게 될까? 당연히 떨어진다. 2008년 11월에 1년 만기 달러/원 CRS가격이 음수(-)가 된 적이 있다.

당시 달러/원 스왑포인트가 비정상적으로 급락했던 것과 같은 맥락이었으며, 우리나라 금융기관의 달러 차입 여건이 매우 어려웠다는 것을 방증했다. 이와 같이 달러/원 CRS가격은 CDS 프리미엄과 더불어 우리나라 금융시장의 여건을 파악할 수 있는 매우 중요한 지표이다.

5. 통화스왑과 외환스왑의 비교

통화스왑과 외환스왑은 둘 다 '스왑'이라는 단어가 들어 있어서 혼동할 수는 있지만 외환스왑에 대해 이미 알아 보았기 때문에 그 유사점과 차이점을 구분할 수 있다. 외환스왑과 통화스왑은 경제적인 효과는 같은 거래이지만 현금흐름은 다르다.

5-1. 유사점

두 거래 모두 만기일까지 한 나라 통화를 다른 통화로 바꾸어 사용한 후, 만기일에 원래의 통화로 다시 바꾸는 거래이다. 그 기간 동안 두 통화 사이의 이자율 차이를 정산하는 거래 원리는 같다.

같은 목적으로 거래할 수 있으며, 통화스왑과 외환스왑을 활용할 때 환리스크는 없다.

5-2. 차이점

외환스왑은 두 개(near date와 far date)의 외환거래로 구성된다. 그러나 통화스왑은 초기 및 만기 원금교환과 주기적인 이자교환으로 구성된다.

외환스왑은 두 통화 사이의 이자율 차이를 스왑포인트로 전환하여 far date의 환율에 감안하기 때문에 near date의 환율과 far date의 환율이 다르다. 통화스왑은 만기일까지 해당 통화의 이자를 주기적으로 교환하기 때문에 초기 원금교환과 만기 원금교환 환율은 거래 당시의 현물환율로 같다.

정리하는 코너

단기는 외환스왑으로, 장기는 통화스왑으로!

외환스왑은 은행간 외환스왑시장에서 활발하게 거래하는 만기가 주로 1년 내외이다. 그러나 통화스왑은 활발하게 거래하는 최장 만기가 통화별로 다르지만 일부 통화는 10년 이상 등과 같이 장기로도 거래할 수 있다.

6. 통화스왑의 사례

6-1. 저금리 조달

앞에서 ADB사례나 H캐피탈 사례를 보았는데, 이들은 통화스왑을 활용하여 저금리로 필요한 자금을 조달하는 사례들이다. 이런 사례들은 신문 등 기사에서 쉽게 볼 수 있으며, 통화스왑을 활용하는 가장 많은 이유 가운데 하나이다.

쉬어가는 코너

2007년 10월 7일자 한국경제신문 기사를 보자.

제목: '비핵심통화 채권 + 달러 채권 스왑' 급증 … 서브프라임 타개책 활용

미국이나 유럽 일본 등 메이저 국제 금융시장이 아닌 중남미, 터키, 호주 등 주변부 시장에서 채권을 발행한 뒤 이를 달러화 채권으로 스와프하는 방식으로 외화자금을 조달하는 사례가

크게 늘고 있다. 서브프라임 모기지(비우량 주택담보대출)사태 이후 얼어붙은 국제금융시장 상황을 타개하기 위한 방편 중 하나로 조금이나마 외자 도입비용을 낮추고(1) 조달시장을 다변화(2)하겠다는 것이다.
금융계에 따르면 수출입은행은 지난 5일 멕시코에서 만기 10년짜리 10억 페소 규모의 채권을 발행했다. 금리는 고정금리로 연 8.61%로 정해졌다. 수출입은행은 스와프시장을 통해 이 채권을 만기 10년짜리 미화 9200만 달러 규모의 채권으로 바꿨다. 바꾼 달러화 채권의 금리조건은 리보에 58.5bp를 얹는 것(3)이다. 수출입은행은 이 같은 기법을 활용해 20~30bp를 아낄(1) 수 있었다고 설명한다. 미국이나 유로시장에서 바로(4) 달러화 채권을 발행할 경우 리보에 80~90bp의 가산금리를 얹어줘야 하는데 통화 및 금리 스와프를 통해 이를 대폭 낮췄다는 얘기다. 이 은행은 지난달에는 터키시장에서 현지 통화인 리라화를 베이스로 채권을 발행한 뒤 달러화 채권으로 교환하기도 했었다.
산업은행은 지난해 2월부터 브라질 헤알화로 자금을 조달한 뒤 이를 달러로 바꾸는 거래를 여러 차례 하기도 했다.
시중은행 중에선 신한은행이 지난 5월 호주에서 캥거루본드(5)를 발행한 것이 같은 맥락이다. 당시 3년 만기 4억 호주달러 규모의 채권을 발행한 뒤 이를 같은 만기의 미국 달러채권으로 교환한 것이다. 이를 통해 리보에 23bp를 더한 비교적 양호한 수준(1)에서 자금을 조달했다.

위의 내용은 통화스왑과 외국채 등 지금까지 공부한 많은 내용을 담고 있는 훌륭한 기사이다. 중요한 부분을 설명하면 다음과 같으며, 앞으로 이와 비슷한 기사를 통해 통화스왑뿐만 아니라 다른 파생금융상품을 복습할 수 있을 것이다.

(1) 통화스왑을 활용하는 가장 중요한 목적의 하나는 저금리 차입이다. 직접 차입에 비해 간접 차입으로 저금리 차입을 했다는 내용이다.

(2) 수출입은행이 당시 미국에서 달러를 차입하려고 했다. 그러나 미국 금융기관들은 서브프라임사태로 인해 자신들의 코가 석자였기 때문에 수출입은행에게 달러를 빌려줄 상황이 아니었거나 높은 금리를 요구했다고 추론할 수 있다.
달러를 직접 차입하는 것이 어려운 상황이어서 달러 이외의 통화 차입과 통화스왑을 활용하여 조달시장을 다변화했다는 내용이다.

(3) 이는 통화스왑을 활용한 간접 차입 비용이 Libor+0.58%이었음을 알 수 있다.

(4) 본서의 '직접 조달'에 해당한다. 당시 수출입은행의 직접 조달 비용이 Libor+0.80(~0.90)% 이었음을 알 수 있다.

(5) 호주에서 발행한 외국채의 애칭은 캥거루본드이다. 캥거루는 호주를 대표한다. 지난 여러 월드컵에서 한 골이 터지면 호주 관중석에서 캥거루 인형이 춤을 췄다.

쉬어가는 코너

이제 전세계 자본시장의 하나!

멕시코뿐만 아니라 터키, 브라질 및 호주에서도 현지통화로 자금을 차입하고 통화스왑을 활용했다는 것을 알 수 있다. 위의 기사 내용은 아래 '6-2. 접근이 어려운 자본시장에서 차입하는 효과 달성'과도 그 내용이 일맥상통한다.

6-2. 접근이 어려운 자본시장에서 차입하는 효과 달성

국내기업의 해외 현지법인이 해외에서 달러를 차입하는 것이 원활하지 않을 때 자신의 인지도가 보다 높은 국내에서 원화 차입(아리랑본드 발행)과 달러/원 통화스왑으로 환리스크 없이 달러를 차입하는 효과를 달성할 수 있다.

이와 같이 달러 자본시장의 벽이 높아 달러 차입이 쉽지 않을 때 통화스왑을 활용하여 그 차입 장벽을 허물 수 있다. 특히 금리차익거래 기회가 있다면 달러를 직접 차입하는 것보다 저금리에 조달할 수 있어 더욱 유리하다.

6-3. 외화자산 운용과 관련되는 환 및 금리리스크관리

쉬어가는 코너

자산운용도 통화스왑과 함께!

우리나라 금융기관이나 기업이 자산을 운용할 때 원화자산에만 투자할 필요는 없다. 달러나 유로 채권 등 외화자산에 투자하면서 통화스왑을 활용해서 보다 유리한 투자조건을 달성할 수 있다.

우리나라 보험사는 보험료를 원화로 받지만 외화채권[우리나라 정부나 기업이 해외에서 발행한 외화채권인 한국물(흔히 Korean Paper라고 한다)]에 투자하는 경우가 많으며, 이때 달러/원 통화스왑을 활용한다.

같은 맥락에서 예를 들어 홍콩에 있는 미국 현지법인인 ABC사는 다음과 같이 두 가지 방법으로 투자할 수 있다고 가정하자.

EUR Bond: 만기 5년, 연율 2%
USD FRN: 만기 5년, USD 6M 변동금리+0.3%

ABC사는 자산을 미국달러로 보유하려고 한다. 투자 담당자는 USD FRN을 매입하는 것과 EUR bond를 매입하고 EUR/USD 통화스왑을 활용하여 유로본드 투자와 관련되는 환 및 금리리스크를 헤지할 때 투자 결과를 비교해 보기로 했다.

현재 EUR/USD 통화스왑 가격은 유로 2%와 USD 6M 변동금리+0.5%이고, EUR/USD 현물환율은 1.06이라고 가정한다.

【그림 5-9】 ABC사의 유로본드 투자와 통화스왑 현금흐름

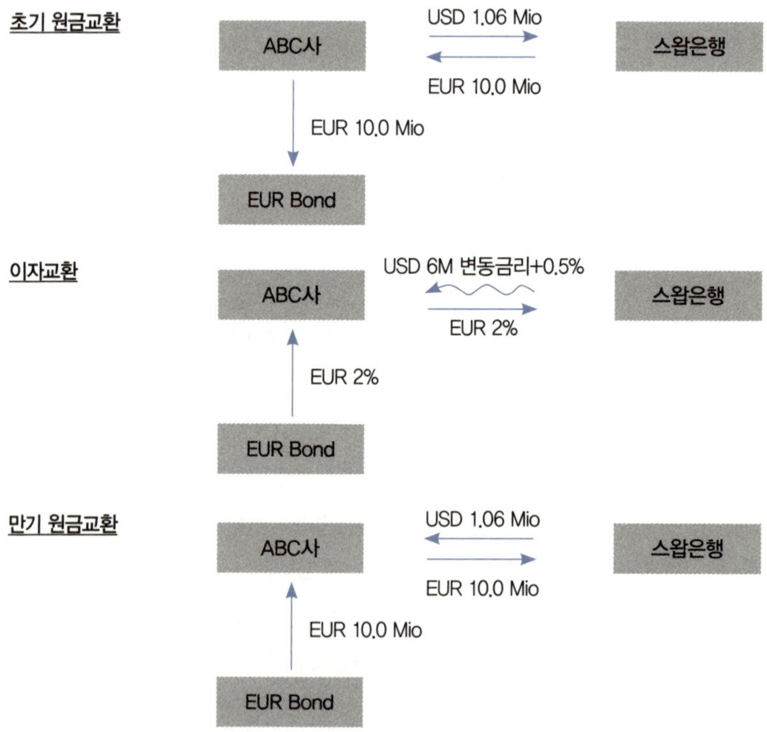

USD FRN에 직접 투자할 때 수익률은 USD 6M 변동금리+0.3%이다. 그러나 ABC사가 EUR/USD 통화스왑을 활용하여 EUR bond에 투자하면 USD FRN에 직접 투자할 때보다 0.2% 유리한 투자 결과를 달성할 수 있다.

6-4. 외화차입과 관련되는 환 및 금리리스크관리

A기업은 2년 전에 회사채를 발행하여 원화를 차입하는 대안으로 1천만 달러를 5년 만기로 USD 6M SOFR+1%에 차입했다. 왜냐하면 달러/원 환율이 하락할 것으로 확신하고 있었기 때문이었다.

당시 현물환율은 1200원이었고, A기업은 달러 차입과 동시에 달러를 매도했다.

> **쉬어가는 코너** 2년이 지난 오늘 …
>
> 달러/원 환율이 1100원이면 A기업의 분위기는 어떨까? 이때 '기분이 좋아요.'라고 대답하는 것은 그리 적절한 표현은 아니다. 최소한 '기분이 째져요!'라고 표현해야 되지 않을까?

향후 달러/원 환율과 원화 금리가 상승할 것으로 예상하면 달러/원 통화스왑으로 보유한 달러 변동금리 차입의 환리스크를 헤지하고 원화 금리를 확정할 수 있다. 현재 달러/원 통화스왑 가격은 2.58/2.38이고, 달러/원 환율은 1100원이다.

A기업은 1천만 달러 외화차입을 원금 110억 원, 금리는 conversion factor를 무시하면 3.58%(=2.58%+1%)의 원화차입으로 전환하는 효과를 달성할 수 있다.

【그림 5-10】 A기업의 외화차입과 통화스왑 현금흐름

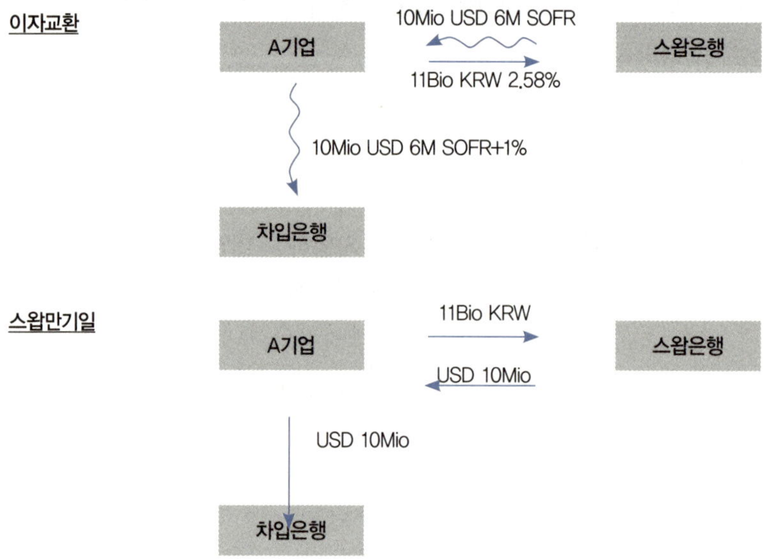

위의 통화스왑의 현금흐름은 '6-3. 외화자산 운용과 관련되는 환 및 금리리스크관리'에서 본 통화스왑의 현금흐름과 다른 점이 있다. 외화차입이나 ABC사와 같이 외화자산에 투자하면서 바로 통화스왑을 할 때는 초기 원금교환을 한다.

그러나 A기업과 같이 이미 보유한 외화차입이나 외화자산의 만기일까지 남은 기간의 위험을 통화스왑으로 헤지할 때는 통화스왑을 하기 이전에 차입이나 투자했기 때문에 초기에 교환할 원금이 없어 초기 원금교환을 하지 않는다.

정 리 하 는 코 너

그리고 …

'6-3. 외화자산 운용과 관련되는 환 및 금리리스크관리'에서 통화스왑은 보유한 외화자산의 환리스크 헤지를 위한 것이어서 자산스왑(asset swap)이다. 한편 '6-4. 외화차입과 관련되는 환 및 금리리스크관리'에서 통화스왑은 보유한 외화부채의 환리스크를 헤지하기 위한 것이어서 부채스왑(liability swap)이다.

6-5. 달러/원 장기 선물환거래 커버

국내 S조선사가 선박 수주와 관련되는 환리스크를 관리하기 위해 C은행에 3년 만기 선물환거래로 달러를 매도한다고 가정하자. C은행은 달러/원 장기 선물환거래의 은행간 유동성이 떨어지기 때문에 이를 3년 만기 달러/원 통화스왑과 달러 이자율스왑으로 헤지하는 경우가 많다.

C은행은 달러/원 환리스크를 커버하기 위해 현물환시장에서 달러를 매도한다. 그런데 C은행이 S조선사로부터 달러를 3년 뒤에 받는다. 현물환거래 만기일과 선물환거래 만기일의 현금흐름의 차이는 3년 만기 달러/원 통화스왑(달러 변동금리 지급 / 원화 고정금리 수취)으로 커버할 수 있다.

그리고 달러 변동금리의 위험을 헤지하기 위해 3년 만기 달러 이자율스왑(달러 고정금리 지급)으로 헤지하면 3년 만기 달러/원 선물환율을 산출할 수 있다.

7. 주요 선도형 파생금융상품의 정리

지금까지 통화관련 선도형 파생금융상품인 선물환거래(선물환거래와 시너지효과를 달성할 수 있는 외환스왑을 포함), 통화선물거래 및 통화스왑을 공부했다. 이제 통화옵션만 정복하면 모든 독자는 통화관련 파생금융상품의 전문가이다.

쉬어가는 코너

그 전에 …

우리나라 기업들이 환리스크를 관리하기 위해 가장 많이 활용하는 선물환거래와 외환스왑 및 통화스왑의 차이가 무엇인지 정리하고 가자. 특히 은행의 담당자들은 차이점을 잘 이해한 뒤 기업고객에게 적절한 상품을 마케팅해서 효율적인 환리스크 관리를 돕고 수수료를 벌 수 있기 때문이다.

아래의 빈칸을 정확하게 채우면서 정리해 보자. 빈칸에 대한 정답은 참고문헌 앞〈별도구성〉✢에서 확인할 수 있다.

구분	선물환거래	외환스왑	통화스왑
원금교환 여부 및 이자교환 여부	__음 (NDF거래는 __음)	__음	__음 (초기: ________)
	없음	없음	있음
원금교환 시기 및 적용환율	초기(__음)	초기(________)	초기(________)
	만기(________)	만기(________)	만기(________)
활용 사례	수출기업: 매__ 수입기업: 매__	선물환거래의 만기일 ____/____ 금리차익거래 등	외화자산 또는 외화부채의 __ 및 ____리스크 헤지 등

특히 통화스왑에서 초기 원금교환은 선택사항이라는 것을 기억하자. 그리고 통화스왑에서 초기 및 만기 원금교환은 '현물환율*'인데, 이는 계약 당시에 합의한 현물환율이다.[1]

✢ 본책 마지막 p310~311에 〈별도구성〉으로 정답을 실어두었다.

주요내용 종합정리

⊙ 스왑은 두 상대방이 약정한 현금흐름을 서로 교환하는 계약이다. 가장 일반적인 형태의 스왑은 고정금리와 변동금리 사이의 이자율스왑, 서로 다른 통화와 그 이자율을 교환하는 통화스왑 등이 있다.
국제금융시장에서 스왑의 기원은 현재의 통화스왑 구조와 비슷한 parallel loan과 back-to-back loan이다. Parallel loan은 영국에서 해외투자에 관련된 외환규제를 회피하기 위하여 1960년대에 고안되어 1973년에 이 규제가 철폐되기까지 널리 이용되었다.

⊙ 스왑이 국내에 처음 등장한 것은 1980년대 후반부터이다. 거래규모도 영세하고 주로 외국계은행을 중심으로 달러 이자율스왑과 외국통화에 대한 환리스크를 관리하기 위한 달러/엔 등의 통화스왑이 아주 제한적으로 거래되었다.
정작 우리나라 기업 등에 활용도가 높은 달러/원 통화스왑이나 원화 이자율스왑이 제대로 된 모습을 갖추기 시작한 것은 1999년 당시 한국선물거래소를 통한 국채선물시장 등 장내 파생상품이 도입되고 현물채권시장의 제도와 인프라가 구축되기 시작하면서 가능해졌다.

⊙ 스왑시장에서 가장 중요한 참가자는 은행인데, 스왑의 발전과 더불어 advisory, intermediary의 역할을 거쳐 현재와 같이 스왑가격을 two-way quotation하는 market maker 역할을 한다.

⊙ 통화스왑은 두 상대방이 정해진 일정 기간 동안 서로 다른 통화에 대한 이자를 교환하고, 계약 초기(이것은 선택 사항임) 및 통화 스왑계약 만기일에 계약 당시에 합의한 두 통화의 환율로 원금을 교환한다.
이자율스왑은 동일한 통화에 대한 이자를 교환하는 계약이지만 통화스왑은 통화까지도 교환하며 더욱 다양한 형태의 조합이 가능하다. 즉, 통화스왑은 두 통화에 대해 두 이자의 조합이 가능하여 ① cross currency basis swap(변동금리 대 변동금리 스왑) ② cross currency coupon swap(고정금리 대 변동금리 스왑) ③ cross currency swap(고정금리 대 고정금리 스왑)의 형태를 지닌다.

⊙ 통화스왑은 크게 다음의 세 부분의 현금흐름으로 이루어진다. 예를 들어 달러/원 통화스왑의 경우 계약 때의 달러/원 현물환율로 두 통화 사이의 원금의 교환이 이루어진다. 또 주기적으로 이루어지는 이자교환은 초기에 교환되는 달러와 원화 원금에 근거하여 이루어진다. 초기 원금교환은 이자교환과 만기 원금교환의 현금흐름과 반대로 일어난다. 일반적으로 통화스왑에서는 지급과 수취 통화를 표시할 때 이자교환과 만기 원금교환의 기준 통화로 표시한다. 그런데 통화스왑을 거래할 때 초기 원금교환은 선택사항이고 만기 원금교환은 필수사항이다.

주요내용 종합정리

이자율스왑에서는 같은 통화 사이의 이자교환이기 때문에 차액결제의 형태로 이자교환이 이루어지는 것이 일반적이다. 그러나 통화스왑에서의 이자교환은 서로 다른 통화의 교환이기 때문에 이자율스왑과는 달리 차액에 의한 결제가 아닌 것이 일반적이다. 만기 원금교환 환율은 스왑계약 시점의 현물환율로 일어난다. 그 이유는 통화스왑에서는 외환스왑과 달리 스왑 초기부터 만기까지 주기적으로 이자가 교환되었기 때문이다.

⊙ 통화스왑 가격은 이자를 교환하는 세 가지 방법에 따라 각각 가격이 다르다. 그 가운데 통화스왑 가격의 기준은 베이시스 통화스왑 가격이며, 이는 달러 변동금리와 교환하는 상대통화의 변동금리에 주로 음(−)의 스프레드로 거래된다. 이는 상대통화국의 country risk를 반영하기 때문이다. 베이시스 통화스왑 가격에 상대통화 이자율스왑 가격을 알면 CRS가격을 알 수 있다. CRS가격에 달러 이자율스왑을 알면 두 통화의 고정금리를 교환하는 스왑가격을 알 수 있다. 통화스왑의 대부분은 달러 변동금리와 상대통화 고정금리의 교환이다. CRS가격 two-way quotation의 의미를 정확히 이해해야 한다.
통화스왑을 활용하여 간접 조달을 통해 저금리 조달이 가능한데, ADB사례뿐만 아니라 우리나라 금융기관이나 기업들이 많이 활용한다. 그리고 투자자는 보다 유리한 투자 조건을 달성할 수 있다. 즉, 자신이 보유한 통화를 환리스크 없이 다른 통화로 바꾸어 다른 통화 자산에 투자할 수 있다. 또 외화차입이 있는 기업은 통화스왑을 통해 현재 시점의 환율과 이자율로 환 및 금리리스크를 관리할 수 있다.
자본시장의 불완전성으로 인해 각 통화별로 시장마다 발행자의 신용스프레드의 차이가 발생하므로 발행자는 조달이 가능한 통화 가운데 가장 비교우위가 있는 통화로 차입한 후 통화스왑을 통하여 원하는 통화의 차입으로 전환하여 차입비용을 줄일 수 있다.

⊙ 외환스왑(FX swap)와 통화스왑(currency swap)이 비슷한 것은 두 가지 모두 스왑계약기간 동안 거래당사자끼리 한 나라 통화를 다른 나라 통화로 바꾸어 사용한 후, 만기에 원래의 통화로 다시 바꾸는 거래이다. 거래의 성격이 같기 때문에 두 통화 간의 이자율 차이를 정산하는 등 거래 원리는 동일하다.
그러나 외환스왑은 두 통화 간의 이자율 차이를 환율로 전환하여 far date의 환율에 감안하기 때문에 near date의 환율과 far date의 환율이 서로 다르지만, 통화스왑은 계약기간 동안 해당 통화의 이자를 주기적으로 수수하기 때문에 초기 원금교환의 환율과 만기 원금교환의 환율은 거래 당시의 현물환율로서 서로 같다. 그리고 외환스왑의 경우 그 만기가 주로 1년 내외이지만 통화스왑의 경우 10년 이상까지도 가능하다.

연습문제

01. 국내에서 가장 먼저 거래하기 시작한 스왑거래는?

① 달러 이자율스왑
② 원화 이자율스왑
③ 엔/원 통화스왑
④ 달러/원 통화스왑

02. 다음 각국의 외국채 가운데 옳지 않은 것은?

① 우리나라 - 아리랑본드
② 미국 - 양키본드
③ 일본 - 쇼군본드
④ 영국 - 불독본드

03. 다음의 설명이 맞으면 O, 틀리면 X 표시를 하시오.

은행이 스왑시장에서 advisory 역할을 할 때 신용위험과 시장위험을 부담했다.
(   )

정답해설

01. ①
02. ③ 〈해설〉 일본에서 발행한 외국채는 사무라이본드이다.
03. × 〈해설〉 은행이 스왑시장에서 advisory 역할을 할 때 신용위험이나 시장위험은 부담하지 않았다.

제6장

옵션

학습목표

1. 옵션의 개요에 대해 설명할 수 있다.
2. 표준형전략 및 스프레드전략 등을 이해하여 장외 통화옵션전략을 학습할 수 있는 능력을 배양한다.
3. 환리스크 관리에 있어 선물환거래나 통화선물을 통화옵션과 비교하고 헤지에 활용하는 방법에 대해 설명할 수 있다.
4. 장외 통화옵션전략을 완전판매할 수 있는 능력을 배양한다.

학습개요

1. 선도형 파생금융상품과 옵션을 비교 및 설명하여 표준형전략들을 쉽게 이해할 수 있도록 관련 내용을 설명했다.
2. 표준형전략의 만기손익구조 산출 등을 통해 옵션전략의 기본을 설명했다. 그리고 그것을 응용한 스프레드전략 등 다양한 옵션전략의 만기손익구조를 정확하게 이해할 수 있도록 설명했다.
3. 선물환거래나 선물거래의 대안인 장외 통화옵션의 다양한 전략들을 환율예측, 전략의 구성 및 만기손익구조 등의 순서로 쉽게 설명했다.
4. 키코거래의 거래 배경, 전략의 구성, 헤지결과 및 시사점 등 전체적인 내용과 그 교훈을 되짚어 보았다.

제1절 옵션의 기초

대칭적인 만기손익구조를 가지는 선도형 파생금융상품과 달리 다양한 탄력적인 만기손익구조를 거래할 수 있는 옵션의 정의, 기본적인 용어, 옵션프리미엄 등에 대해 설명하였다. 특히 옵션형 상품의 가격결정에 중요한 변동성에 대해 잘 이해하는 것은 매우 중요하다.

1. 옵션의 의의

1-1. 일상생활에서도 익숙한 단어, 옵션

쉬어가는 코너 일상생활에서 …

'옵션'이라는 단어를 들으면 많은 사람들은 자동차를 떠올린다. 자동차를 살 때 다양한 옵션이 있기 때문에 같은 모델 가운데서도 원하는 옵션을 넣어 자동차를 구입할 수 있다. 옵션은 '선택' 또는 '선택권'을 말한다.

지인이 오래 전에 미국에 갔을 때 들었다는 이야기이다. 추위가 기승을 부리는 뉴욕의 한겨울에도 창문을 열고 달리는 자동차를 보았다는 것이었다.

그 당시 미국에서는 히터도 자동차의 옵션이었다고 했다. 추운 날씨에 시동을 걸면 운전자의 입김 때문에 성애가 생겨 한참은 창문을 열고 운전할 수밖에 없다는 설명이었다.

증권맨이나 전문경영인들은 '스톡옵션'이라는 단어를 많이 떠올린다. 한때 스톡옵션은 큰 인기를 끌었다. 스톡옵션은 임직원들에게 회사의 주식을 사전에 정한 주가에 살 수 있는 권리를 주는 인센티브제도이다.

스톡옵션은 권리행사가 가능한 시점에 회사의 주가(예를 들면 구만 원)가 스톡옵션에서 정한 주가(예를 들면 오만 원)보다 높으면 스톡옵션을 행사하여 사만 원의 차익을 챙길 수 있다. 권리행사가 가능할 때 주가가 오만 원 미만이면 살 수 있는 권리를 포기한다.

스톡옵션은 회사가 임직원들에게 회사 주식에 대한 콜옵션을 매도한 것이나 마찬가지이다.

1-2. 독자들에게 옵션은 선택이 아니다?

이처럼 옵션은 우리 실생활에서도 자주 듣는 용어이다. 요즈음 금융시장에서 모르는 사람이 없을 정도로 널리 활용하고 있다. 다양한 옵션전략을 결합한 ELS 또는 ELF와 같은 구조화상품들이 그야말로 홍수처럼 쏟아진다.

쉬어가는 코너

선도형보다 옵션형!

옵션의 만기손익구조(pay-off diagram; 파생금융상품 등을 거래한 뒤 만기의 손익을 나타내는 그래프)는 지금까지 공부한 선도형 파생금융상품보다 다양하다. 이런 옵션의 특징을 활용하여 다양한 헤지거래, 투기거래 및 차익거래를 할 수 있다.

옵션은 '선택' 또는 '선택권'이라는 말이지만 여기서는 더 이상 선택이 아니라 '필수'라는 각오로 공부하자.

2. 옵션의 정의

옵션매입자가 옵션매도자와 사전에 정한 가격으로 기초자산을 매입 또는 매도할 수 있는 권리를 사거나 파는 파생금융상품이다. 권리와 의무가 동시에 존재하는 선도형 파생금융상품과 달리 옵션매입자는 권리만, 옵션매도자는 의무만 있다.

여기에서는 통화옵션을 중심으로 옵션의 기본적인 개념을 살펴본다. 기본적인 표준형전략뿐만 아니라 그 조건을 변형한 이색옵션도 살펴보자.

3. 옵션의 기본적인 용어

정리하는 코너

선물환거래와 장외 통화옵션의 차이

8월 9일에 A기업은 3개월 뒤인 11월 11일에 숏 포지션이 발생했다. A기업은 달러/원 환율 상승을 예상한다. 같은 만기일의 선물환율은 1100원이다. A기업이 숏 포지션을 헤지할 수 있는 선물환거래와 장외 통화옵션의 내용은 다음과 같다.

선물환거래: A기업은 11월 11일을 만기일로 B은행과 11억 원을 매도하고 1백만 달러를 매입하는 선물환거래를 한다.

장외 통화옵션: A기업은 11월 9일을 만기일로 B은행과 11억 원을 매도하고 1백만 달러를 매입할 수 있는 권리를 매입한다.

3-1. 옵션매입자와 옵션매도자

옵션매입자는 만기일에 옵션거래에서 정한 어떤 권리만 있다. 한편 옵션매도자는 옵션매입자의 상대방인데, 옵션거래에서 정한 어떤 권리를 매도한다. 그러므로 옵션매도자는 만기일에 의무만 있다.

A기업은 B은행으로부터 1백만 달러를 1100원에 매입할 수 있는 권리를 산 옵션매입자이다. 그 상대방인 B은행은 A기업에게 그 권리를 판 옵션매도자이다.

3-2. 콜옵션

콜옵션(call option)은 옵션매입자가 옵션매도자로부터 어떤 기초자산을 사전에 정한 가격에 매입할 수 있는 것으로 의무가 아닌 권리이다. 통화옵션에서는 한 나라 통화를 매도하고 다른 나라 통화를 매입할 수 있는 권리를 말한다.

A기업은 B은행과 11억 원을 매도하고 1백만 달러를 매입할 수 있는 권리를 매입했다. 이는 달러 콜옵션이다.

3-3. 풋옵션

풋옵션(put option)은 옵션매입자가 옵션매도자에게 어떤 기초자산을 사전에 정한 가격에 매도할 수 있는 의무가 아닌 권리이다. 통화옵션에서는 한 나라 통화를 대가로 다른 나라 통화를 매도할 수 있는 권리이다.

A기업은 B은행과 11억 원을 매도하고 1백만 달러를 매입할 수 있는 권리를 매입했다. 이는 원화 풋옵션이다.

3-4. 행사가격

통화옵션에서는 옵션매입자가 한 나라 통화를 매입 또는 매도할 수 있는 환율이 행사가격(strike price)이다. 주로 같은 만기의 선물환율을 기준으로 정한다. 물론 같은 만기의 선물환율이 아닌 거래일의 현물환율 또는 다른 특정 환율을 사용할 수도 있다.

A기업이 1백만 달러를 11억 원에 매입할 수 있기 때문에 행사가격은 1100원이다.

3-5. 만기일

옵션매입자가 권리행사 여부를 옵션매도자에게 통지할 수 있는 마지막 영업일이다. 만일 옵션매입자가 권리행사를 통지하지 않고 만기일(expiration date)이 지나면 옵션의 권리는 자동적으로 효력이 없어진다. 위의 장외 통화옵션에서는 11월 9일이 만기일이다.

정리하는 코너

American vs European Type Option

아메리칸타입 옵션은 옵션매입자가 계약일부터 만기일까지 언제든지 권리를 행사할 수 있는 옵션이다. 한편 유로피안타입 옵션은 만기일에만 권리를 행사할 수 있는 옵션이다.

장외 통화옵션에서 아메리칸타입 옵션 또는 유로피안타입 옵션 가운데 어느 것을 더 많이 거래할까? 권리를 언제든지 행사할 수 있는 아메리칸타입 옵션이 편리하기 때문에 더 많이 거래할 것이라고 생각할지 모르지만 은행간 또는 대고객 장외 통화옵션의 대부분은 유로피안타입 옵션이다.

3-6. 정산일

아메리칸타입 또는 유로피안타입 옵션에 관계없이 옵션매입자가 권리를 행사하면 두 거래 상대방이 기초자산을 인수도하는 날이다. 장외 통화옵션의 정산일(delivery date)은 만기일부터 주로 2영업일인 날이다.

앞의 장외 통화옵션에서는 만기일이 11월 9일이기 때문에 정산일은 11월 11일(11월 9일부터 11월 11일까지 한국과 미국의 공휴일이 없다고 가정할 때)이다. 통화옵션의 경우 옵션매입자가 권리를 행사하면 만기일이 거래일(T0)인 현물환거래를 하는 것과 같다.

3-7. 옵션프리미엄

쉬어가는 코너 **일상생활이 아닌 …**

강의에서 '옵션'이라는 단어를 들을 때 수강생들은 어떤 단어를 떠올릴까? '콜옵션' 또는 '풋옵션'이라는 단어를 많이 떠올린다. 그리고 내공이 깊은 몇몇 수강생들은 '풋-콜 패리티' 또는 '불스프레드'라고 대답한다.

"피"라고 대답하는 수강생도 있었다. 필자는 그에게 "앞으로는 귀찮더라도 프리미엄이라고 대답하세요. '피'라는 대답을 들으니까 강의실이 아니라 복덕방에 온 것 같잖아요."라고 말한 적이 있다.

강의시간에 가장 듣고 싶은 대답은 무엇일까? 누군가 '피'라고 대답한 옵션프리미엄이다.

이제부터 옵션에서 가장 중요한 용어 하나를 꼽으라면 주저하지 말고 '옵션프리미엄'이라고 대답하라. 위에서 선물환거래와 장외 통화옵션의 거래 내용을 보고 어느 것을 활용하고 싶은가?

대부분은 '의무는 없고 권리만 있는 통화옵션이 좋아요'라고 대답한다. 모든 사람이 무언가를 원해서 소유하려고 하면 공짜가 없는 것처럼 옵션을 매입하려면 옵션프리미엄을 지급해야 한다.

옵션프리미엄(option premium)은 옵션매입자가 옵션매도자에게 옵션거래와 관련되는 권리를 매입하는 것에 대한 대가로 지불하는 비용이다. 주로 옵션계약일부터 2영업일에 지급한다.

정리하는 코너

선도형과 …

옵션형 파생금융상품의 가격이 다르다. 선물환거래로 달러를 선물환율인 1100원에 매입하면 그 때 가격인 선물환율 '1100원'은 만기일에 달러와 원화를 인수도하는 가격이다. 통화선물가격이나 통화스왑 가격도 역시 기초자산을 인수도하는 가격이다.

그러나 1100원 콜옵션의 '1100원'은 기초자산을 인수도하는 행사가격이지 옵션의 가격인 옵션 프리미엄이 아니다.

선도형 파생금융상품의 가격은 기초자산을 인수도하는 가격이다. 그러나 옵션형 파생금융상품의 가격은 옵션프리미엄이다. 이들 둘은 가격조차 다르다.

옵션프리미엄만 지급하면 거래할 수 있는 원금을 크게 늘리는 레버리지효과를 달성할 수 있다. 이런 이유 때문에 옵션을 투기적인 목적으로 많이 사용한다. 옵션프리미엄은 주로 원금의 몇 %로 표시한다.

4. 옵션의 가치

옵션에서 가장 중요한 용어는 옵션프리미엄이다. 옵션프리미엄을 잘 이해하기 위해 옵션의 가치에 대해 알아보자.

행사가격에 따라 옵션의 가치가 달라진다. 예를 들어 행사가격이 각각 1060원, 1080원, 1120원 및 1140원인 콜옵션 가운데 어느 것의 가치가 가장 클까? 정답을 위해 필요한 것은 오로지 건전한 직관뿐이다.

쉬어가는 코너

A기업은 …

3개월 만기로 1백만 달러 숏 포지션이 있다. 환율 상승을 예상하고 있어 달러 선물환거래 매입 또는 달러 콜옵션 매입을 검토한다.

B은행이 선물환율을 1100원으로 고시하면 A기업은 선물환거래를 하든지 말든지 둘 중 하나만 선택할 수 있어 융통성이 거의 없다.

그러나 장외 통화옵션을 활용하는 경우 A기업은 어느 정도 자신의 견해를 반영하여 행사가격을 정할 수 있다. 즉, 선물환율과 같거나 또는 높거나 낮게 정할 수 있어 선물환거래에 비해 융통성이 많아 좋은 대안이다.

선물환율이 1100원일 때 1080원 행사가격의 콜옵션을 보유하고 싶은가? 모든 사람들은 "네"라고 대답한다. 그러면 1120원 행사가격의 콜옵션은 어떤가? 거의 모든 사람이 직관적으로 "아니오"라고 대답한다.

같은 행사가격의 풋옵션은 어떨까? 이 질문에 정확하게 대답하기 위해 필요한 것 역시 건전한 직관이다. 즉, 직관적으로 마음에 들면 "네", 마음에 들지 않으면 "아니오"라고 대답하면 된다.

행사가격	콜옵션	풋옵션
1140	매우 아니오	매우 네
1120	아니오	네
1080	네	아니오
1060	매우 네	매우 아니오

4-1. 옵션가치의 구성

가. 내재가치

선물환율이 1100원일 때 행사가격이 1080원인 콜옵션은 옵션매입자가 옵션을 행사하면 이익이 발생한다. 그리고 행사가격이 1140원인 풋옵션도 옵션매입자가 옵션을 행사하면 이익이 발생한다. 그래서 "네" 또는 "매우 네"라고 대답하고 싶은 옵션이다.

옵션을 행사할 때 발생하는 이익이 내재가치이다. 통화옵션에서는 주로 같은 만기의 선물환율과 행사가격의 차이이다.

콜옵션에서 선물환율인 1100원과 행사가격인 1080원 사이의 차이인 20원이 내재가치이다. 풋옵션에서는 선물환율인 1100원과 행사가격인 1140원 사이의 차이인 40원이 내재가치이다.

나. 시간가치

3개월 선물환율이 1100원일 때 행사가격이 1100원이거나 1120원인 콜옵션을 매입할 때 옵션프리미엄을 지급할까? 아니면 수취할까?

당장 내재가치가 없긴 하지만 만일 이 콜옵션들을 공짜로 살 수 있다면 누구나 거래하려고 한다. 왜냐하면 만기일에 환율이 하락하더라도 손해는 없고, 환율이 상승하면 이익이 발생하기 때문이다. 이런 경우 옵션프리미엄을 지급해야 한다. 세상에 공짜는 없는 법이다.

정리하는 코너

시간가치

3개월 선물환율이 1100원일 때 행사가격이 1100원이거나 1120원인 콜옵션은 내재가치가 없다. 그런데도 옵션프리미엄을 지급하는 것은 옵션프리미엄이 내재가치만으로 구성되지 않았기 때문이다.

옵션프리미엄은 내재가치보다 비싸며, 옵션프리미엄에서 내재가치 이외의 부분이 시간가치이다.

그렇다면 시간가치는 왜 존재하는가? 왜냐하면 만기일까지 3개월이 남아 있기 때문이다. 즉, 만기일까지 환율이 상승해서 매입한 콜옵션이 내재가치를 가질 수 있기 때문이다.

결국 시간가치는 미래의 불확실한 잠재적인 이익을 얻기 위한 대가로 지불하는 일종의 위험프리미엄이다.

4-2. 옵션의 가치상태

가. 내가격상태

옵션이 내재가치를 가지는 상태이다. 위에서 "네" 또는 "매우 네"라고 대답하고 싶은 상태이다. "네"라고 대답하기 때문에 '내가격상태'이다. 직관적으로 이해하면 아주 쉽다.

내가격상태(ITM; In-The-Money)는 콜옵션에서 행사가격이 선물환율보다 낮은 상태이다. 풋옵션에서는 행사가격이 선물환율보다 높은 상태이다.

콜옵션에서 행사가격이 선물환율보다 훨씬 낮은 경우는 심내가격(deep in-the-money)이다. 그 차이가 클수록 옵션가치의 구성에서 내재가치는 커지고 시간가치는 작아진다.

같은 만기의 선물환율이 1100원일 때 아래의 행사가격별로 독자의 직관적인 느낌과 내가격 여부는 다음과 같다.

행사가격	콜옵션	풋옵션
1200	매우 아니오: 내가격상태가 아님	매우 네: 심내가격상태임
1120	아니오: 내가격상태가 아님	네: 내가격상태임
1100	등가격상태	등가격상태
1080	네: 내가격상태임	아니오: 내가격상태가 아님
1000	매우 네: 심내가격상태임	매우 아니오: 내가격상태가 아님

나. 등가격상태

등가격상태(ATM; At-The-Money)는 내재가치가 없고 시간가치만 있는 상태로 행사가격이 선물환율과 같은 상태이다.

다. 외가격상태

옵션이 내재가치는 없고 시간가치만 있는 상태로 콜옵션의 경우 행사가격이 선물환율보다 높은 상태이다. 이런 경우 위에서 "아니오"라고 대답하는 상태이다.

"아니오"를 조금은 신경질적으로 표현하면 "왜?"가 되기 때문에 '외가격상태(OTM; Out-of-The-Money)'이다. 역시 직관적으로 이해하면 매우 쉽다.

정 리 하 는 코 너

풋옵션의 경우 …

행사가격이 선물환율보다 낮은 상태이다. 선물환율과 행사가격 사이의 차이가 큰 경우는 심외가격(deep out-of-the-money) 상태이며, 그 차이가 클수록 시간가치는 작아진다.

라. 한꺼번에 이해하기

콜옵션에서 달러/원 환율에 따른 내재가치와 시간가치의 변화는 다음과 같다. 현재 환율이 행사가격(예를 들면 1100원)보다 아주 낮은 수준인 deep OTM 상태(예를 들면 1000원)일 때 시간가치만 있다. 심외가격상태에서 환율이 행사가격까지 상승(①구간)하면 옵션프리미엄이 증가하지만 모두 시간가치의 증가이다.

환율이 행사가격 위로 상승(②구간)하면 (예를 들면 1200원) 환율의 상승에 따라 옵션프리미엄은 증가한다. 이때 대부분은 내재가치의 증가이며 시간가치는 오히려 감소한다.

【그림 6-1】 콜옵션의 가치상태

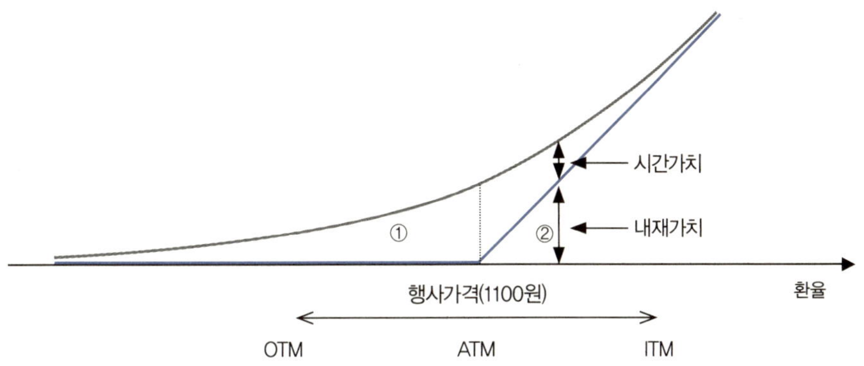

행사가격이 1100원일 때 환율에 따른 콜옵션의 옵션프리미엄에서 내재가치와 시간가치의 구성을 정리하면 다음과 같다.

환 율	내재가치	시간가치	옵션프리미엄
1000원	없음	적음	전액: 시간가치
1100원	없음	최대	전액: 시간가치
1200원	있음	적음	대부분: 내재가치

4-3. 옵션가치의 변화

가. 만기일 이전의 옵션가치

만기일에 옵션은 내재가치만 가지며, 행사가격과 만기일 현물환율의 차이이다. 그러나 만기일 이전에 옵션은 내재가치와 시간가치를 가진다.

이때 옵션가치는 내재가치(만기손익구조의 하키스틱처럼 꺾어진 점선으로 된 직선)와 시간가치(아주 매끈한 곡선)의 합이기 때문에 곡선이다.

【그림 6-2】 만기일 이전의 옵션가치

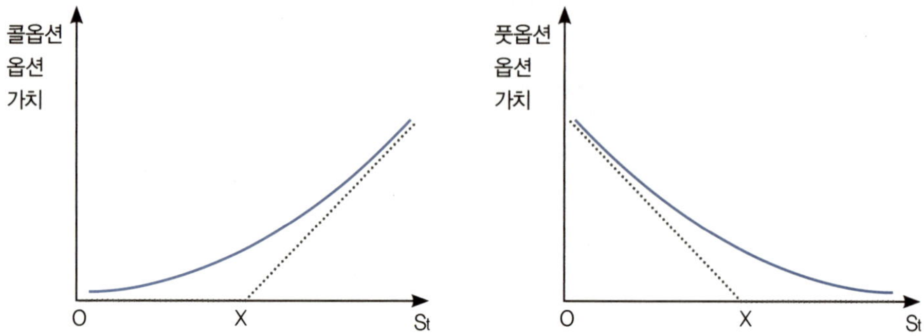

정리하는 코너

옵션의 리스크관리가 힘든 이유?

선도형 파생금융상품은 만기 이전에 직선이기 때문에 매입(또는 매도) 포지션은 매도(또는 매입) 포지션으로 헤지하면 된다.

그러나 옵션은 만기 이전에 매끈한 곡선이기 때문에 리스크를 쉽게 관리할 수 있는 선도형 파생금융상품보다 복잡하다. 그 곡선을 미분한 개념인 델타 그리고 감마, 베가, 쎄타 및 로우 등의 소위 'Greeks'를 활용한다. 상세한 내용은 다양한 참고 도서들에서 익히도록 한다.

나. 만기일의 옵션가치

옵션에서 시간가치가 매우 중요하다. 즉, 옵션가치는 시간의 흐름에 큰 영향을 받는다. 만기일에 시간가치는 소멸하고 내재가치(만기손익구조의 하키스틱처럼 꺾어진 직선)만 남기 때문에 곡선이 아니라 꺾어진 직선이다.

【그림 6-3】 만기일의 옵션가치

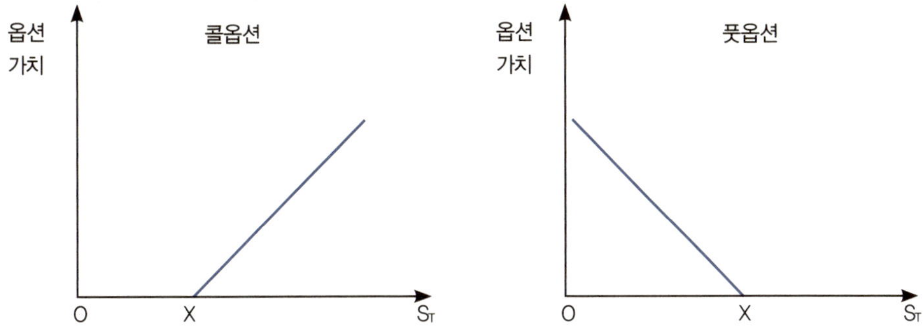

5. 옵션프리미엄

옵션에서 가장 중요한 옵션프리미엄에 대해 살펴보자. 선물환거래와 장외 통화옵션의 만기 손익구조의 차이점 및 옵션프리미엄을 수취 또는 지급하는 이유 등에 대해서 건전한 직관을 활용하여 완전히 이해하자.

5-1. 옵션매입자는 왜 옵션프리미엄을 지급할까?

앞에서 '옵션프리미엄은 옵션매입자가 옵션매도자에게 옵션거래와 관련되는 권리를 매입하는 것에 대한 대가로 지급하는 비용이다'라고 했다. 상식적으로 충분히 이해할 수 있다. 즉, 옵션매입자는 만기에 의무는 없이 권리만 가지기 위해 반대급부인 옵션프리미엄을 지급한다.

여기서는 위에서 예를 든 선물환거래와 장외 통화옵션(콜옵션 매입)을 대상으로 만기일의 달러/원 현물환율이 1080원 또는 1120원인 시나리오를 통해 더 쉽게 이해하자.

가. 선물환거래의 만기손익구조

1) 달러/원 현물환율이 1080원인 경우

만기일 환율이 1080원이 되더라도 A기업은 B은행으로부터 달러를 1100원에 매입한다. 왜냐하면 선물환거래는 만기일에 '권리와 의무'가 동시에 존재하기 때문이다. 즉, 만기일 환율이 1080원이 되더라도 1100원에 달러를 매입할 의무가 있다.

2) 달러/원 현물환율이 1120원인 경우

만기일 환율이 1120원이 되더라도 A기업은 B은행으로부터 달러를 1100원에 매입한다. 왜냐하면 선물환거래는 만기일에 '권리와 의무'가 동시에 존재하기 때문이다. 즉, 만기일 환율이 1120원이 되더라도 1100원에 달러를 매입할 수 있는 권리가 있다.

나. 장외 통화옵션(콜옵션 매입)의 만기손익구조

1) 달러/원 현물환율이 1080원인 경우

정리하는 코너

만기일 환율이 …

1080원이 되면 A기업은 현물환시장에서 달러를 1080원에 매입한다. 왜냐하면 옵션매입자인 A기업은 권리만 있기 때문이다. 즉, 만기일 환율이 1080원이 되면 1100원에 달러를 매입할 수 있는 권리를 포기하고 현물환시장에서 1080원에 매입한다.

2) 달러/원 현물환율이 1120원인 경우

만기일 환율이 1120원이 되더라도 A기업은 B은행으로부터 달러를 1100원에 매입한다. 왜냐하면 옵션매입자인 A기업은 권리가 있기 때문이다. 즉, 만기일 환율이 1120원이 되면 1100원에 달러를 매입할 수 있는 권리를 행사한다.

다. 옵션프리미엄을 지급하는 이유: 직관적으로 이해하기

A기업이 B은행과 선물환거래를 할 때 수수료만 지급한다. 왜냐하면 선물환거래를 할 때 A기업은 만기일에 선물환거래에 따라 이익이 날지 손해가 발생할지 모르기 때문이다.

만기일 환율은 선물환율보다 높을 수도 있고 낮을 수도 있으며, 그 확률은 반반이다. 그러므로 수수료 이외에 옵션프리미엄과 같은 추가 비용을 지급할 아무런 이유가 없다.

쉬어가는 코너

아파트 가격이 …

폭등했던 2004년에 아파트 분양 경쟁률은 엄청나게 높았다. 목이 좋은 곳에 당첨되면 로또나 마찬가지였다. 당첨이 되면 웃돈을 얹어 매매하는 '피'가 엄청났다.

그러나 2012년에 부동산 경기가 형편 없을 때 아파트에 당첨된 사람이 부동산중개소에 가서 '피'를 얼마 받을 수 있냐고 물으면, 공인중개사는 피식 웃고 말았을 것이다.
'피'는 향후 아파트 가격의 상승 기대감이 팽배할 때 아파트를 분양받을 수 있는 권리(일종의 콜옵션)에 대한 수요가 있을 때 형성되며, 그 '피'가 옵션프리미엄과 같다.

그래서 콜옵션을 매입할 때는 수수료뿐만 아니라 옵션프리미엄을 지급한다. 왜냐하면 콜옵션을 매입하면 옵션매입자는 권리를 가지며, 유리할 때 그 권리를 행사하면 확실한 이익을 확보할 수 있기 때문이다. 또 다시 세상에 공짜는 없는 법이다.

라. 옵션프리미엄을 지급하는 이유: 만기손익구조를 보고 이해하기

1) 선물환거래의 경우

A기업이 선물환거래를 활용하여 선물환율 1100원에 달러를 매입한 경우의 만기손익구조(②)는 다음과 같다.

【그림 6-4】 선물환거래의 만기손익구조

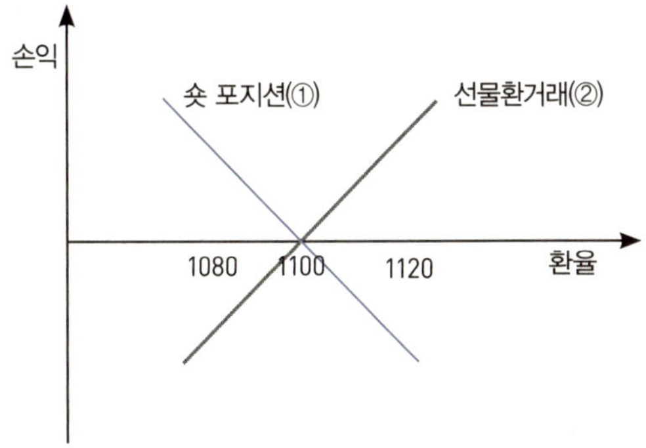

만기일 환율이 1120원이 되더라도 A기업은 1100원에 달러를 매입할 수 있어 20원의 이익이 발생한다. 한편 달러/원 현물환율이 1080원이 되더라도 A기업은 1100원에 달러를 매입해야 하기 때문에 20원의 손실이 발생한다.

숏 포지션(①)을 헤지하지 위한 선물환거래의 만기손익구조(②)는 대칭적이다. 즉, 기울기가 45도(또는 기울기가 1)인 우상향하는 직선이다.

2) 장외통화옵션(콜옵션 매입)

A기업이 1100원 행사가격의 등가격 콜옵션을 매입한 경우 내재가치(②)는 다음과 같다.

【그림 6-5】 콜옵션 매입의 내재가치

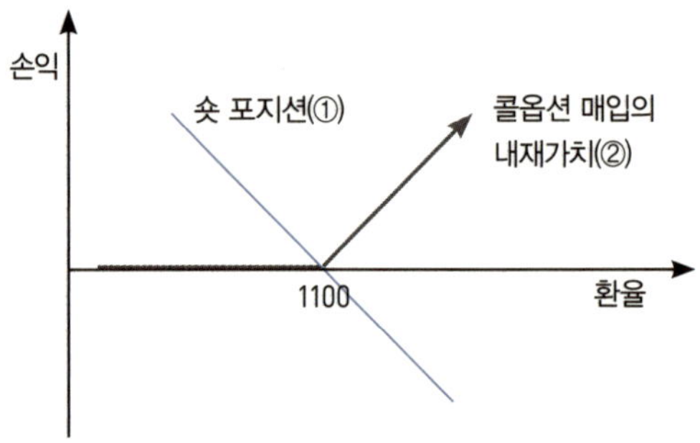

만기일 환율이 1120원이 되면 A기업은 1100원에 달러를 매입할 수 있는 권리를 행사해서 20원의 이익이 발생한다.

한편 환율이 1080원이 되면 A기업은 1100원에 달러를 매입할 수 있는 권리를 포기하고 현물환율인 1080원에 달러를 매입할 수 있기 때문에 손실이 발생하지 않는다.

숏 포지션(①)을 헤지하지 위한 콜옵션을 매입한 장외 통화옵션의 내재가치(②)는 대칭적이지 않고 비대칭적이다. 즉, 달러/원 환율이 1120원이 되면 20원의 이익이 발생하고 1080원이 되더라도 손실이 발생하지 않는다.

정 리 하 는 코 너

결코 그런 일이 …

있을 수 없지만 콜옵션을 매입할 때 옵션프리미엄(비용)을 지급하지 않아도 된다면 그 전략을 보유하고 싶은가 아니면 보유하고 싶지 않는가? 누구나 보유하고 싶다고 대답한다.

수업시간에 강의실에서 수강생이 "콜옵션을 매입할 때 비용을 지급하지 않아도 된다면 그 전략을 거래하고 싶은가요?"라고 질문하면 필자는 '당근 두 박스!'라고 대답한다.

모든 사람들이 그 거래를 하고 싶다고 아우성을 친다. 그래서 당연히 대가를 지불하며, 그것이 옵션프리미엄이다.

결국 콜옵션 매입의 내재가치에 지급하는 옵션프리미엄을 감안하면 만기손익구조는 다음과 같다.

【그림 6-6】 콜옵션 매입의 만기손익구조

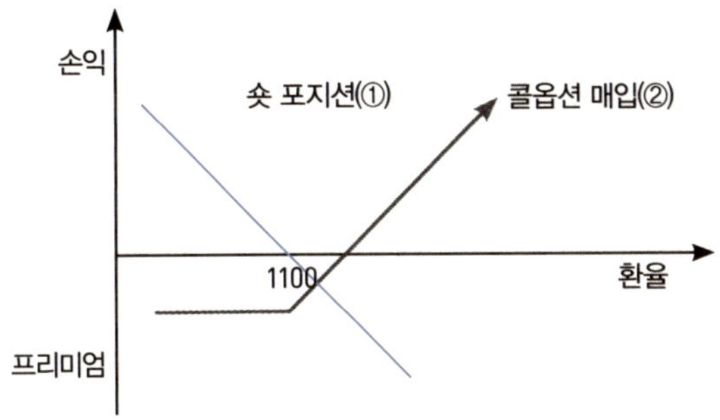

5-2. 옵션프리미엄 결정 요소

옵션의 비대칭적인 만기손익구조는 선도형 파생금융상품의 대칭적인 만기손익구조와 대비되면서 아주 탄력적인 면이 있다. 그러나 옵션을 매입하기 위해서 지급할 옵션프리미엄이 너무 비싸기 때문에 매우 부담스럽다.

정리하는 코너

통화옵션의 옵션프리미엄 결정 요소

① 옵션계약의 내용: 만기일, 행사가격

② 옵션의 기초자산: 현물환율, 환율변동성, 스왑포인트

이 가운데 통화옵션을 활용하는 거래자가 결정할 수 있는 요소는 행사가격과 만기일이다. 시장에서 주어지는 요소는 현물환율, 스왑포인트 및 환율변동성이다.

앞에서 선도형 파생금융상품들의 가격을 알아보았다. 옵션프리미엄은 이들보다 매우 복잡한 블랙-숄즈 옵션가격모델(Black-Scholes option pricing모델)로 산출한다.

옵션딜러들 조차 단순한 계산기로 산출할 수 없다. 주로 외주 프로그램을 사용한다. Black-Scholes모델을 수정한 Garman-Kohlagen모델로 통화옵션의 옵션프리미엄을 산출한다.

통화옵션은 파생금융상품 가운데 하나이다. 그러므로 출발점인 현물환율과 스왑포인트는 당연히 통화옵션의 옵션프리미엄을 결정하는 중요한 요소들이다. 다음은 남아 있는 행사가격, 만기일 및 환율변동성이 옵션프리미엄 결정에 미치는 영향을 살펴보자.

가. 행사가격

현물환율, 스왑포인트 및 만기일이 같을 때 행사가격이 달라지면 옵션프리미엄은 달라진다. 즉, 내가격, 등가격 및 외가격상태에 따라 옵션프리미엄이 달라진다.

콜옵션은 행사가격이 낮을수록, 풋옵션은 행사가격이 높을수록 옵션프리미엄은 커진다.

나. 만기일

현물환율, 스왑포인트 및 행사가격이 같을 때 만기일까지 기간에 따라 옵션프리미엄은 달라진다. 예를 들어 행사가격이 1100원인 콜옵션을 매입할 때 만기가 1개월 또는 3개월 가운데 어느 것의 옵션프리미엄이 더 비쌀까?

당연히 3개월 만기 콜옵션이 더 비싸다. 만기일이 많이 남아 있을수록 보유한 외가격 또는 등가격옵션이 내가격옵션이 될 가능성이 있기 때문에 시간가치가 커진다.

다. 변동성

1) 변동성의 개념

옵션프리미엄은 내재가치와 시간가치의 합이다. 이 둘 가운데 어느 것이 더 중요할까? 내재가치는 단순히 행사가격과 환율의 차이이다. 그러므로 시간가치가 더 중요하다.

정 리 하 는 코 너

시간가치를 알려면 …

선도형 파생금융상품의 가격을 산출할 때 들어보지 못한 새로운 용어를 이해해야 한다. 3개월 만기의 달러 콜옵션의 옵션프리미엄을 산출한다고 가정하자.

콜옵션을 거래하려는 현재와 이전 3개월 사이에 달러/원 환율이 움직였던 변동폭이 컸는지 또는 적었는지를 알아야 된다. 즉, 지난 3개월 동안 환율의 움직임을 표준편차로 구한 변동성(volatility)을 알아야 한다.

그러나 지난 3개월 동안 환율의 움직임을 표준편차로 구한 것은 과거이고, 중요한 것은 지금부터 앞으로 3개월 동안 환율의 표준편차는 어느 정도가 될 것인가 하는 부분이다.

앞으로 3개월 동안 달러/원 환율이 움직이는 폭이 지난 3개월과 비교해서 더 커질지 또는 적어질지를 예상해보자. 환율의 변동폭이 이전보다 적어질 것으로 예상한다면 비싼 옵션프리미엄을 지급하면서 옵션을 매입하지는 않는다.

그러나 지금부터 환율이 움직이는 변동폭이 커질 것으로 예상한다면 헤지를 하기 위해 옵션을 매입하려는 수요는 증가한다. 그러면 옵션프리미엄은 비싸진다.

옵션매입자에게 옵션은 일정한 가치를 지니는 자산적인 계약이지만 옵션매도자에게는 잠재적인 위험이다. 그러므로 그 위험은 변동성이 심할수록 높아진다. 따라서 변동성이 상승할 것이라고 예상할수록 그 변동성을 기초로 하는 옵션프리미엄은 커진다.

정리하는 코너

변동성!

옵션프리미엄을 결정하는 다섯 요소 가운데 가장 중요한 것은 무엇일까? 이들 가운데 통화옵션을 거래하는 시점에 객관적으로 알 수 없는 것은 어느 것인가?

행사가격, 만기일, 현물환율 및 스왑포인트는 객관적인 요소들이며 거래할 때 알 수 있다.

그러나 환율변동성은 시장참가자의 주관적인 기대치이다. 거래할 때 예상한 환율변동성과 실현된 환율변동성은 다를 수 있다. 그래서 통화옵션을 거래한다는 것은 곧 환율변동성을 거래하는 것으로 이해할 수 있다.

2) 변동성의 종류

현재 옵션시장의 옵션프리미엄을 결정하는 시장변동성(market volatility)과 과거의 환율변동으로부터 계산한 과거변동성(historical volatility)이 있다. 전자는 만기일까지 환율의 변동폭에 대한 옵션시장 참가자들의 주관적인 기대치이며, 옵션시장의 변동성에 대한 수급에 따라 결정된다.

물론 그 기대치는 최근 환율변동의 정도에 영향을 받는다. 환율이 현재 시세에 오랜 동안 정체되고 특별한 환율변동 요인이 등장하지 않으면 당분간 환율이 적게 움직일 것이라는 예상이 많아져 시장변동성도 낮아진다.

한편 과거변동성은 과거의 환율변동의 표준편차로 산출한다. 이때 대상이 되는 환율은 도쿄 외환시장 또는 뉴욕 외환시장의 종가 등을 일관성 있게 적용하여 산출한다.

그리고 내재변동성(implied volatility)은 옵션시장에서 거래하는 옵션프리미엄 시세에서 역산하여 산출한 변동성이다.

제2절 옵션전략

여기서는 계속해서 통화옵션을 예로 들어 옵션전략을 설명하며, 이는 주식 등 다른 기초자산을 대상으로 거래하는 옵션전략과 그 원리는 같다.
옵션전략은 크게 ① 표준형전략, ② 변동성전략, ③ 스프레드 전략 ④ 장외(OTC)에서 자주 거래하는 전략 등으로 나눈다.

1. 옵션전략의 기초 이해

1-1. 너무나 단순한 외환딜러의 전략

달러/원 은행간 딜러(속칭 '딱쇠 딜러')는 오로지 환율의 방향만 알면 큰돈을 번다. 만일 그가 환율 방향에 대해 감을 잡지 못하면 초등학교에 다닐 때 시험시간에 활용한 비법을 원용(?)하면 된다.

연필에 '상, 하, 상, 하'라고 새기고 굴려서 '상'이 나오면 롱 포지션을, '하'가 나오면 숏 포지션 전략을 취하면 되니 얼마나 간단한가? 그렇게 보면 은행간 딜러들이 연봉을 너무 많이 받는 것은 아닐까?

물론 이 말은 농담이다. 그들이 롱 또는 숏 포지션을 선택하는 것과 초단위로 변하는 환율의 방향에 따라 순식간에 포지션을 바꾸는 것은 캄캄한 바다에서 집채만한 파도와 사투를 하는 선장에 비길 수 있다.

1-2. 조금 복잡한 옵션딜러의 전략

쉬어가는 코너

옵션딜러는 …

환율방향보다 만기일까지 환율변동성이 더 중요하다. 만일 그가 어떤 전략으로 거래할지 감을 잡지 못하고 있다면, '확대, 축소, 확대, 축소'라고 새긴 연필과 '상, 하, 상, 하'라고 새긴 연필 두 자루를 동시에 굴리면 된다.

옵션딜러는 연필 두 자루를 동시에 굴리기 때문에 사무실 내에서 담당 부서장에게 자신의 행동을 들킬 가능성이 훨씬 높아서 외환딜러보다 많은 연봉을 받는다. 이 말도 역시 농담이다.

롱 또는 숏 포지션의 두 가지 전략만 거래하는 외환딜러보다 옵션딜러의 전략이 더 다양하고 재미있을 것이라고 쉽게 짐작할 수 있다.

1-3. 환율방향보다 환율변동성!

표준형전략을 쉽게 이해할 수 있도록 옵션딜러는 환율변동성과 환율방향에 대한 견해를 바탕으로 옵션을 거래한다고 단순하게 설명한다. 아래 빈칸을 채워보자. 표준형전략을 완벽하게 이해해야 다른 복잡한 전략을 쉽게 이해할 수 있다.

표 6-1 표준형전략

구 분		환율변동성에 대한 견해	
		확 대	축 소
환율방향에 대한 견해	상 승	①	③
	하 락	②	④

옵션딜러는 먼저 만기일까지 환율변동성이 확대 또는 축소될지 예상한다. 환율변동성이 확대될 것으로 예상하면 옵션을 매입한다. 왜냐하면 시장참가자들이 환율변동성이 확대될 것으로 예상하여 옵션을 매수하면 옵션프리미엄이 비싸지기 때문이다.

그러므로 옵션프리미엄이 비싸지기 전에 옵션을 매입했다가 나중에 비싸게 매도하면 된다.

그런데 옵션에는 콜옵션과 풋옵션이 있다. 환율변동성이 상승할 것으로 예상하는 경우 환율방향에 대한 견해에 따라 콜옵션 또는 풋옵션을 매입할지 결정한다. 이와 같은 논리로 위의 빈칸을 채울 수 있다.

1–4. '네' 또는 '아니오'로 만기손익을 산출하기

여기서는 통화옵션을 투기목적으로 거래한다고 가정하자. 그리고 3개월 만기 선물환율은 1100원이고 행사가격이 1100원인 콜옵션과 풋옵션 옵션프리미엄은 단순하게 bid rate 또는 offered rate를 무시하고 각각 20원이라고 가정하자.

만기일 환율은 1160원, 1120원, 1100원, 1080원 및 1040원이라고 가정하고, 표준형전략을 공부할 때 다음의 빈칸들을 채워서 만기손익을 구해보자.

표 6–2 만기일 환율 시나리오별 만기손익

만기일 환율(S_T)	내재가치(ⓐ)	옵션프리미엄(ⓑ)	만기손익(ⓒ)
1160			
1120			
1100			
1080			
1040			

정 리 하 는 코 너

옵션전략의 …

만기손익은 무엇으로 구성되는가? 옵션은 만기일에 내재가치만 있다. 내재가치와 옵션을 거래할 때 지급하거나 수취한 옵션프리미엄을 합하면 만기손익이다.

2. 표준형전략 익히기

2-1. 콜옵션 매입

〈표 6-1〉의 ①번에 해당되는 전략이다. 즉, 만기일까지 환율변동성이 확대되고 환율이 상승할 것으로 예상할 때 적절한 투기목적의 전략이다.

특히 현재의 시장변동성이 낮고 앞으로 높아질 것으로 예상할 때 적절하다. 왜냐하면 콜옵션을 매입할 때 지급할 옵션프리미엄이 적기 때문이다.

쉬어가는 코너

〈표 6-2〉를 채우기 위해 필요한 것은 건전한 직관뿐!

콜옵션을 매입한 경우 만기일 환율 시나리오별로 〈표6-2〉를 채워보자. 만기일 환율이 1160원이 되면 '네'라고 대답하고 싶은가? 아니면 농담으로 '왜?' 라고 대답하고 싶은가? 행사가격이 1100원인데 만기일 환율이 1160원이면 권리를 행사하기 때문에 '네'라고 대답한다.

ⓐ칸은 +60이다. 만기일 환율은 1160원이지만 달러를 1100원에 살 수 있어 60원의 이익이 발생하기 때문이다. 즉, 내재가치는 +60이다.

ⓑ칸은 콜옵션을 매입할 때 옵션프리미엄 20원을 지급하기 때문에 −20이다.

ⓒ칸은 +40이다. 즉, 콜옵션을 행사해서 60원의 이익이 발생하지만 옵션프리미엄으로 지급한 20원을 감안하면 이익은 40원이다.

예상과 달리 환율이 하락하여 1040원이 되면 '왜?"라고 대답하고 싶어져 1100원에 달러를 살 수 있는 권리를 포기하기 때문에 ⓐ칸은 −60이 아니라 0이다. 즉, 내재가치는 없다.

ⓑ칸은 1160원일 때와 같이 −20이다. 왜냐하면 이미 지급한 옵션프리미엄 20원의 손실이 발생했기 때문이다. ⓒ칸은 −20이 되어 추가 손실은 없으며, 이미 지급한 옵션프리미엄만큼으로 최대 손실을 제한할 수 있다.

다른 환율에 대해서도 같은 맥락에서 정리하면 다음과 같다. 손익분기점은 행사가격과 옵션프리미엄을 합한 1120원이다.

표 6-3 콜옵션 매입의 만기일 환율 시나리오별 만기손익

만기일 환율(S_T)	내재가치(ⓐ)	옵션프리미엄(ⓑ)	만기손익(ⓒ)
1160	60	−20	+40
1120	20	−20	0
1100	0	−20	−20
1080	0	−20	−20
1040	0	−20	−20

한편 숏 포지션이 있는 A기업이 헤지목적으로 선물환거래의 대안으로 콜옵션을 매입할 수 있다. A기업은 앞으로 환율이 하락하길 바라지만 만일 환율이 오르면 발생할 수 있는 환리스크를 관리하기 위해 활용할 수 있다. 즉, 환율이 아무리 상승해도 손익분기점인 1120원에 달러를 살 수 있다.

만일 환율이 떨어지면 콜옵션을 행사하지 않고 현물환시장에서 달러를 싸게 사서 결제한다. 지급한 옵션프리미엄 20원으로 최대 손실을 제한하려는 전략이다.

특히 입찰에 참가하는 B기업은 입찰의 낙찰여부를 사전에 알 수 없기 때문에 선물환거래를 하는 것보다 통화옵션을 이용하는 것이 보다 탄력적이다.

선물환거래를 하면 입찰에 떨어지더라도 필요 없는 달러를 매입한다. 그러나 통화옵션을 이용하면 낙찰여부에 따라 통화옵션을 행사하거나 매입한 통화옵션을 매도할 수 있기 때문이다.

정 리 하 는 코 너

만기손익을 구하는 두 가지 방법

먼저 〈표 6-3〉에서 구한 것처럼 만기일의 내재가치에 옵션프리미엄을 동시에 감안하는 방법(ⓒ에만 관심)이며, 대부분의 책에서 설명하는 방법이다.

본서에서 시도하는 색다른 방법은 만기일의 내재가치 존재 여부를 확인(ⓐ를 확인)한 뒤, 그 전략을 거래하기 위해 지급 또는 수취(ⓑ를 확인)하는 옵션프리미엄을 나누어서 감안하는 것이다.

옵션프리미엄 지급 또는 수취 여부는 다음과 같다. 내재가치가 있어서 직관적으로 그 옵션을 거래하고 싶은 경우 옵션프리미엄을 지급한다. 반대로 내재가치가 없고 그 옵션을 거래하고 싶지 않을 경우 옵션프리미엄을 수취한다.

여기서 내재가치 존재 여부를 확인하는 방법은 직관적으로 판단할 수 있다. 옵션의 권리행사 여부에 대한 질문에 '네'라고 대답하고 싶으면 내재가치가 있는 전략이다. 또는 그래프의 X축에서 우상향(콜옵션 매입)하거나 좌상향(풋옵션 매입)할 때이다.

가. 콜옵션 매입의 내재가치

콜옵션 매입은 손실이 없거나 이익이 발생하기 때문에 내재가치가 존재한다. 즉, 만기일에 환율이 1100원 이상이 되면 이익이 발생하고, 환율이 1100원 아래로 떨어지더라도 손실이 발생하지는 않기 때문에 내재가치(ⓐ)가 존재한다.

【그림 6-7】 콜옵션 매입의 내재가치

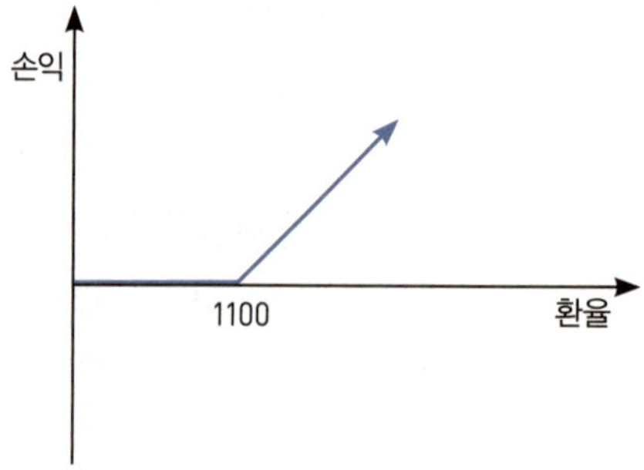

나. 콜옵션 매입의 만기손익구조

위와 같이 내재가치가 있는 경우 옵션프리미엄을 지급(ⓑ)한다고 했다. 결국 콜옵션을 매입할 때 지급한 옵션프리미엄 20원을 감안한 만기손익구조는 다음과 같다.

이것은 위에서 설명한 첫 번째 방법의 결과와 같으며, 표 6-3의 만기손익(ⓒ)을 그림으로 표현하면 다음의 그림 〈6-8〉과 같다.

【그림 6-8】 콜옵션 매입의 만기손익구조

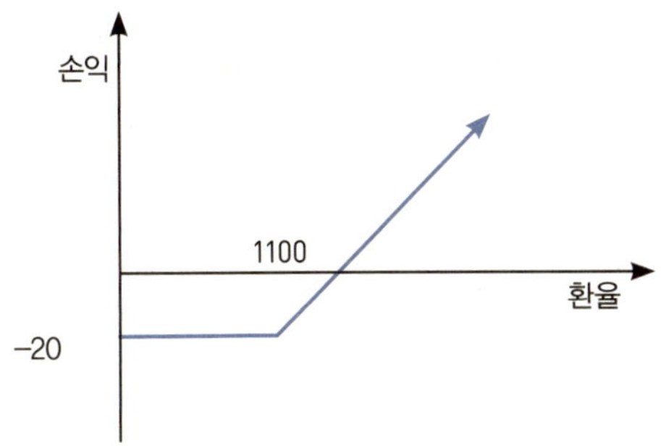

2-2. 콜옵션 매도

〈표 6-1〉의 ④에 해당하는 전략이다. 만기일 환율이 현재의 현물환율 수준에서 횡보국면 또는 약보합세를 보일 것으로 예상할 때 사용하는 투기목적의 전략이다.

위에서 콜옵션을 매입할 때처럼 환율에 따른 내재가치와 만기손익을 먼저 공부한 뒤 아래 정답과 비교해보라.

표 6-4 콜옵션 매도의 만기일 환율 시나리오별 만기손익

만기일 환율(S_T)	내재가치(ⓐ)	옵션프리미엄(ⓑ)	만기손익(ⓒ)
1160	-60	+20	-40
1120	-20	+20	0
1100	0	+20	+20
1080	0	+20	+20
1040	0	+20	+20

예상과 달리 환율이 급등해서 1160원이면 옵션매입자가 권리를 행사하면 옵션매도자는 1100원에 매도하기 때문에 60원(ⓐ)의 손실이 발생한다. 콜옵션을 매도할 때 수취(ⓑ)한 옵션 프리미엄 20원을 감안하면 40원의 손실(ⓒ)이 발생한다.

이론적으로는 무한대의 손실이 발생할 수 있다. 현재 시장변동성이 높고 앞으로 떨어질 것이라고 예상할 때 적절한 전략이라 할 수 있다. 왜냐하면 시장변동성이 높을 때 옵션을 매도하면 옵션프리미엄을 많이 수취하기 때문이다.

예상대로 환율이 1100원 수준 또는 그 아래로 하락하면 옵션매입자가 콜옵션을 행사하지 않기 때문에 수취한 옵션프리미엄 20원의 제한적인 이익이 발생한다. 손익분기점은 행사가격과 옵션프리미엄을 합한 1120원이다.

가. 콜옵션 매도의 내재가치

콜옵션을 매도했을 때 이익은 발생하지 않고 손실이 발생하기 때문에 내재가치가 존재하지 않는다. 즉, 만기일에 환율이 1100원 위로 상승하면 이론적으로 무한대의 손실이 발생하고, 환율이 1100원 아래로 하락하더라도 이익은 발생하지 않는다.

【그림 6-9】 콜옵션 매도의 내재가치

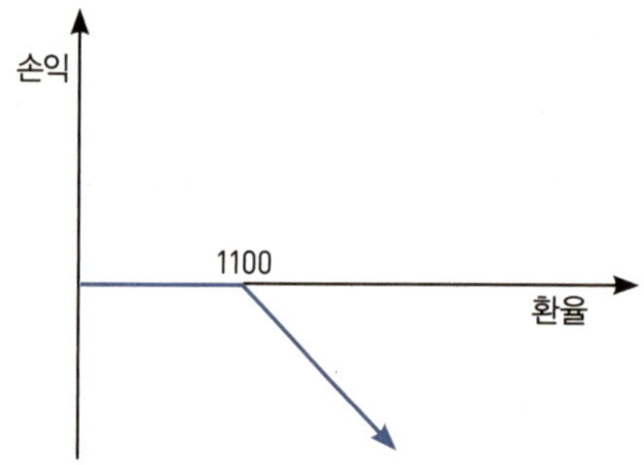

나. 콜옵션 매도의 만기손익구조

콜옵션을 매도할 때 아무런 반대급부가 없다면 어느 누구도 이 전략을 거래하고 싶지 않을 것이다. 그렇기 때문에 옵션프리미엄을 수취하고 이 전략을 거래한다.

따라서 만기손익구조는 다음과 같다(그림 6-10). 이것은 〈표 6-4〉의 만기손익을 그림으로 나타낸 것이다.

【그림 6-10】 콜옵션 매도의 만기손익구조

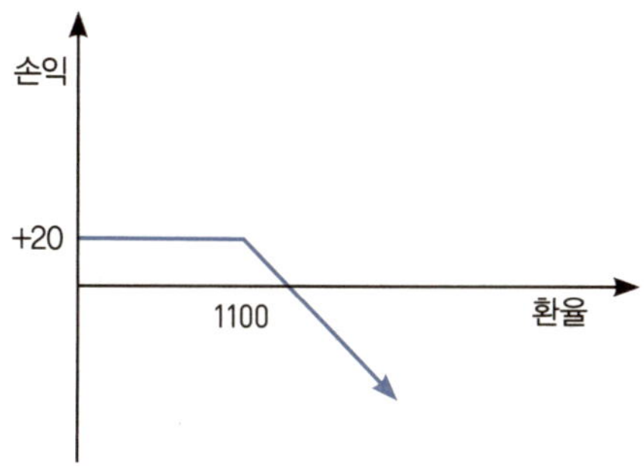

2-3. 풋옵션 매입

〈표 6-1〉의 ②에 해당하는 전략이다. 만기일 환율이 크게 떨어질 것으로 예상하는 투기자에게 적절한 투기목적의 전략이다.

특히 현재 시장변동성이 낮고 앞으로 높아질 것으로 예상할 때 적절하다. 왜냐하면 옵션을 매입할 때 지급할 옵션프리미엄이 싸기 때문이다.

표 6-5 풋옵션 매입의 만기일 환율 시나리오별 만기손익

만기일 환율(S_T)	내재가치(ⓐ)	프리미엄(ⓑ)	만기손익(ⓒ)
1160	0	−20	−20
1120	0	−20	−20
1100	0	−20	−20
1080	+20	−20	0
1040	+60	−20	+40

만기일에 환율이 올라 1160원이 되면 옵션프리미엄인 20원의 손실이 발생한다. 한편 만기일 환율이 1040원이 되면 당시 현물환율은 1040원이지만 달러를 1100원 매도할 수 있어 60원(ⓐ)의 이익이 발생한다. 이미 지급한 옵션프리미엄 20원(ⓑ)을 감안하면 40원(ⓒ)의 이익이 발생한다. 손익분기점은 행사가격에서 옵션프리미엄을 뺀 1080원이다.

환율이 떨어질 것으로 예상할 때 수출기업이 롱 포지션을 헤지하기 위해 선물환 매도의 대안으로 헤지목적으로 활용할 수 있는 전략이다. 물론 만기일에 선물환거래 매도헤지와 풋옵션 매입헤지의 결과는 다르다.

가. 풋옵션 매입의 내재가치

풋옵션 매입은 손실이 없거나 이익이 발생하기 때문에 내재가치가 존재한다. 만기일 환율이 1100원 이상이 되더라도 손실이 발생하지 않는다.

환율이 1100원 아래로 떨어지면 1100원에 달러를 매도할 수 있는 권리를 행사하여 이익이 발생한다. 풋옵션을 매입한 경우 만기일 환율이 얼마가 되더라도 손실이 발생하지 않는다.

【그림 6-11】 풋옵션 매입의 내재가치

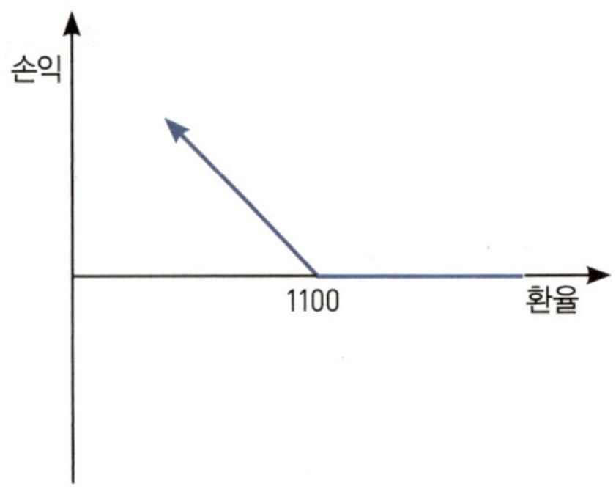

나. 풋옵션 매입의 만기손익구조

풋옵션을 매입할 때 옵션프리미엄을 지급하지 않아도 된다면 누구나 그 전략을 거래하려고 한다. 그렇기 때문에 옵션프리미엄을 지급하지 않고서는 풋옵션을 매입할 수 없다.

그래서 옵션프리미엄 20원을 감안한 만기손익구조는 아래와 같다. 이것은 〈표 6-5〉의 만기손익을 그림으로 나타낸 것이다.

【그림 6-12】 풋옵션 매입의 만기손익구조

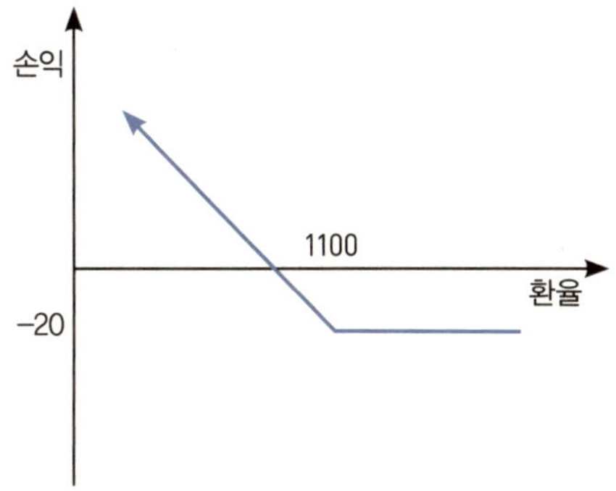

2-4. 풋옵션 매도

〈표 6-1〉의 ③에 해당하는 전략이다. 만기일 환율이 현재의 현물환율 수준에서 횡보국면 또는 강보합세를 보일 것으로 예상할 때 사용하는 투기목적의 전략이다.

현재 거래되는 시장변동성이 높고 앞으로 낮아질 것으로 예상할 때 적절하다. 왜냐하면 풋옵션을 매도할 때 수취할 옵션프리미엄이 크기 때문이다.

표 6-6 풋옵션 매도의 만기일 환율 시나리오별 만기손익

만기일 환율(S_T)	내재가치(ⓐ)	프리미엄(ⓑ)	만기손익(ⓒ)
1160	0	+20	+20
1120	0	+20	+20
1100	0	+20	+20
1080	−20	+20	0
1040	−60	+20	−40

만기일에 예상과 달리 환율이 급락하여 1040원이 되면 풋옵션 매입자가 옵션을 행사하여 1100원에 달러를 매입하기 때문에 60원(ⓐ)의 손실이 발생한다. 여기서 풋옵션을 매도할 때 수취한 옵션프리미엄 20원(ⓑ)을 감안하면 40원(ⓒ)의 손실이 발생한다.

예상대로 환율이 1100원 아래로 하락하지 않고 상승하면 옵션매입자가 풋옵션을 행사하지 않기 때문에 수취한 옵션프리미엄 20원의 제한적인 이익이 발생한다. 손익분기점은 행사가격에서 옵션프리미엄을 뺀 1080원이 된다.

가. 풋옵션 매도의 내재가치

풋옵션 매도의 경우 이익이 없거나 손실이 발생하기 때문에 내재가치는 존재하지 않는다. 만기일 환율이 1100원 이하이면 손실이 발생하고, 환율이 1100원 위에 있더라도 이익이 발생하지 않는다.

【그림 6-13】 풋옵션 매도의 내재가치

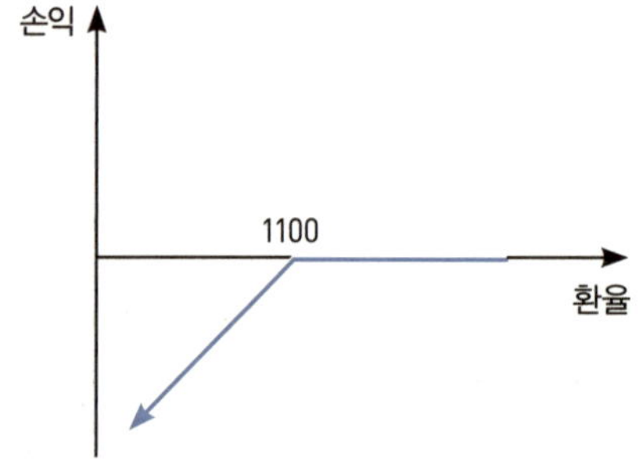

나. 풋옵션 매도의 만기손익구조

풋옵션을 매도할 때 아무런 대가가 없다면 아무도 이 전략을 거래하고 싶어하지 않는다. 그렇기 때문에 옵션프리미엄을 수취하고 이 전략을 거래한다.

옵션프리미엄을 감안한 만기손익구조는 아래와 같다. 이것은 〈표 6-6〉의 만기손익을 그림으로 나타낸 것이다.

【그림 6-14】 풋옵션 매도의 만기손익구조

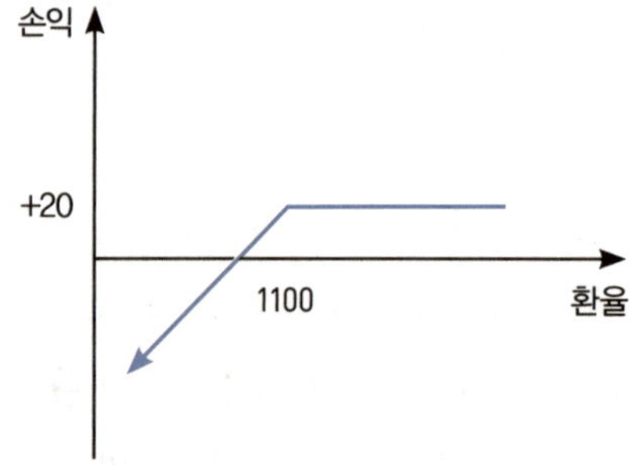

2-5. 표준형전략의 내재가치 정리와 변동성에 대한 재해석

위의 표준형전략의 내재가치를 한꺼번에 표시하면 다음과 같다. 이것은 옵션전략 공부에서 가장 중요하다. 왜냐하면 이들 표준형전략들을 합성하여 다양한 만기손익구조를 만들 수 있기 때문이다.

정 리 하 는 코 너

이미 설명한 …

만기손익구조를 그리는 두 번째 방법을 활용하여 옵션을 공부할 때 아래의 표준형전략의 내재가치를 그려 놓고 시작하면 만사형통이다. 물론 옵션프리미엄을 순차적으로 감안해야 한다.

통화옵션전략에서 환율변동성이 환율의 방향보다 더 중요하다고 설명했다. 내재가치의 구조를 동시에 비교하여 보면서 변동성을 재해석해보자.

가. 콜옵션 매입과 매도

【그림 6-15】 콜옵션 매입과 매도의 내재가치

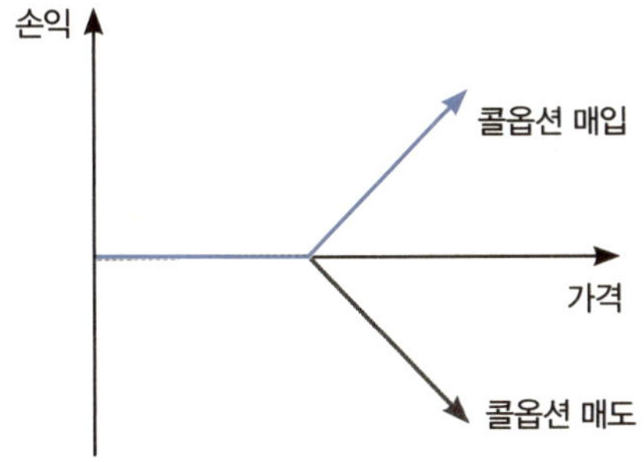

콜옵션만 이용할 때 만기일까지 환율변동성이 적어질 것으로 예상하면 콜옵션을 매입해야 하나? 매도해야 하나? 당연히 매도해야 한다.

정리하는 코너

환율변동성이 …

적어진다는 것의 극단적인 표현은 환율이 현재 수준에서 전혀 움직이지 않는 것이다. 그렇게 되면 콜옵션을 매도할 때 수취한 옵션프리미엄만큼의 이익이 발생한다.

그러나 콜옵션을 매입한 뒤 그렇게 되면 지급한 옵션프리미엄만큼의 손실이 발생한다.

한편 환율변동성이 커진다는 것은 환율이 현재의 환율 수준에 머물지 않고 현재 수준에서 크게 벗어나는 것이다. 그런데 환율이 크게 위쪽으로 벗어난다고 예상한다면 그때는 콜옵션을 매입하면 된다.

나. 풋옵션 매입과 매도

【그림 6-16】 풋옵션 매입과 매도의 내재가치

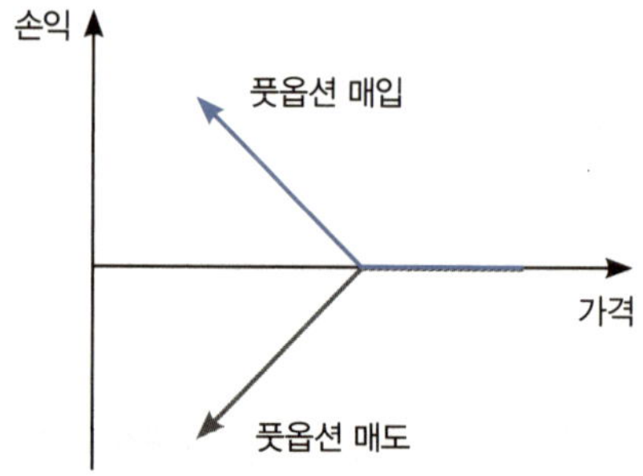

풋옵션만 이용할 때도 만기일까지 환율변동성이 적어질 것으로 예상하면 매도해야 한다. 풋옵션을 매입한 뒤 환율이 하나도 움직이지 않으면 지급한 옵션프리미엄만큼 손실이 발생한다.

만일 환율변동성이 커지면서 환율이 크게 아래쪽으로 벗어난다고 예상하면 풋옵션을 매입한다.

다. 표준형전략의 내재가치 암기법

콜옵션의 만기손익은 행사가격의 오른쪽에서 이익이나 손실이 발생하고, 풋옵션의 만기손익은 행사가격의 왼쪽에서 이익이나 손실이 발생한다. 그런데 강의실에서 수업을 통해 경험한 바에 따르면 다양한 옵션전략의 만기손익구조를 그릴 때 가장 기본인 콜옵션과 풋옵션의 만기손익을 헷갈리는 수강생들이 많다.

콜옵션 매입과 매도를 합하면 알파벳의 'C' 같고, 풋옵션 매입과 매도를 합하면 알파벳의 "P' 같아서 암기하기 쉽다.

3. 스프레드전략

중요한 옵션전략의 하나인 변동성전략에 대해서는 지면상 설명할 수 없다. 다른 참고도서를 통해 학습하기 바란다. 이제 앞으로 살펴볼 다양한 옵션전략의 만기손익구조를 정확하게 이해하기 위한 선행학습으로 스프레드전략에 대해 살펴보자.

쉬어가는 코너 **스프레드(spread)는 무엇인가?**

금융에 '스프레드'라는 용어가 자주 나온다.

Two-way quotation할 때 bid rate와 offered rate의 차이가 스프레드이다. 그리고 SOFR 또는 CD금리보다 더 지급하는 가산금리도 스프레드이다. 선물거래에서 만기가 다른 두 선물거래를 대상으로 하나는 매도하고 다른 하나는 매입하는 보수적인 투기거래의 하나인 스프레드거래가 있다.

선물거래와 마찬가지로 옵션거래에서 스프레드전략의 손익은 그리 크지 않은 '쫀쫀한 전략'이다.

3-1. 옵션에서 스프레드전략은 어떤 것인가?

옵션을 거래한 뒤 시장변동성이 확대되면 옵션매입자에게는 이익이 발생한다. 그러나 시간가치는 감소하고, 변동성이 하락하면 불리해진다. 이때는 시간가치 감소와 변동성 변화에 덜 민감한 전략으로 스프레드전략을 활용한다.

스프레드전략(spread)은 만기 또는 행사가격이 다른 두 개 또는 그 이상의 옵션을 동시에 매입 및 매도하는 전략이다. 스프레드전략은 표준형전략 또는 변동성전략으로 달성하지 못하는 만기손익구조를 만들 수 있어 다양하게 활용된다.

3-2. 강세스프레드전략

환율이 상승할 것으로 예상할 때 콜옵션을 매입한다. 그런데 예상과 달리 환율이 하락하면 콜옵션을 매입할 때 지급한 옵션프리미엄만큼 손실이 발생한다.

이런 상황을 피하려면 콜옵션 매입에 따른 미래 수익의 일부를 포기하더라도 옵션을 거래할 때 지급할 옵션프리미엄을 줄일 수 있는 전략을 거래하면 된다.

정리하는 코너

만기손익구조를 쉽고 정확하고 이해하는 비법의 복습!

옵션은 만기일에 내재가치만 있다. 이 내재가치(앞의 ⓐ)에 옵션을 거래할 때 지급 또는 수취했던 옵션프리미엄(앞의 ⓑ)을 감안하면 만기손익구조(앞의 ⓒ)이다.

기존 책들은 내재가치에 옵션프리미엄을 동시에 감안하여 만기손익구조(앞의 ⓒ만 바로 설명)만을 설명하기 때문에 이해하기가 어렵다. 이에 본서에서 기존의 설명과 다른 방법을 시도한다. 독자는 두 가지 방법 가운데 쉬운 방법을 선택하면 이해가 쉬울 것이다.

필자가 제시하는 다음의 방법은 기존과 다르며 설명의 순서는 다음과 같다.

① 여러 옵션전략의 내재가치(앞의 ⓐ에 해당)를 각각 표시

② ①에서 표시한 여러 옵션전략의 내재가치만을 합성

③ ②를 근거로 옵션프리미엄 수취 또는 지급 여부 판단(앞의 ⓑ에 해당) 및 감안(앞의 ⓒ에 해당)

이때 필요한 것은

① C와 P를 기억하여 표준형전략의 내재가치를 알기

② 기울기를 감안하여 내재가치를 합성하기

③ ②의 결과를 거래하고 싶은지 또는 하고 싶지 않은지를 직관적으로 그 여부 확인하고 옵션프리미엄을 감안하기(거래하고 싶으면 옵션프리미엄 지급, 아니면 옵션프리미엄 수취)

불콜스프레드전략(bull call spread)은 낮은 행사가격(X_1)의 콜옵션을 매입하고 높은 행사가격(X_2)의 콜옵션을 매도한다. 오프라인 강의에서 많은 수강생들이 다음과 같이 만기손익구조를 그리는 것을 볼 수 있다.

아래와 같이 기존 방법으로 내재가치와 옵션프리미엄을 동시에 감안(앞의 ⓒ만 바로 설명)한 두 콜옵션 전략을 합성하면 정확한 만기손익구조를 구할 수 있을까?

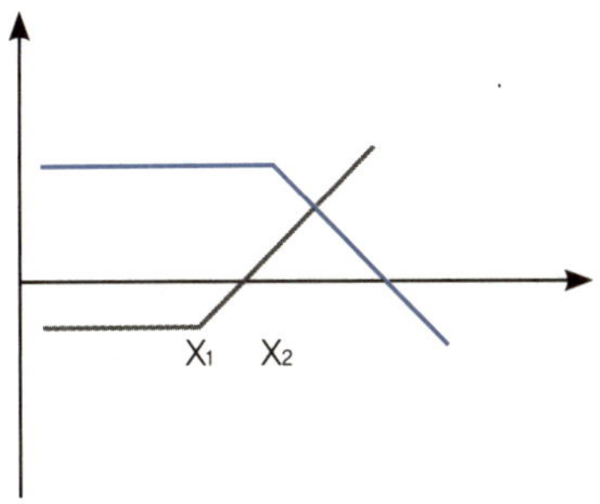

앞의 두 콜옵션의 손익구조를 합성하더라도 정확한 만기손익구조가 안 된다. 왜 그럴까? 아울러 낮은 행사가격의 콜옵션을 매입할 때 지급할 옵션프리미엄과 높은 행사가격의 콜옵션을 매도할 때 수취할 옵션프리미엄 가운데는 어느 것이 더 클까?

정 리 하 는 코 너

지급할 …

옵션프리미엄이 수취할 옵션프리미엄보다 크기 때문에 두 손익구조를 위와 같이 그리면 안 된다. 다음과 같이 그려야만 정확한 만기손익구조를 구할 수 있다.

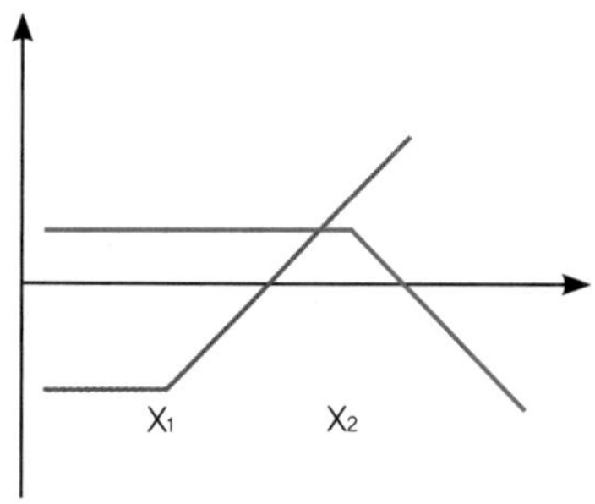

이처럼 아주 간단한 두 개의 콜옵션을 합성한 만기손익구조를 정확하게 구하는 것도 옵션을 완벽하게 이해하지 못하면 쉽지 않다. 그런데 옵션전략 가운데는 더 다양한 합성이 가능하기 때문에 필자가 제시한 세 단계를 거치는 방법을 살펴보자.

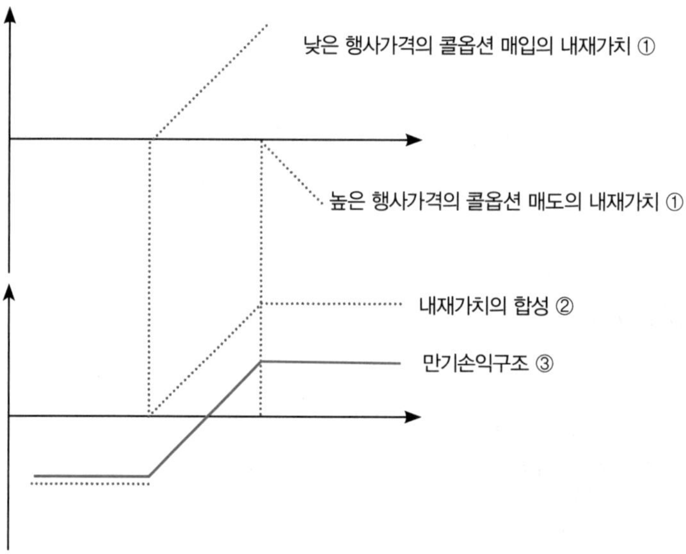

만기손익구조를 정확하고 쉽게 구하는 비법을 순서대로 설명하면 다음과 같다. ①단계로 먼저 위의 그래프 X축에 낮은 행사가격의 콜옵션 매입과 높은 행사가격의 콜옵션 매도를 각각 내재가치만 그린다.

정리하는 코너

옵션에서는 기울기가 중요하다!

본서에서 콜옵션 매입 및 풋옵션 매도의 기울기는 양수(+), 콜옵션 매도 및 풋옵션 매입의 기울기는 음수(–)로 이해하자.

두 콜옵션의 내재가치만을 합성하면 ②이다. 영(零)부터 X_1까지는 두 콜옵션 모두 X축이기 때문에 합성해도 X축이다. X_1부터 X_2까지는 콜옵션 매입의 기울기인 +1로 우상향한다.

X_2부터는 기울기가 영(零)이다. 왜냐하면 낮은 행사가격의 콜옵션 매입의 기울기는 +1이지만 높은 행사가격의 콜옵션 매도의 기울기는 –1이기 때문이다. 기울기가 영(零)이기 때문에 X축과 평행한다.

참고로 금융기관이 판매하는 ELF나 ELS 가운데 참여율이라는 용어가 있는데 이는 옵션과 관련되며, 그 구조화상품에 옵션이 내재되어 있다.

이제 내재가치의 합성인 ②를 거래하기 위해 옵션프리미엄을 수취 또는 지급할지를 판단한다. 그것은 직관적으로 이해하면 된다고 이미 설명했다.

옵션프리미엄을 지급하지 않아도 ②전략을 거래할 수 있다면 누구나 이 전략을 거래하려고 '네'라고 대답한다. 왜냐하면 환율이 상승할 때 제한적이지만 이익이 발생하고 손실은 없기 때문이다. 그러므로 옵션프리미엄을 지급해야 하며 만기손익구조는 ③이다.

이 전략을 거래할 때 옵션프리미엄을 지급하는 이유를 위의 직관적인 방법이 아니라 다음과 같이 논리적으로 이해할 수도 있다. 즉, 낮은 행사가격의 콜옵션 옵션프리미엄이 높은 행사가격의 콜옵션 옵션프리미엄보다 비싸기 때문에 초기에 옵션프리미엄 차액을 지급한다.

이 전략을 거래했을 때 만기일에 환율이 상승하면 제한된 이익이 발생하기 때문에 불스프레드전략(bull spread)이다. 그런데 행사가격이 다른 두 개의 콜옵션을 이용했기 때문에 불콜스프레드전략이다. 물론 불풋스프레드전략도 있다.

3-3. 약세스프레드전략

약세스프레드전략(bear spread)은 말 그대로 만기일에 환율이 하락할 때 제한적인 이익이 발생하는 스프레드전략으로 강세스프레드전략과 반대이다. 이 전략도 콜옵션과 풋옵션을 사용하여 만들 수 있다.

쉬어가는 코너 **만기일에 …**

환율이 하락할 것으로 예상하면 풋옵션을 매입하면 된다. 그러나 시장에 대한 약세 견해를 가지면서 지급해야 할 옵션프리미엄을 조금이라도 줄이려면 다른 행사가격의 풋옵션을 매도하면 된다.

베어풋스프레드전략(bear put spread)은 낮은 행사가격의 풋옵션을 매도하고 높은 행사가격의 풋옵션을 매입한다. 높은 행사가격의 풋옵션 옵션프리미엄이 낮은 행사가격의 풋옵션 옵션프리미엄보다 비싸기 때문에 초기에 옵션 프리미엄을 지급한다. 만기일에 제한된 손실과 제한된 최대이익을 실현한다.

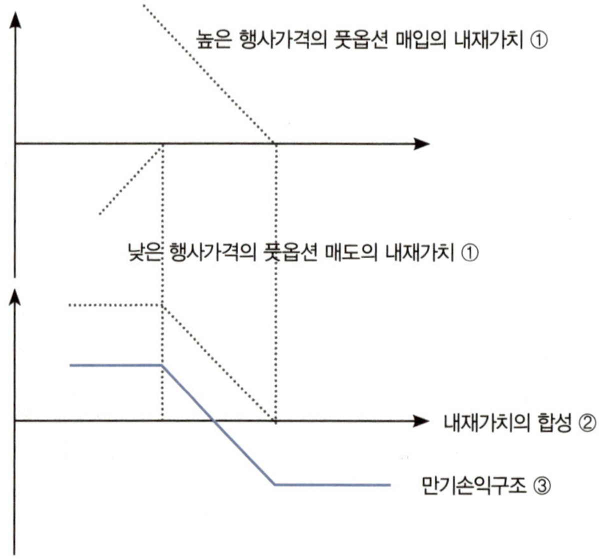

쉬어가는 코너 우리는 지금 무엇을 하고 있는가?

다양한 옵션전략들을 공부하고 있다. 하나만 하면 될텐데 왜 이렇게도 많은 것들을 공부하는가? 우리가 지금까지 완성한 만기손익구조는 동일한 것이 하나도 없다.
선도형 파생금융상품의 만기손익구조는 롱 또는 숏 포지션뿐이다. 그런데 지금까지 또는 앞으로 계속 공부할 옵션전략들의 만기손익구조는 동일한 것이 없다. 즉, 다양한 만기손익구조를 이해하고 창출할 수 있는 능력이 옵션을 공부하는 궁극적인 목적이다.

3-4. 레이쇼버티컬 스프레드전략

사람들은 평범한 것을 싫어해서 기존의 조건을 변형한 것들을 추구한다. 이번 스프레드전략은 행사가격이 높은 콜옵션과 낮은 콜옵션을 동시에 매입하고 매도할 때 그 비율을 다르게 하여 만든다.

불콜스프레드전략은 낮은 행사가격의 콜옵션을 매입하고 높은 행사가격의 콜옵션을 매도했는데, 이때 매입하고 매도한 콜옵션의 비율은 1:1인 것을 말한다. 만약 그 비율을 1:1이 아닌 1:2로 하면 레이쇼버티컬 스프레드전략이다.

콜 레이쇼버티컬 스프레드전략(call ratio vertical spread)은 낮은 행사가격의 콜옵션을 1배수 매입하고 높은 행사가격의 콜옵션을 2배수 매도한다. 이 전략의 만기손익구조를 먼저 정확하게 그려보자.

정리하는 코너

'콜옵션 2배수를 …
매도한다'는 것은 무슨 의미일까? 풀어서 정리하면, 낮은 행사가격의 콜옵션을 1배수 매입하는 것의 내재가치를 그리는 것은 매우 쉽다.
그런데 높은 행사가격의 콜옵션을 2배수 매도하는 것의 내재가치를 어떻게 그릴 수 있을까? 이때 앞에서 언급한 기울기의 중요성을 상기하라! 콜옵션 1배수를 매입하는 것이 기울기가 +1이라면 콜옵션 2배수를 매도하는 것은 기울기가 −2이다.
나중에 공부할 말도 많았던 키코거래도 결국 기울기와 관련되었다. 이처럼 옵션에서는 기울기가 매우 중요하다.

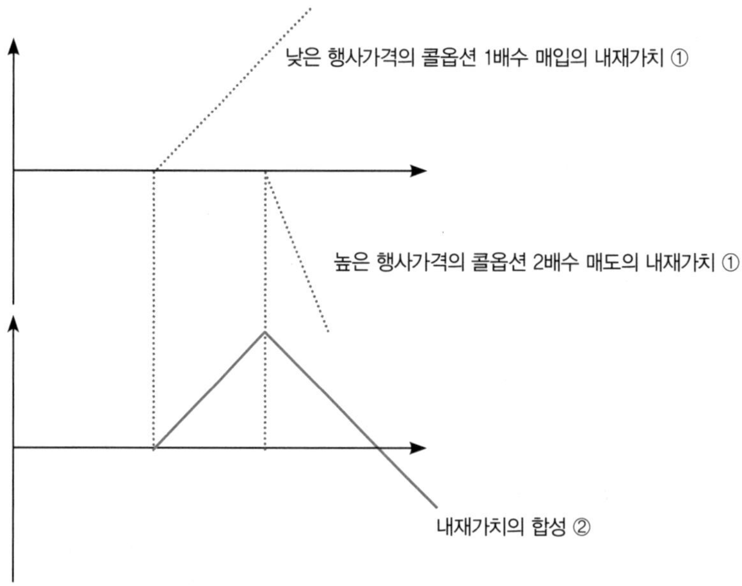

이 전략을 거래하기 위해 초기에 옵션프리미엄을 지급할지 수취할지가 불확실하다. 왜냐하면 옵션프리미엄이 비싼 콜옵션 1배수를 사고, 이보다 옵션프리미엄이 싼 콜옵션 2배수를 팔기 때문이다.

강의실에서 수강생들에게 지급이나 수취 여부를 물어보면 거의 반반이다. 간혹 예리한 수강생은 지급하고 수취할 옵션프리미엄이 같을 수 있다고 대답한다. 모두 정답이 될 수 있다. 물론 두 콜옵션의 행사가격에 따라 달라진다.

결국 지급 또는 수취 여부를 지금까지 살펴본 다른 전략들과 달리 확신할 수 없고, 지급하거나 수취하더라도 그 금액은 별로 크지 않거나 같을 것으로 추론할 수 있다.

여기서 옵션전략을 사고팔다 보면 옵션프리미엄이 같을 수 있다는 중요한 점을 유추할 수 있다. 다음에도 언급하겠지만 이런 것을 '제로코스트전략'이라고 부른다.

4. 이색옵션

옵션을 활용해서 기초자산의 방향과 변동성에 대한 견해를 잘 반영하는 다양한 형태의 전략을 거래할 수 있다. 다양한 전략을 위해 '매입하고 매도하는 비율을 다르게 하기' 그리고 '행사가격을 3개로 하기' 등의 다양한 전략들을 시도할 수 있다.

여러 조합으로도 원하는 전략을 거래할 수 없으면 네 가지 표준형전략(plain vanilla option)의 조건을 변형시킨 이색옵션(exotic option)을 활용한다.

정리하는 코너

이색옵션을 거래하는 이유

일반적으로 표준형전략을 매입할 때 지급하는 비싼 옵션프리미엄이 큰 부담이다. 이럴 때 이색옵션은 주로 옵션프리미엄을 절약하도록 고안되었다. 또는 특별한 헤지 목적이나 기초자산의 방향과 변동성에 대한 견해를 잘 반영하기 위해서이다.

이색옵션은 매우 다양한 특징을 가지고 있어 분류하기가 쉽지 않지만 주로 다음과 같이 분류할 수 있다.

(1) 계약조건을 변형한 옵션: 표준형전략의 거래조건 가운데 하나를 변형시킨 이색옵션이다.
(2) 경로종속옵션(path-dependent option): 옵션의 만기손익구조가 만기일의 기초자산가격의 수준에 따라 결정되는 것이 아니라 만기일까지의 가격변화에 따라 결정되는 이색옵션이다.
(3) 다중기초자산옵션(multi-option): 옵션의 만기손익구조가 둘 또는 그 이상의 기초자산의 가격에 따라 결정되는 이색옵션이다.

여기서는 우리나라 금융에서 중요한 두 가지만 간략하게 설명한다.

4-1. 정액수수옵션

표준형전략의 만기손익은 만기일에 어느 정도 내가격인지에 따라 결정된다. 그러나 정액수수옵션(digital option)은 만기일에 내가격상태이면 사전에 약정한 일정금액을 지급하고, 아니면 아무것도 지급하지 않는다.

그러므로 정액수수옵션은 만기일에 얼마만큼 내가격상태에 있는가는 의미가 없고 내가격인지 아닌지 여부가 중요하다.

쉬어가는 코너 **igital이란 무엇인가?**

우리는 디지털시대에 살고 있다고 한다. 그렇다면 디지털은 무엇인가? 많은 사람들은 전산프로그래밍을 할 때 0과 1을 조합하는데, 그것이 디지털이라고 대답한다. 필자는 그 설명이 왠지 이해하기 어렵다.

오래 전에 강의실에서 한 전산학과 출신 수강생이 "디지털은 중간값이 없는 것입니다."라고 대답했다. 그제야 정확한 뜻을 배웠다.

운전할 때 음악을 들을 수 있는 방법에는 라디오, CD, 테이프 또는 자신의 목이 터지라 부르는 최고의(?) 라이브 콘서트(?) 등이다. 테이프로 노래를 들을 때와 달리 CD로 노래를 듣다가 같은 노래를 다시 들으려고 하면 노래의 중간 부분이 아니라 처음으로 되돌아간다. 이것이 바로 디지털이다.

1070원 표준형 콜옵션 매입과 1070원 디지털 콜옵션 매입의 내재가치는 다음과 같이 다르다. 표준형 콜옵션 매입의 기울기가 '+1'로 우상향하지만 디지털 콜옵션의 경우 행사가격 이상에서는 일정하다.

【그림 6-17】 표준형 및 디지털 콜옵션 매입의 내재가치

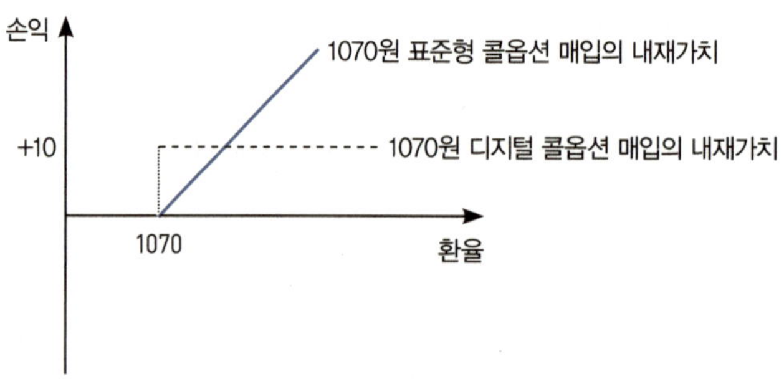

다음의 표에서 만기일 환율 시나리오별로 내재가치가 얼마인지 쉽게 알 수 있다.

표 6-7 표준형 및 디지털 콜옵션 매입의 내재가치

구 분 / 환 율	1060원	1071원	1090원
1070원 표준형 콜옵션	0	1	20
1070원 디지털 콜옵션	0	10	10

만기손익구조와 위의 내재가치를 보면서 확인한 것과 같이 1070원 표준형 콜옵션 매입의 내재가치는 만기일의 환율이 행사가격 위쪽에서 상승할 때 계속해서 상승한다. 즉, 표준형 콜옵션 매입은 만기일에 얼마만큼 내가격상태인지가 중요하다.

그러나 1070원 디지털 콜옵션 매입의 내재가치는 만기일 환율이 행사가격 미만 또는 이상이라는 것만 중요하다. 만기일 환율이 1071원부터 1090원 사이일 때 내재가치는 10원으로 같다. 예를 들어 1075원 또는 1085원과 같이 1071원부터 1090원 사이의 중간값은 아무런 의미가 없다.

4-2. 배리어옵션(Barrier Option)

표준형전략을 거래할 때 하나의 가격만 알 수 있으며, 그것은 행사가격이다. 그리고 표준형전략에서 정한 권리나 의무는 만기일까지 유효하다.

배리어옵션(barrier option)을 거래할 때는 두 가지 가격이 관련된다. 그 가운데 하나는 표준형전략의 행사가격이고, 나머지 하나는 울타리가격(barrier price)이라고 부르는 배리어이다.

'환율이 배리어에 도달하면 어떤 상황이 발생하는가'에 따라 배리어옵션은 두 가지로 나눈다. 녹아웃옵션(knock-out option)은 시작할 때 표준형전략이지만 환율이 배리어에 도달하면 옵션이 없어진다. 반면에 녹인옵션(knock-in option)은 환율이 배리어에 도달하면 비로소 옵션의 효력이 발생한다.

정 리 하 는 코 너

배리어옵션의 형태

- down & out: 행사가격의 아래쪽에 있는 배리어에 도달하면 녹아웃
- down & in: 행사가격의 아래쪽에 있는 배리어에 도달하면 녹인
- up & out: 행사가격의 위쪽에 있는 배리어에 도달하면 녹아웃
- up & in: 행사가격의 위쪽에 있는 배리어에 도달하면 녹인

가. 녹아웃옵션(Knock-out Option)

옵션을 매입한 후 환율이 미리 설정한 배리어에 도달하면 옵션이 소멸한다. 환율에 대한 견해가 정확하다면 표준형전략과 같은 헤지효과를 누리면서도 옵션프리미엄을 절약할 수 있다.

그러나 아메리칸 배리어의 경우 환율이 옵션기간 중에 배리어에 한 번이라도 도달하면 옵션은 더 이상 유효하지 않기 때문에 향후 헤지 방안을 강구해야만 한다. 따라서 사용자의 전략과 잘 부합하는 경우에만 배리어옵션을 사용하는 것이 적절하다.

정리하는 코너

아메리칸 배리어 vs 유러피안 배리어

환율이 배리어에 도달하는지 여부를 만기일 이전에 언제라도 관찰하는 것이 아메리칸 배리어이다. 한편 만기일에만 배리어에 도달하는지 여부를 관찰하는 것이 유로피안 배리어이다.

Down & out 콜옵션을 활용하는 예를 살펴보자. 옵션을 거래할 때 달러/원 현물환율이 1070원이고 만기일에 달러/원 환율이 상승할 것으로 예상하며 강력한 지지선인 1050원 내외에서 한국은행의 외환시장 개입이 예상되는 등 달러 강세를 예상한다면 1070원 표준형 달러 콜옵션을 매입하기보다 1070원 down & out(유로피안 배리어: 1040원) 달러 콜옵션을 매입하면 옵션프리미엄을 줄일 수 있다.

【그림 6-18】 Down & out 콜옵션 매입 거래일(옵션 거래일 환율: 1070원)

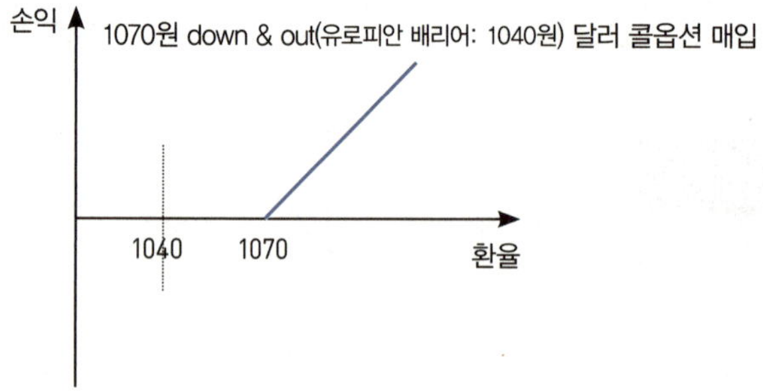

옵션을 거래할 때는 1070원 down & out(유로피안 배리어: 1040원) 달러 콜옵션이 존재하기 때문에 만기손익구조를 실선으로 표시했다.

【그림 6-19】 Down & out 콜옵션 매입 만기손익구조(옵션 만기일 환율: 1030원)

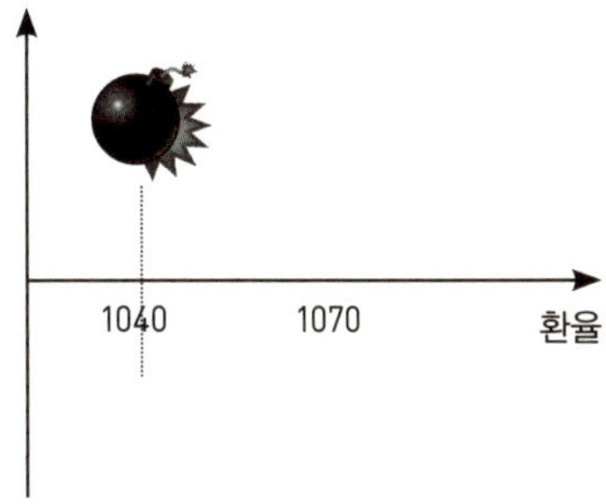

만기일의 환율이 유로피안 배리어를 지나 1030원이 되면 매입한 옵션은 녹아웃되어 마치 아무런 옵션거래가 없는 것과 같아져 만기손익구조는 없어진다.

나. 녹인옵션

옵션을 매입한 후 환율이 미리 설정한 배리어에 도달하면 옵션의 효력이 발생한다. 환율에 대한 견해가 정확하다면 표준형전략과 같은 헤지효과를 누리면서도 옵션프리미엄을 절약할 수 있다.

정 리 하 는 코 너

녹인옵션의 옵션프리미엄도 …

표준형전략에 비해 저렴하다. 왜냐하면 녹인옵션은 만기일에 옵션거래의 효력이 발생하지 못할 수 있기 때문이다. 녹인옵션도 사용자의 전략과 잘 부합하는 경우에만 사용하는 것이 적절하다.

1070원 up & in(유리피안 배리어: 1090원) 달러 콜옵션은 옵션을 거래할 때에는 옵션매입자로서 권리는 아직 없다. 그런데 옵션거래를 한 뒤 만기일 환율이 유로피안 배리어인 1090원에 도달하면 옵션거래의 효력이 발생한다.

【그림 6-20】 Up & in 콜옵션 매입 거래일(옵션 거래일 환율: 1070원)

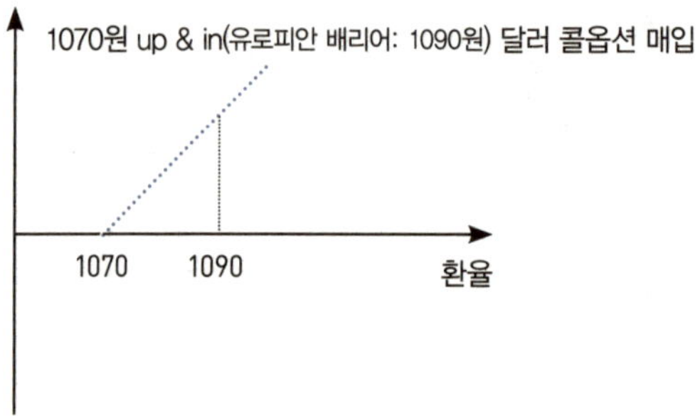

옵션을 거래할 때는 1070원 up & in(유로피안 배리어: 1090원) 달러 콜옵션이 존재하지 않기 때문에 만기손익구조를 점선으로 표시했다.

【그림 6-21】 Up & in 콜옵션 매입 만기손익구조(옵션 만기일 환율: 1100원)

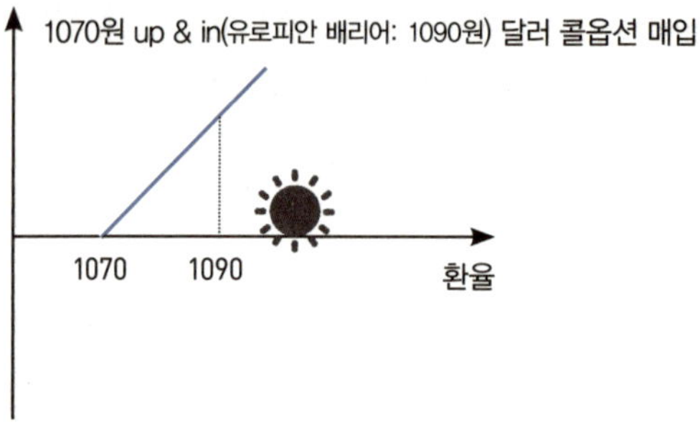

만기일에 환율이 유로피안 배리어인 1090원에 도달하면 옵션을 거래할 시점의 만기손익구조가 점선이었던 것과 달리 실선이 되어 이제 콜옵션을 매입한 효력이 발생한다.

정리하는 코너

배리어옵션이 …

표준형 유로피안 콜옵션보다 저렴한 이유는 같은 행사가격과 배리어의 녹아웃 콜옵션과 녹인 콜옵션을 합하면 같은 행사가격의 표준형 유로피안 콜옵션이 되기 때문이다.

제3절 장외 통화 옵션전략

2008년 이후 키코거래가 경제 및 사회적인 문제가 되면서 일반인들도 '통화옵션'이라는 단어를 자주 듣게 되었다. 그러나 정작 통화옵션에 대한 올바른 이해는 부족하다. 은행원들조차도 어렵게 여기는 통화옵션전략들을 정복하자.

한국거래소에 미국달러옵션이 상장되어 있지만 거래는 거의 없다. 여기서는 2001년경부터 우리나라 기업들이 환리스크를 관리하기 위해 활용하는 달러/원 장외 통화옵션전략들에 대해 살펴 보자.

정 리 하 는 코 너

합성선물환!

옵션에서 중요한 풋-콜 패리티식(put-call parity)인 $C+Xe^{-rT}=P+S$을 활용하여 통화옵션을 결합하면 제로코스트로 합성선물환을 도출할 수 있다.

등가격 콜옵션 매입과 등가격 풋옵션 매도로 합성선물환 매입을 만들 수 있다. 그리고 등가격 콜옵션 매도와 등가격 풋옵션 매입으로 합성선물환 매도를 만들 수 있다.

장외 통화옵션전략은 합성선물환을 변형하여 (1) 매입하고 매도하는 행사가격을 다르게 한다. (2) 매입 및 매도하는 옵션의 비율을 다르게 하여 탄력적인 전략을 만든다. (1)과 (2)의 방법으로 원하는 전략을 만들 수 없으면 (3) 이색옵션(주로 배리어옵션)을 추가한 다양한 전략을 만든다.

장외 통화옵션전략의 장점은 사용자의 환율에 대한 견해, 헤지 목표환율 및 옵션프리미엄 지급 여부 등을 잘 반영하여 거래하는 것이다. 통화옵션이 선물환거래 등에 대한 유용한 대안이 되는 중요한 이유이다.

숏 포지션이 있는 A기업이 선물환거래로 달러를 매입하는 대안으로 B은행으로부터 달러 콜옵션을 매입하면 된다. 이때, 과연 A기업이 기꺼이 달러 콜옵션을 매입하여 환리스크를 헤지할까?

우리나라 기업들은 콜옵션을 매입할 때 지급하는 옵션프리미엄을 부담스러워한다. 그래서 은행은 기업이 옵션프리미엄을 지급하지 않는 장외 통화옵션전략을 제공하며, 옵션프리미엄을 지급하지 않는다는 뜻에서 제로코스트옵션이다.

1. 장외 통화옵션전략의 활용 배경

쉬어가는 코너

선물환거래 만기일에 A기업의 분위기

이전에 달러를 선물환거래(선물환율은 1070원)로 매입하여 숏 포지션을 헤지했던 A기업은 만기일 환율에 따라 사무실 분위기가 사뭇 달라진다. 즉, 환율이 예를 들어 1100원이 되면 대부분의 경우 마치 아무런 일이 없었던 것처럼 조용히 지나간다.

그러나 환율이 1050원이 되면 부장은 선물환거래를 했던 P과장을 흘겨보며 "자꾸 이러면 사표 써야 되는 것 알지?"라고 엄포를 놓는다.

잘되면 본전, 잘못되면 사표를 쓸 판이다. P과장에게 좋은 대안은 없을까?

1-1. A기업에겐 장외 통화옵션전략이 대안이 될 수 있다

A기업의 P과장은 그 지긋지긋한(?) 선물환거래가 아닌 대안을 찾고 있다. 그런데 A기업은 어떤 경우라도 만기일에 달러를 1080원(헤지 목표환율) 이하에 매입하기를 원한다. 대안인 장외 통화옵션전략을 활용할 수 있지만 옵션프리미엄을 지급하고 싶지는 않다.

지금부터 키코거래 이전까지의 장외 통화옵션전략을 설명할 때 3개월 만기 선물환율은 1070원이라고 가정한다. 예시하는 행사가격과 옵션프리미엄 등은 환율변동성 및 옵션시장의 수급 등 여러 요소에 따라 달라지기 때문에 여기서는 통화옵션전략을 직관적으로 쉽게 이해하도록 하기 위한 것이지 실제 거래되는 것과 차이가 있음을 밝혀둔다.

1-2. 어떤 전략을 거래하면 될까? 그리고 헤지결과는 어떻게 될까?

A기업은 달러를 헤지 목표환율인 1080원에 매입해야 하기 때문에 행사가격이 1080원인 외가격 콜옵션을 매입한다. 그런데 문제는 외가격 콜옵션도 매입하려면 옵션프리미엄을 지급한다.

그러나 A기업은 제로코스트 옵션전략을 원한다. 어떻게 하면 될까?

정리하는 코너

1080원 외가격 콜옵션을 …

매입할 때 지급할 옵션프리미엄을 상쇄시킬 방법을 찾으면 된다. 즉, 다른 옵션을 매도해서 수취할 옵션프리미엄으로 1080원 외가격 콜옵션을 매입하기 위해 지급할 옵션프리미엄을 지급하면 된다.

이런 경우 A기업은 콜옵션 또는 풋옵션 가운데 어느 옵션을 매도해야 할까?

A기업은 숏 포지션을 헤지해야 하기 때문에 만기일에 롱 포지션을 보유해야 한다. 즉, 아래의 만기손익구조가 필요하다.

【그림 6-21】 롱 포지션의 만기손익구조

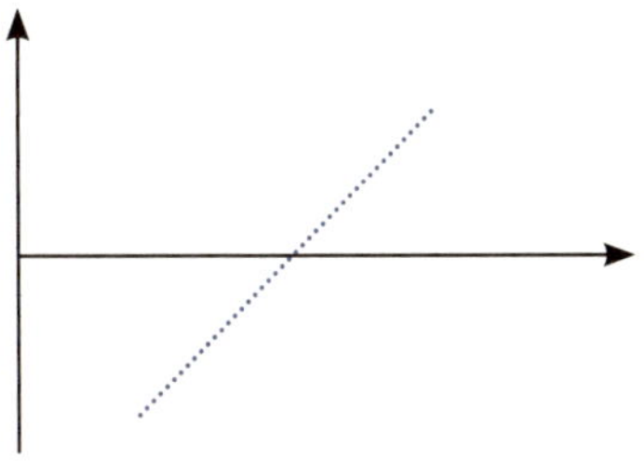

이 그래프를 X축을 기준으로 얇게 둘로 나누면 아래 두 개의 만기손익구조가 된다.

【그림 6-22】 콜옵션 매입과 풋옵션 매도의 내재가치

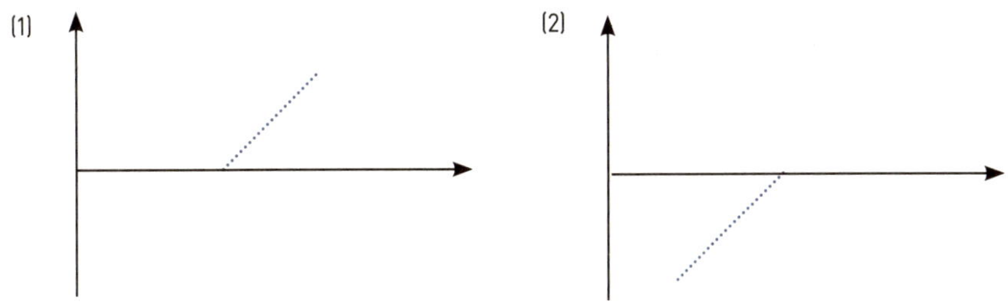

⑴은 콜옵션 매입의 내재가치이고, ⑵는 풋옵션 매도의 내재가치이다. 결국 풋옵션을 매도하여 수취할 옵션프리미엄과 콜옵션을 매입할 때 지급할 옵션프리미엄을 전문용어(?)로 '퉁치면' 된다.

가. 풋옵션의 행사가격이 얼마이면 제로코스트가 될까?

실제로 장외 통화옵션을 거래할 때 A기업이 원하는 헤지 목표환율이 1080원이라고 통보하면 B은행은 제로코스트를 만들 수 있는 풋옵션의 행사가격을 옵션프라이싱모델을 활용해서 찾아준다. 여기서는 단순하게 콜옵션과 풋옵션에 대한 수급이 균형을 이룬다고 가정한다.

정리하는 코너

독자가 생각하는 …

풋옵션의 행사가격은 대충 얼마인가? A기업이 매입하려고 하는 1080원 행사가격의 콜옵션은 외가격이다.

그러므로 A기업이 1080원 외가격 콜옵션을 매입할 때 지급할 옵션프리미엄과 비슷한 정도의 옵션프리미엄을 수취할 수 있는 외가격 풋옵션을 매도하면 두 옵션의 옵션프리미엄이 같아질 수 있다.

B은행은 A기업이 1060원 행사가격의 풋옵션을 매도하면 된다고 통보할 것이다. 현재 환율이 1070원일 때 만기일 환율이 1060원 또는 1080원이 될 가능성은 반반이라고 직관적으로 이해할 수 있다.

이것은 1070원 선물환거래할 때 프리미엄을 내지 않는 것과 같은 논리이다. 그러므로 A기업이 옵션프리미엄을 지급할 필요가 없다고 추론할 수 있다. 이렇게 해서 A기업이 원하는 제로코스트로 거래할 수 있다.

나. 헤지 목표환율을 달성할 수 있는가?

A기업이 만기일에 어떤 경우라도 달러를 헤지 목표환율인 1080원 이하로 매입할 수 있는지 확인해보자. 앞의 두 가지 옵션을 매입 및 매도한 뒤 만기일에 환율이 갈 수 있는 시나리오 구간은 세 가지이다.

다음 환율 시나리오별로 두 옵션의 행사여부를 '네' 또는 '아니오'라고 먼저 아래의 빈칸을 채우고 아래의 설명과 비교해보자.

빈칸에 대한 정답은 참고문헌 앞, 〈별도 구성〉으로 수록되어 있다. 반드시 확인해보라.

표 6-8 레인지 포워드전략의 만기손익

구 분 / 환 율	S_T < 1060원	1060원 < S_T < 1080원	1080원 < ST
1080원 콜옵션			
1060원 풋옵션			
달러 매입 환율			

만기일 환율이 1060원 이하이면 매도한 풋옵션이 행사되어 A기업은 1060원에 달러를 살 의무가 있기 때문에 1060원에 달러를 매입한다. 환율이 1060원과 1080원 사이이면 두 옵션 모두 행사되지 않기 때문에 당시 현물환율로 달러를 매입한다.

환율이 1080원 이상이 되면 매입한 콜옵션을 행사하여 1080원에 달러를 매입할 수 있다. 어떤 경우라도 A기업은 달러를 1080원 이하로 매입할 수 있어 환리스크를 헤지 목표환율보다 유리하게 관리할 수 있다.

다. A기업의 환율에 대한 견해는 어떻다고 볼 수 있을까?

A기업은 환율변동성에 확신이 없고 환율이 1060원에서 1080원 범위 안에서 좁게 움직일 것으로 예상했다고 추론할 수 있다. 왜냐하면 A기업은 콜옵션은 매입하고 풋옵션은 매도했기 때문이다.

마치 스프레드전략처럼 하나의 옵션은 매입하고 하나의 옵션은 매도한 것을 보면 환율변동성에 확신이 없었다고 추론할 수 있다.

정 리 하 는 코 너

이 전략을 거래한 경우 …

선물환거래 매입으로 숏 포지션을 헤지한 것과 비교할 때 만기일에 환율이 얼마가 되면 가장 좋을까? 1060원일 때이다. 왜냐하면 선물환거래로 헤지했다면 달러를 선물환율인 1070원에 매입하기 때문이다.

만일 예상과 달리 환율이 금융위기 때와 같이 1500원 위로 폭등하더라도 1080원에 달러를 매입할 수 있다. 중요한 것은 1080원이 A기업의 헤지 목표환율이라는 점이다.

라. 대안인 선물환거래와 무엇이 다른가?

선물환거래를 하면 만기일 환율에 관계없이 1070원에 달러를 매입할 수 있다. 즉, 선물환거래를 하는 순간 거래한 선물환율로 달러를 매입할 수 있다.

그러나 위의 장외 통화옵션전략을 거래한 경우 만기일에 달러를 얼마에 매입할 수 있는지 선물환율처럼 하나의 환율은 모른다. 그러나 만기일에 환율이 아무리 상승해도 1080원, 환율이 아무리 하락해도 1060원에 달러를 매입할 수 있어 그 범위는 알 수 있다.

그래서 이 전략의 이름은 하나의 숫자(선물환율)가 아닌 범위를 알 수 있는 일종의 선물환거래라는 뜻에서 레인지 포워드전략(range forward)이다. 이 전략이 우리나라 달러/원 장외 통화옵션전략의 효시였다.

2. 레인지 포워드전략

레인지 포워드전략(range forward)은 외가격 콜옵션(또는 외가격 풋옵션)과 외가격 풋옵션(또는 외가격 콜옵션)을 1:1의 비율로 동시에 매입 및 매도하여 옵션프리미엄을 같게 하여 제로코스트로 전략을 만든다.

만기일 환율이 일정한 범위 안에서 좁게 형성될 것으로 예측하는 수입기업 또는 수출기업이 활용할 수 있는 전략이다.

정리하는 코너

합성선물환의 변형(1)

이 전략은 합성선물환의 변형으로 행사가격을 같은 환율(등가격)이 아닌 다른 환율(외가격 콜옵션 및 풋옵션)로 만들었다. 합성선물환의 변형(1)에 해당한다.

2-1. 수입기업

가. 환율 예측

만기일 환율이 선물환율(1070원) 내외 또는 제한적으로 하락하는 좁은 범위(1060원 ~ 1070원) 예상함.

나. 전략 수립

외가격(1080원) 달러 콜옵션을 매입하고 외가격(1060원) 달러 풋옵션을 매도하여 제로코스트로 전략 수립함.

다. 만기손익구조

정리하는 코너

필자가 제시한 …

새로운 방법에 따른 만기손익구조를 정확히 그리는 방법은 콜옵션의 내재가치와 풋옵션의 내재가치를 각각 표시한 뒤 합성한다. 그리고 옵션프리미엄 지급 또는 수취 여부를 확인하여 감안하는 것이다.

두 옵션의 내재가치를 그린 자체가 내재가치의 합성이자 최종 만기손익구조이다. 왜냐하면 이들 두 옵션의 행사가격(1060원과 1080원)이 현재의 환율(1070원)로부터 비슷한 정도(10원) 떨어졌다는 것을 알 수 있다. 즉, 현재의 환율 수준에서 두 옵션의 행사가격으로 갈 수 있는 확률이 반반이기 때문이다.

이런 경우 옵션프리미엄을 지급 또는 수취하지 않기 때문에 만기손익구조는 내재가치를 합성한 것과 같다.

【그림 6-23】 수업기업의 레인지 포워드전략 만기손익구조

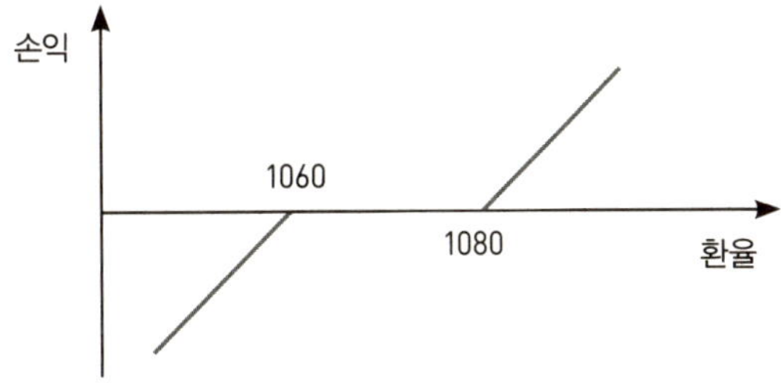

(1) 1060원 이하: 1060원에 매입. 거래일 선물환율인 1070원보다 유리함.

(2) 1060원 ~ 1080원: 만기일 현물환율에 매입함.

(3) 1080원 이상: 1080원에 매입. 거래일 선물환율인 1070원보다 불리하지만 헤지 목표환율에 매입함.

라. 용도

환율상승에 따른 최대손실을 일정수준(헤지 목표환율)으로 고정시키면서 선물환율보다 유리하게 거래할 수 있는 여지(1060원 ~ 1070원)가 있음. 특히 옵션시장의 상황이 1080원 콜옵션을 매입하면서 매도하는 풋옵션의 행사사격이 예를 들면 1059원 등과 같이 1060원보다 낮다면 수입기업은 본 레인지 포워드전략을 더욱 거래하려고 할 것임.

2-2. 수출기업

가. 환율 예측

만기일 환율이 선물환율(1070원) 내외 또는 제한적으로 상승하는 좁은 범위(1070원 ~ 1080원) 예상함.

나. 전략 수립

외가격(1060원) 달러 풋옵션을 매입하고 외가격(1080원) 달러 콜옵션을 매도하여 제로코스트로 전략 수립함.

다. 만기손익구조

내재가치를 각각 표시한 뒤 합성하면 이들 두 옵션의 행사가격(1060원과 1080원)이 현재의 환율(1070원)로부터 비슷한 정도(10원) 떨어졌다는 것을 알 수 있다. 이번에도 현재의 환율 수준에서 두 옵션의 행사가격으로 갈 수 있는 확률은 반반이다.

이런 경우 옵션프리미엄을 지급 또는 수취하지 않기 때문에 만기손익구조는 내재가치의 합성과 같다.

【그림 6-24】 수출기업의 레인지 포워드전략 만기손익구조

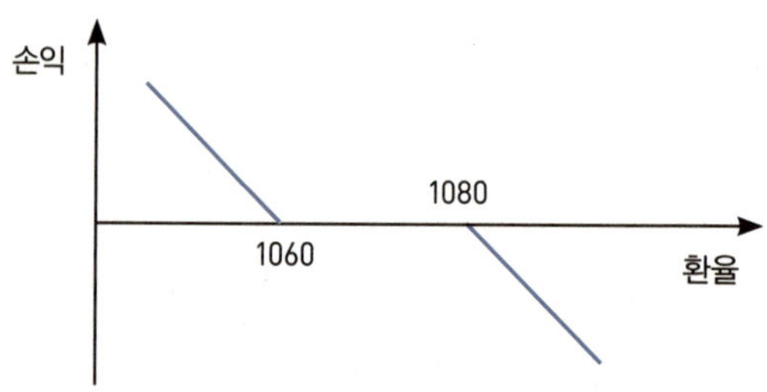

(1) 1060원 이하: 1060원에 매도. 거래일 선물환율인 1070원보다 불리하지만 헤지 목표환율에 매도함.
(2) 1060원 ~ 1080원: 현물환율에 매도함.
(3) 1080원 이상: 1080원에 매도. 거래일 선물환율인 1070원보다 유리함.

라. 용도

환율하락에 따른 최대손실을 일정수준(헤지 목표환율)으로 고정시키면서 선물환율보다 유리하게 거래할 수 있는 여지(1070원 ~ 1080원)가 있음.

3. 너무나 탄력적인 대응이 가능한 다른 전략

레인지 포워드전략을 공부하면서 장외 통화옵션전략이 선물환거래의 좋은 대안이라는 것을 보았다. 지금부터 설명할 장외 통화옵션전략은 선물환거래를 통해서는 도저히 달성할 수 없는 것을 가능하게 하는 전략이다.

쉬어가는 코너 이틀 전에 A기업은 …

숏 포지션을 헤지하기 위해 3개월 만기로 1백만 달러를 매입해야 할 입장이었다. 환율이 상승할 것으로 예상해서 그날 당시 선물환율인 1060원에 헤지하려고 했다.
그러나 경영자의 의사결정이 늦어진 사이에 환율은 상승해서 현재 같은 만기 선물환율은 1070원이다.

A기업은 헤지 목표환율이 1060원이기 때문에 오늘 B은행과 선물환거래로 목표환율에 헤지할 수 없다. 그런데 중요한 것은 A기업이 환율이 계속 상승할 것으로 예상한다는 점이다.

A기업은 원래 헤지 목표환율을 포기하고 지금 선물환거래로 1070원에 매입헤지하거나 B은행에 다른 대안을 문의해야 한다.

3-1. 과연 어떤 전략을 거래하면 될까?

A기업이 1060원에 달러를 매입하려면 행사가격이 1060원인 콜옵션을 매입해야 한다. 현재

선물환율이 1070원이기 때문에 1060원 콜옵션의 옵션프리미엄은 매우 비싸다. 왜냐하면 내가격이기 때문이다.

이미 언급한 것처럼, 우리나라 기업은 장외 통화옵션전략을 거래할 때 옵션프리미엄을 지급하지 않는 제로코스트전략을 원한다. 이번에도 1060원 콜옵션을 매입하기 위해 지급할 옵션프리미엄을 풋옵션을 매도하여 충당하면 된다.

쉬어가는 코너 **이때 …**

1050원 풋옵션을 매도하면 제로코스트전략이 될까? 불가능하다. 왜 그럴까? 선물환율이 1070원이기 때문에 1050원 풋옵션은 "왜?"라고 대답하는 외가격이다. 외가격인 1050원 풋옵션을 매도하면 내가격인 1060원 콜옵션을 매입할 때 지급할 옵션프리미엄을 상쇄시킬 수 없다.

어떻게 해야 할까?

B은행은 A기업이 1060원 콜옵션(1백만 달러)을 매입하면서 제로코스트로 하려면 1060원 풋옵션(2백만 달러)을 매도하면 된다고 알려줄 것이다. 1060원 풋옵션의 옵션프리미엄이 1060원 콜옵션보다 싸지만 2배수를 매도하면 서로 같아질 수도 있다.

3-2. 헤지결과는 어떻게 될까?

앞의 레인지 포워드전략처럼 A기업은 만기일에 어떤 경우라도 달러를 헤지 목표환율에 매입할 수 있을까? 다음 환율 시나리오별로 두 옵션의 행사여부를 '네'와 '아니오'라고 먼저 알아보고 아래 설명과 비교해보자.

빈칸에 대한 정답은 참고문헌 앞 〈별도 구성〉에서 확인할 수 있다.

표 6-9 타겟 포워드전략의 만기손익

구 분 / 환 율	1020원	1100원
1060원 콜옵션		
1060원 풋옵션		
달러 결제 환율		

만기일 환율이 1100원이 되면 매입한 1060원 콜옵션을 행사하여 1060원에 달러를 매입한다. 이런 경우 헤지결과는 너무나 환상적이다. 왜냐하면 거래일 선물환율은 1070원이었지만 1060원에 달러를 매입할 수 있기 때문이다. 그리고 옵션프리미엄을 지급하지 않았다.

한 마디로 판타스틱하다. 하지만 세상에 공짜는 없다. 이렇게 환상적인 전략은 반드시 반대급부가 있기 마련이다.

정리하는 코너

과연 어떤 반대급부가 있을까?

만기일 환율이 1020원이 되면 A기업이 매도한 풋옵션이 행사된다. 즉, A기업은 1060원에 달러를 매입해야 한다. 그것도 2백만 달러를 매입한다. 왜냐하면 내가격 콜옵션 옵션프리미엄을 상쇄시키려고 외가격 풋옵션 2백만 달러를 매도했기 때문이다.

숏 포지션을 결제하기 위해 필요한 1백만 달러 이외에 추가로 1백만 달러를 매입한다. 너무나 심각한 반대급부이다.

A기업은 추가로 매입한 1백만 달러를 현물환율인 1020원에 매도하면 40원의 손실이 발생한다. 결국 1100원(=1060원+40원)에 1백만 달러를 매입하여 결제하는 것과 같다. 만일 환율이 더 하락하면 더 비싼 환율에 달러를 매입하여 결제하게 된다.

3-3. A기업의 환율에 대한 견해는 어땠을까?

A기업은 환율이 상승 또는 제한적인 하락(1060원까지)을 예상했다고 추론할 수 있다. 예상대로 만기일 환율이 1100원이 되면 좋지만 예상과 달리 환율이 뒤집어지면(?) 회사가 뒤집어질(?) 수 있는 매우 위험한 전략이다.

이러한 사항은 그간 말도 많았던 키코거래를 떠올리게 한다. 그래서 이 전략을 안전하게 활용하려면 만기일에 필요한 달러 금액의 절반만 헤지하는 것이 안전하다.

4. 타겟 포워드전략

타겟 포워드전략(target forward 또는 half guaranteed forward)은 선물환율보다 유리한 계약환율로 일정금액을 헤지할 수 있는 장점이 있다. 그러나 만기일 환율에 따라 추가로 특정 금액을 같은 계약환율로 거래해야 하기 때문에 과대헤지가 될 위험이 있다.

정리하는 코너

합성선물환의 변형(2)

이 전략은 합성선물환에서 매입 및 매도하는 비율을 1:1이 아닌 1:2로 만들었다. 합성선물환의 변형(2)에 해당한다.

4-1. 수입기업

가. 환율 예측

만기일 환율이 내가격 콜옵션 행사가격(1060원) 이상으로 상승할 것으로 예상함.

나. 전략 수립

내가격(1060원) 달러 콜옵션(1백만 달러)을 매입하고 외가격(1060원) 달러 풋옵션(2백만 달러)을 매도하여 제로코스트로 전략을 수립함.

다. 만기손익구조

이 전략의 만기손익구조를 정확히 그려보자. 특히 1060원 풋옵션을 2배수 매도한 것에 주안점을 두자.

【그림 6-25】 수업기업의 타겟 포워드전략 만기손익구조

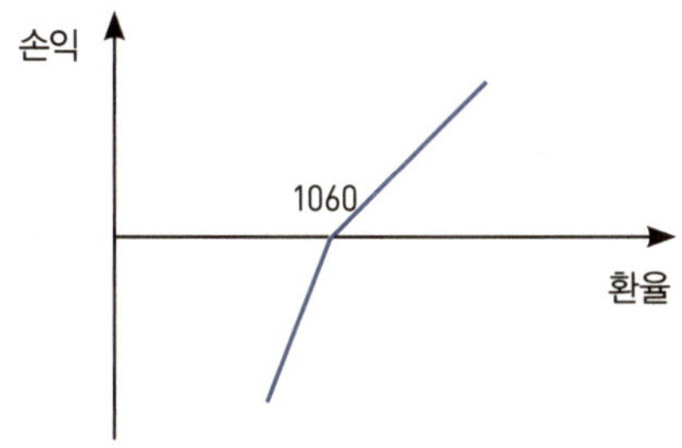

매입한 콜옵션의 기울기는 '+1'이고, 매도한 풋옵션의 기울기는 '+2'이다. 즉, 환율이 크게 하락할수록 손실은 눈덩이처럼 커질 수 있다. 기울기가 가파른 것을 보면 이 전략을 활용하고 싶지 않는 생각이 저절로 들었을 것이다. 옵션을 이해하거나 거래할 때 기울기가 얼마나 중요한가!

라. 용도

만기일 환율이 행사가격 아래로 하락하지 않을 것으로 예상하면서 행사가격보다 하락할 경우 발생할 수 있는 손실을 감당할 수 있는 경우에 활용하는 것이 적절함.

4-2. 수출기업

가. 환율 예측

만기일 환율이 내가격 풋옵션 행사가격(1080원) 이하로 하락할 것으로 예상함.

나. 전략 수립

내가격(1080원) 달러 풋옵션(1백만 달러)을 매입하고 외가격(1080원) 달러 콜옵션(2백만 달러)을 매도하여 제로코스트로 전략 수립함.

다. 만기손익구조

이 전략의 만기손익구조를 그릴 때도 특히 1080원 콜옵션을 2배수 매도한 것에 주안점을 두자.

【그림 6-26】 수출기업의 타겟 포워드전략 만기손익구조

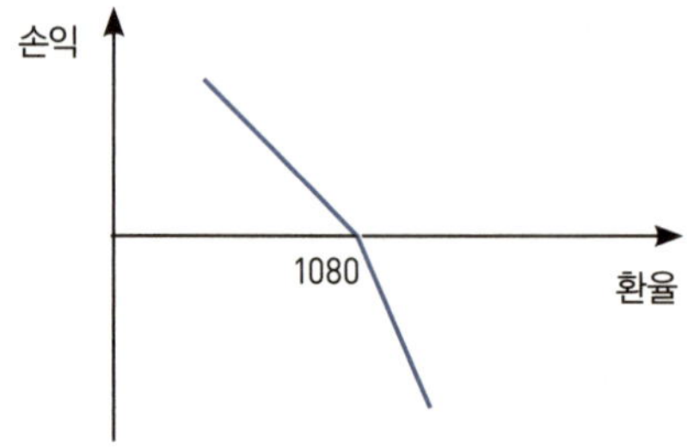

풋옵션 매입의 기울기가 −1'이고, 콜옵션 매도의 기울기는 '−2'이다. 즉, 이번에도 환율이 크게 상승할수록 손실은 눈덩이처럼 커질 수 있다는 것을 웅변적으로 보여준다.

라. 용도

만기일 환율이 행사가격 위로 상승하지 않을 것으로 예상하면서 행사가격보다 상승할 경우 발생할 수 있는 손실을 감당할 수 있는 경우에 활용할 수 있음.

5. 프로핏테이킹 포워드전략

필자는 은행에서 속칭 '찍쇠'인 대고객 담당딜러 역할을 오랫동안 수행했다. 파생금융상품 가운데 특히 장외 통화옵션전략을 마케팅할 때 고객들은 "뭐, 좀 색다른 전략은 없어요?"라고 요구하는 경우가 많았다.

그 말을 듣자마자 머리를 싸매고 고객의 환율에 대한 견해와 헤지 목표환율 등을 잘 반영할 수 있는 새로운 전략을 제공하곤 했다.

쉬어가는 코너

은행원들은 인디언의 후예들이다?

필자가 은행원들에게 강의할 때 '여러분들의 몸 속에는 인디언들의 피가 흐르고 있습니다. 여러분들은 고객들이 옵션 또는 다른 금융거래를 할 때까지 계속해서 새로운 전략을 들이대야(?) 합니다.'라고 자주 말한다.

인디언들이 기우제를 지내면 꼭 비가 온다고 한다. 그들은 비를 맞을 때까지 기우제를 지내기 때문이다. 통화관련 파생금융상품을 완전히 정복할 때까지 독자도 인디언의 후예라는 각오로 공부하면 어떨까요?

프로핏테이킹 포워드전략(profit taking forward)은 이름에서 알 수 있듯이 일정한 환율까지는 거래일 선물환율보다 유리한 환율로 거래할 수 있고 일정한 환율 수준을 벗어나더라도 손실의 일정부분을 보전받을(profit taking) 수 있는 전략이다. 이 전략을 '인핸스드 포워드전략(enhanced forward)'이라고 부르기도 했다.

5-1. 수입기업

가. 환율 예측

만기일 환율이 매도하는 외가격 콜옵션 행사가격(1085원)보다 낮게 제한적인 상승을 예상함.

나. 전략 구성

외가격(1085원) 콜옵션 매도, 외가격(1060원) 풋옵션 매도와 내가격(1060원) 콜옵션 매입하여 현재 선물환율(1070원)보다 유리한 선물환율(1060원)로 합성선물환거래 매입을 체결하여 제로코스트로 전략 구성함.

즉, 외가격 콜옵션을 매도하여 수취할 옵션프리미엄만큼을 활용하여 현재 선물환율(1070원)보다 유리한 계약 선물환율인 1060원에 달러를 매입할 수 있도록 전략을 수립함.

다. 만기손익구조

합성선물환 매입(1060원)과 외가격(1085원) 콜옵션 매도의 내재가치를 각각 표시하면 다음과 같다.

【그림 6-27】 수업기업의 프로핏테이킹 포워드전략의 내재가치

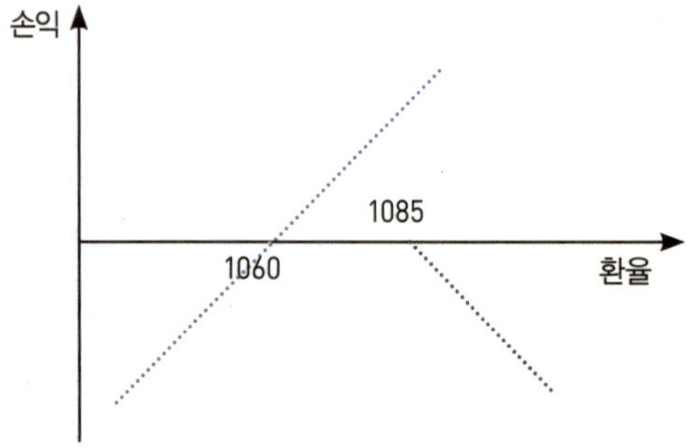

이제 두 거래의 내재가치를 합성해보자. 만기일 환율이 1085원 이상일 때 합성선물환거래 매입의 기울기는 '+1'이고 콜옵션 매도의 기울기는 '−1'이기 때문에 전체 기울기는 영(零)이 되어 1085원 이상에서는 X축과 평행한다.

【그림 6-28】 수업기업의 프로핏테이킹 포워드전략 만기손익구조

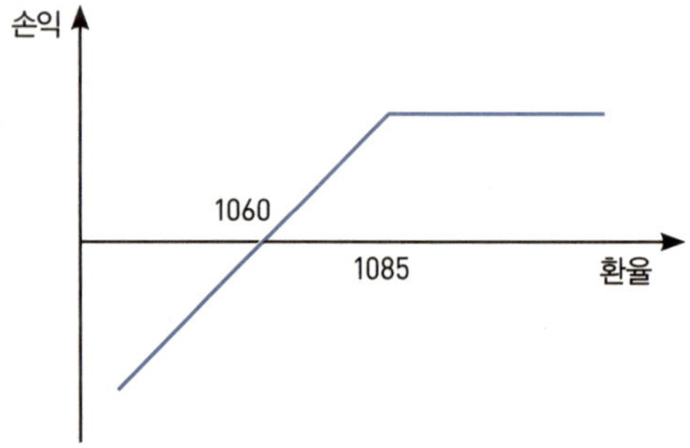

다음 환율 시나리오별(1055원, 1086원, 1100원)로 두 옵션의 행사여부를 '네' 또는 '아니오'라고 먼저 알아보고 아래의 설명과 비교해보자.

여기서는 지면상 앞의 두 사례처럼 빈칸의 표를 제시하지 않지만 독자들이 스스로 그와 같이 학습하길 권장한다.

1) 1055원

만기일 환율이 내가격 콜옵션 행사가격 아래에서는 합성선물환율인 1060원에 달러를 매입할 수 있어 거래일 선물환율인 1070원보다 유리함.

2) 1086원

외가격 콜옵션의 행사가격인 1085원 위에서는 합성선물환거래 매입과 매도한 콜옵션 행사로 스퀘어 포지션이 되어 헤지가 되지 않음. 현물환율인 1086원에 달러를 매입하지만 일정금액인 25원(=1085원–1060원)만큼의 이익이 발생해서 1061원에 달러를 매입할 수 있음. 그러므로 거래일 선물환율인 1070원보다 유리함.

3) 1100원

1086원일 때와 같은 상황으로 1075원에 달러를 매입하며 거래일 선물환율인 1070원보다 불리함.

정리하는 코너

만기일 환율이 …

1086원 및 1100원일 때 프로핏테이킹 포워드전략을 거래한 경우 각각 달러를 1061원 및 1075원에 매입한다. 즉, 환율이 상승할수록 상승한 만큼 높은 환율로 달러를 매입한다. 이는 이 구간에서는 헤지가 되지 않았음을 의미한다.

앞의 레인지 포워드전략에서 만기일 환율이 외가격 콜옵션과 외가격 풋옵션의 행사가격 사이에 있을 때 만기손익구조는 X축이다. 이처럼 만기손익구조가 X축 또는 X축과 평행한다는 것은 헤지가 되지 않았다는 것을 의미한다.

매입 및 매도한 두 옵션이 모두 행사되지 않거나 모두 행사되어서 헤지대상이 되는 포지션을 결제하기 위해 현물환거래로 달러를 매입 또는 매도해야 한다는 것을 의미한다.

프로핏테이킹 포워드전략에서 만기일 환율이 1085원 위에서는 합성선물환 매입의 롱 포지션과 콜옵션 매도에 따른 숏 포지션으로 인해 프로핏테이킹 포워드전략은 스퀘어 포지션이다. 앞으로도 만기손익구조의 일부가 X축 또는 X축과 평행하는 전략들을 볼 수 있다.

라. 용도

매도한 콜옵션 행사가격 이하에서는 거래 당시의 선물환율보다 유리하게 거래할 수 있는 여지를 확보하면서 만기일 환율이 매도한 콜옵션 행사가격 위로 큰 폭으로 상승하지 않을 것으로 예상할 경우 적절함.

5-2. 수출기업

가. 환율 예측

만기일 환율이 매도하는 외가격 풋옵션 행사가격(1055원)보다 높게 제한적인 하락을 예상함.

나. 전략 구성

외가격(1055원) 풋옵션 매도, 외가격(1080원) 콜옵션 매도와 내가격(1080원) 풋옵션 매입하여 현재 선물환율(1070원)보다 유리한 계약 선물환율(1080원)로 합성선물환거래 매도를 체결하여 제로코스트로 전략 구성함.

즉, 외가격 풋옵션을 매도하여 수취할 옵션프리미엄만큼을 활용하여 현재 선물환율(1070원)보다 유리한 합성선물환율인 1080원에 달러를 매도할 수 있도록 전략을 수립함.

다. 만기손익구조

합성선물환 매도(1080원)와 외가격(1055원) 풋옵션 매도의 내재가치를 각각 표시하면 다음과 같다.

【그림 6-29】 수출기업의 프로핏테이킹 포워드전략의 내재가치

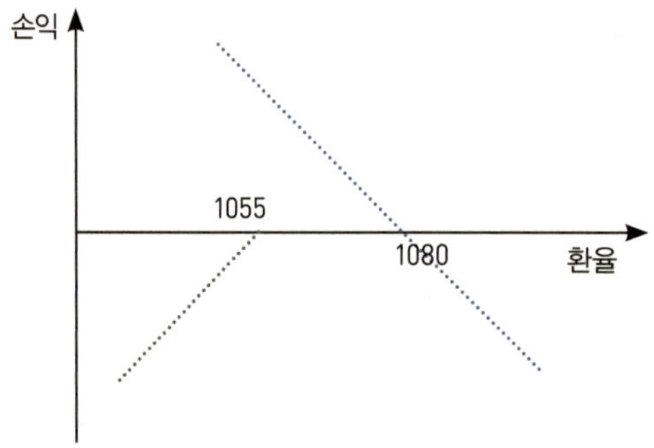

이제 두 거래의 내재가치를 합성해보자. 만기일 환율이 1055원 이하일 때 합성선물환거래 매도의 기울기(-1)와 풋옵션 매도의 기울기(+1)가 반대이기 때문에 전체 기울기는 영(零)이 되어 1055원 이하에서는 X축과 평행한다.

【그림 6-30】 수출기업의 프로핏테이킹 포워드전략 만기손익구조

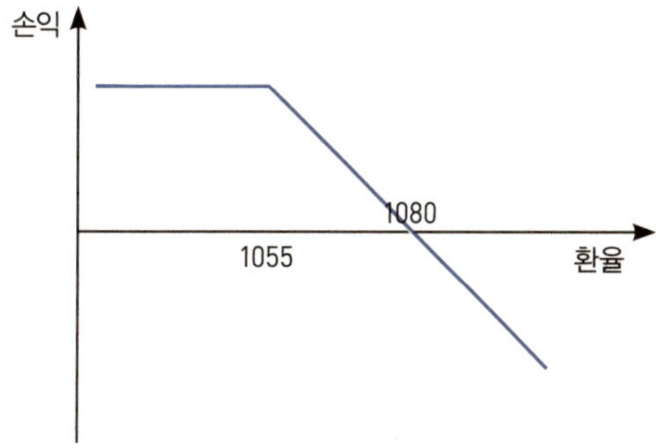

다음 환율 시나리오별(1000원, 1060원, 1100원)로 두 옵션의 행사여부를 '네' 또는 '아니오'라고 먼저 알아보고 아래의 설명과 비교해보자.

1) 1000원

만기일 환율이 1000원이면 합성선물환거래 매도와 풋옵션 매도가 모두 행사되기 때문에 롱 포지션은 헤지되지 않아 달러를 만기일 환율인 1000원에 매도해야 함.

그러나 합성선물환 매도와 풋옵션 매도가 모두 행사되면서 25원(=1080원−1055원)만큼의 이익이 발생하여 1025원에 달러를 매도할 수 있음. 거래일 선물환율인 1070원보다 매우 불리함.

2) 1060원

만기일 환율이 외가격 풋옵션 행사가격(1055원)보다 높기 때문에 풋옵션은 행사되지 않아 거래한 합성선물환율인 1080원에 달러를 매도할 수 있어 거래일 선물환율인 1070원보다 유리함.

3) 1100원

만기일 환율이 풋옵션 행사가격(1055원)보다 높기 때문에 풋옵션은 행사되지 않아 합성선물환율인 1080원에 달러를 매도할 수 있어 거래일 선물환율인 1070원보다 유리함.

쉬어가는 코너

수출기업의 경우 …

왜 환율이 크게 하락할 때 큰 손실이 발생할까? 이는 너무나 쉬운 질문이다. 외가격 풋옵션을 매도했기 때문이다. 앞에서도 여러 차례 설명한 것과 같이 옵션을 매도하는 것은 변동성을 매도하는 것이기 때문이다. 환율이 크게 하락했다는 것은 변동성이 확대되었다는 뜻이다. 그렇기 때문에 통화옵션전략을 마케팅할 때 환율변동성에 대한 견해가 중요하다고 설명해야 완전판매이다.

다. 용도

외가격 풋옵션 행사가격 이상에서는 거래일 선물환율보다 유리하게 거래할 수 있는 여지를 확보하면서 만기일 환율이 매도한 풋옵션 행사가격 아래로 큰 폭으로 하락하지 않을 것으로 예상할 경우 적절함.

6. 부산에서 활발하게(?) 거래하는 장외 통화옵션전략은 무엇일까?

스프레드전략 가운데 행사가격이 3개인 버터플라이전략처럼 행사가격이 3개인 장외 통화옵션전략이 있다. 3개의 행사가격(동일한 금액의 옵션 하나를 매입하고 두 개의 옵션을 매도)을 갖는 이 전략은 만기일 환율에 따라 4개 구간의 만기손익구조를 가진다.

6-1. 수입기업

가. 환율 예측

만기일 환율이 제한적으로 하락(외가격 풋옵션 행사가격인 1060원까지) 또는 상승(외가격 콜옵션 행사가격인 1080원까지)할 것으로 예상함.

나. 전략 구성

등가격(1070원) 콜옵션을 매입하고, 외가격(1060원) 풋옵션을 매도하고, 외가격(1080원) 콜옵션을 매도하여 제로코스트로 전략 구성함.

쉬어가는 코너

행사가격이 3개인 이유는?

등가격(1070원) 콜옵션을 매입하고, 외가격(1060원) 풋옵션을 매도하면 제로코스트가 될까? 당연히 안 된다. 등가격 콜옵션이 외가격 풋옵션보다 옵션프리미엄이 비싸기 때문이다. 다른 행사가격의 외가격 콜옵션을 하나 더 매도해서 제로코스트를 만들었기 때문에 행사가격이 세 개인 옵션전략이다.

다. 만기손익구조

헤지결과와 만기손익구조를 도출하기 위해 다음 환율 시나리오별(1055원, 1062원, 1079원, 1082원)로 세 가지 옵션의 행사여부를 '네'와 '아니오'라고 구분하고 달러를 얼마에 매입할 수 있는지를 먼저 알아보고 아래의 설명과 비교해보자.

환율 시나리오별로 모두 정확히 맞출 수 있다면 지금까지 설명한 옵션전략을 잘 공부하였다고 자부해도 된다. 안타깝게도 그런 독자는 드물 것으로 예상한다. 필자의 예상이 틀리길 바란다.

만기손익구조를 두 단계로 나누어 그려보자. 먼저 세 가지 옵션의 내재가치를 따로 표시하면 다음과 같다.

【그림 6-31】 수입기업의 시걸전략의 내재가치

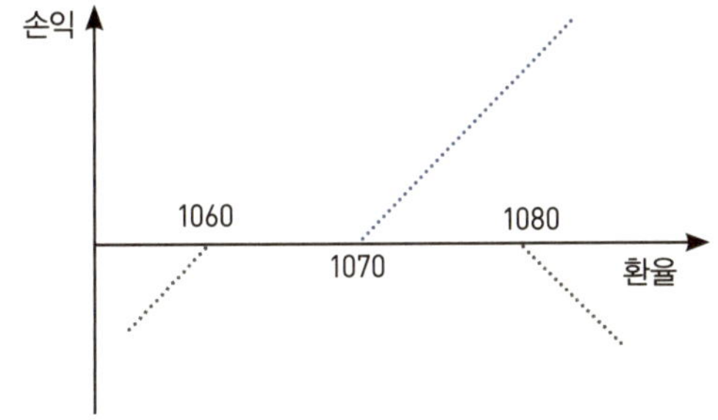

이들 세 가지 옵션을 합성하는 것도 식은 죽 먹기이다. 1060원 이하에서는 1060원 풋옵션 매도의 기울기로 '+1'이다. 1060원과 1070원 사이에서 세 옵션 모두 X축이기 때문에 이들을 합성하더라도 X축이다.

1070원부터 1080원 사이에서 1070원 콜옵션 매입의 기울기로 '+1'이다. 1080원 위에서는

1070원 콜옵션 매입의 기울기 '+1'과 1080원 콜옵션 매도의 기울기 '−1'을 합하면 기울기가 '0(零)'이 되어 X축과 평행한다.

【그림 6-32】 수입기업의 시걸전략의 만기손익구조

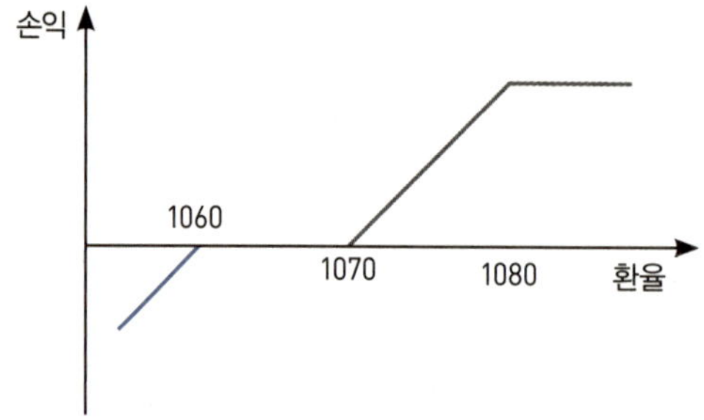

쉬어가는 코너 **이 전략의 이름은?**

위의 만기손익구조의 모습을 보면 무엇이 생각나는가? 갈매기 모양이다. 롯데자이언트의 홈구장인 부산에서 경기가 있을 때 '부산갈매기'라는 응원가를 듣는다. 그 응원가의 주인공이 바로 이 장외 통화옵션전략의 이름인 시걸(seagull)이다.

이제 만기손익구조를 완성하는 것은 너무나 쉽다고 생각할 것으로 확신한다. 만기일 환율 시나리오에 따른 헤지결과이다.

1) 1055원

만기일 환율이 외가격(1060원) 풋옵션 행사가격 이하에서는 외가격 풋옵션 행사가격인 1060원에 달러를 매입해서 거래일 선물환율인 1070원보다 유리함.

2) 1062원

위에서 설명한 것처럼 환율이 1062원일 때 만기손익구조는 X축이며, 헤지가 되지 않은 상황이기 때문에 만기일 환율인 1062원에 달러를 매입하여 거래일 선물환율인 1070원보다 유리함.

3) 1079원

만기일 환율이 1079원이면 매입한 콜옵션을 행사하기 때문에 만기일 환율인 1079원이 아니라 1070원 달러를 매입할 수 있어 거래일 선물환율인 1070원에 헤지한 것과 같음.

4) 1082원

환율이 1082원일 때 만기손익구조는 X축과 평행하는 선에 있어 헤지가 되지 않은 상황이기 때문에 만기일 환율인 1082원에 달러를 매입해야 함.

그러나 1070원 콜옵션을 행사하여 매입한 달러를 1080원 콜옵션의 행사로 인해 매도하면서 10원(=1080원-1070원)의 이익이 발생함. 결국 1072원에 달러를 매입할 수 있으며 거래일 선물환율인 1070원보다 약간 불리함.

라. 용도

만기일 환율이 외가격 풋옵션 행사가격과 외가격 콜옵션 행사가격 사이에 있을 가능성이 높다고 예상할 때 유용한 전략임.

6-2. 수출기업

가. 환율 예측

만기일 환율이 제한적으로 하락(외가격 풋옵션 행사가격인 1060원까지) 또는 상승(외가격 콜옵션 행사가격인 1080원까지)할 것으로 예상함.

나. 전략 구성

등가격(1070원) 풋옵션을 매입하고, 외가격(1060원) 풋옵션을 매도하고, 외가격(1080원) 콜옵션을 매도하여 제로코스트로 전략 구성함.

다. 만기손익구조

만기손익구조를 두 단계로 나누어 그려보자. 먼저 세 가지 옵션의 내재가치를 각각 표시하면 다음의 〈그림 6-33〉과 같다.

【그림 6-33】 수출기업의 시걸전략의 내재가치

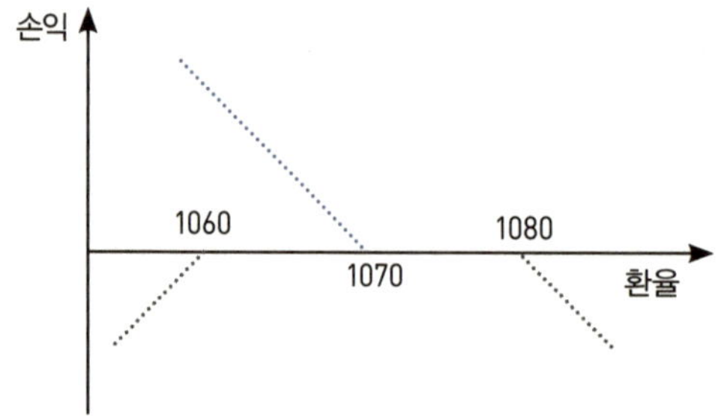

이들 세 가지 옵션을 합성하는 것도 쉽다. 1060원 이하에서는 1060원 풋옵션 매도의 기울기 '+1'과 1070원 풋옵션 매입의 기울기 '−1'을 합하면 기울기가 '0(零)'이 되어 X축과 평행한다. 1060원과 1070원 사이에서는 1070원 풋옵션 매입만 존재하기 때문에 기울기가 '−1'이다.

1070원부터 1080원 사이에서 세 옵션 모두 X축이기 때문에 이들을 합성하더라도 X축이다. 1080원 위에서는 1080원 콜옵션 매도의 기울기 '−1'이다.

【그림 6-34】 수출기업의 시걸전략의 만기손익구조

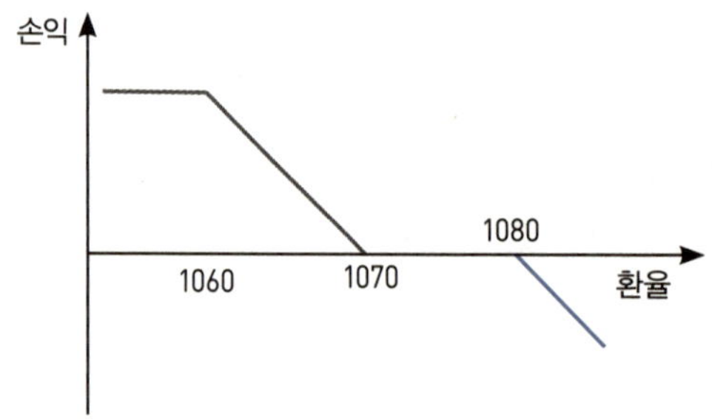

아래의 환율 시나리오별(1055원, 1062원, 1079원, 1082원)로 세 가지 옵션의 행사여부를 '네'와 '아니오'라고 구분하고 달러를 얼마에 매도할 수 있는지를 상황에 맞게 먼저 알아보고 아래의 설명과 비교해보자. 만기일 환율 시나리오에 따른 헤지결과이다.

1) 1055원

환율이 1055원일 때 만기손익구조는 X축과 평행하는 선에 있어 헤지가 되지 않은 상황이기 때문에 만기일 환율인 1055원에 달러를 매도해야 함. 그러나 두 풋옵션이 행사되면서 10원(=1070원-1060원)이 이익이 발생함. 결국 1065원에 달러를 매도할 수 있지만 거래일 선물환율인 1070원보다 불리함.

2) 1062원

만기일 환율은 1062원이지만 매입한 등가격(1070원) 풋옵션을 행사해서 선물환율인 1070원에 매도할 수 있음.

3) 1079원

모든 옵션들이 행사되지 않았기 때문에 만기일 환율인 1079원에 달러를 매도할 수 있어 거래일 선물환율인 1070원보다 유리함. 이번에도 환율이 1079원일 때 만기손익구조는 X축이라는 것을 보면 헤지되지 않았음을 알 수 있음.

4) 1082원

매도한 외가격(1080원) 콜옵션이 행사되면서 달러를 1080원에 매도하여 거래일 선물환율인 1070원보다 유리함.

라. 용도

만기일 환율이 외가격 풋옵션 행사가격과 외가격 콜옵션 행사가격 사이에 있을 가능성이 높다고 예상할 때 유용한 전략임.

쉬어가는 코너 — **우리는 지금 무엇을 하고 있는가?**

앞에서도 이런 자문을 했다. 이미 여러 장외 통화옵션전략을 설명했지만 기업들은 늘 새로운 만기손익구조를 가진 장외 통화옵션전략들을 원한다.
그런데 중요한 것은 지금까지 그리고 앞으로 설명할 모든 장외 통화옵션전략의 만기손익구조가 다르다는 점이다. 즉, 롱 또는 숏 포지션만 거래할 수 있는 선물환거래와는 너무나 다르다. 이것이 옵션의 장점이라는 것을 또 확인할 수 있다.

7. 배리어 포워드전략

'배리어옵션'이라는 말이 기억나는가? 이색옵션의 하나로 옵션을 거래할 때 정한 배리어에 도달하게 되면 옵션의 효력이 소멸하거나 발생한다. 이렇게 장외 통화옵션전략 가운데 배리어 옵션을 탑재한 것들이 있다.

배리어 포워드전략(barrier forward)은 만기일 환율이 옵션을 거래할 때 정한 배리어에 도달하지 않으면 선물환율보다 유리한 환율로 거래할 수 있지만 배리어에 도달하면 녹아웃 또는 녹인되면서 불확실성이 커질 수 있는 전략이다.

여기서는 배리어 도달 여부를 만기일에만 관찰하는 유로피안 배리어로 설명한다.

7-1. 수입기업

가. 환율 예측

만기일 환율이 녹아웃 배리어(1085원) 위까지 큰 폭으로 상승하지는 않을 것으로 예상함.

나. 전략 구성

1060원 up & out(유로피안 배리어: 1085원) 콜옵션을 매입하고, 1060 down & in(유로피안 배리어: 1045원) 풋옵션을 매도하여 제로코스트로 전략 구성함.

다. 만기손익구조

헤지결과와 만기손익구조를 도출하기 위해 다음의 환율 시나리오별(1030원, 1050원, 1083원, 1090원)로 두 옵션의 행사여부를 '네'와 '아니오'라고 구분하고 달러를 얼마에 매입할 수 있는지를 먼저 알아본 뒤 아래의 설명과 비교해보자.

빈칸에 대한 정답은 참고문헌 앞 〈별도 구성〉에서 확인할 수 있다. 특히 만기일 환율이 1050원과 1090원일 때를 잘 유의하자.

표 6-10 수입기업의 배리어 포워드전략의 만기손익

구분/환율	1030원	1050원	1083원	1090원
1060원 녹아웃(배리어: 1085원) 콜옵션				
1060원 녹인(배리어: 1045원) 풋옵션				
달러 결제 환율				

빈칸에 '네(?)'라고 쓴 이유는 무엇일까? 1050원일 때 1060원 풋옵션이 행사되는 것은 맞지만 녹인 배리어에 도달하지 못했기 때문에 1060원 풋옵션은 행사되지 않는다.

같은 맥락에서 만기일 환율이 1090원일 때 콜옵션을 행사할 수 있지만 녹아웃 배리어에 도달했기 때문에 옵션은 더 이상 존재하지 않는다. 이제 만기손익구조를 두 단계로 나누어 그려보자.

【그림 6-35】 수입기업의 배리어 포워드전략의 내재가치

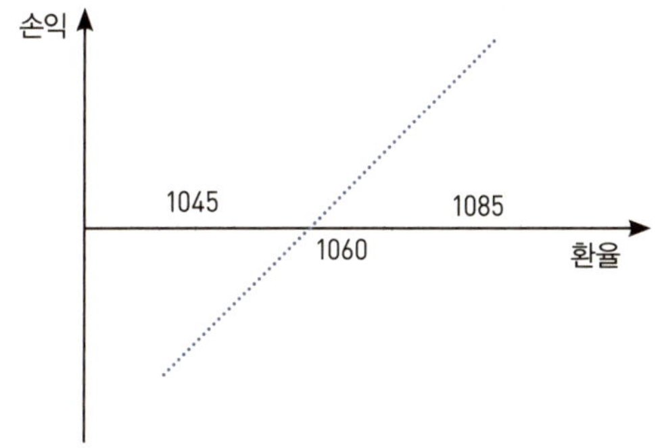

배리어를 감안하지 않고 같은 행사가격인 1060원 콜옵션 매입의 내재가치와 풋옵션 매도의 내재가치를 합성하면 위와 같이 1060원 합성선물환거래 매입과 같다. 이제 배리어를 감안하면 아래의 만기손익구조를 그릴 수 있다. 1085원 이상에서는 녹아웃되고, 1045원 이하에서는 녹인되는 것을 알 수 있다.

【그림 6-36】 수입기업의 배리어 포워드전략의 만기손익구조

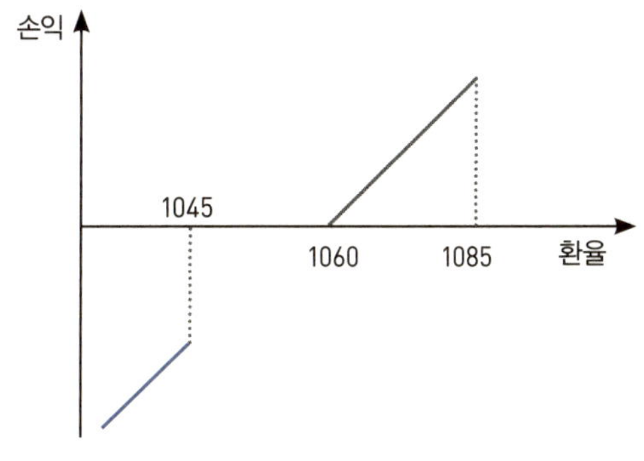

1) 1030원

풋옵션이 행사되기 때문에 달러를 1060원에 매입해서 거래일 선물환율인 1070원보다 유리함.

2) 1050원

배리어에 도달하지 못하여 풋옵션이 행사되지 않아 헤지가 되지 않았기(만기손익구조가 X축이기 때문에 헤지되지 않았음을 알 수 있음) 때문에 현물환율인 1050원에 달러를 매입함. 거래일 선물환율인 1070원보다 매우 유리함.

3) 1083원

매입한 콜옵션을 행사하여 거래일 선물환율인 1070원보다 유리한 1060원에 달러를 매입함.

4) 1090원

1060원 up & out(유로피안 배리어: 1085원) 콜옵션을 매입했기 때문에 콜옵션은 녹아웃되어 헤지가 되지 않았기(만기손익구조가 X축이기 때문에 헤지되지 않았음을 알 수 있음) 때문에 달러를 거래일 선물환율인 1070원보다 훨씬 불리한 1090원에 매입해야 함. 이 전략을 거래한 경우 최악의 시나리오에 따른 헤지결과임.

라. 용도

만기일 환율이 녹아웃 배리어 위로 상승하지만 않으면 거래일 선물환율보다 유리하게 거래할 수 있는 여지를 조건부로 확보할 수 있는 전략임.

7-2. 수출기업

가. 환율 예측

만기일 환율이 녹아웃 배리어(1055원) 아래까지 큰 폭으로 하락하지는 않을 것으로 예상함.

나. 전략 구성

1080원 down & out(유로피안 배리어: 1055원) 풋옵션을 매입하고, 1080 up & in(유로피안 배리어: 1095원) 콜옵션을 매도하여 제로코스트로 전략 구성함.

다. 만기손익구조

헤지결과와 만기손익구조를 도출하기 위해 다음의 환율 시나리오별(1050원, 1060원, 1090원, 1110원)로 두 옵션의 행사여부를 '네'와 '아니오'라고 구분하고 달러를 얼마에 매도할 수 있는지를 먼저 알아보고 정답과 비교해보자.

빈칸에 대한 정답은 참고문헌 앞 〈별도 구성〉에서 확인할 수 있다.

표 6-11 수출기업의 배리어 포워드전략의 만기손익

구분/환율	1050원	1060원	1090원	1110원
1080원 녹아웃(배리어: 1055원) 풋옵션				
1080원 녹인(배리어: 1095원) 콜옵션				
달러 매도 환율				

여기서도 만기일 환율이 1050원일 때와 1090원일 때 '네(?)'인 이유를 스스로 확인해보자. 모든 빈칸을 바르게 채웠기를 바란다. 이번에도 만기손익구조를 두 단계로 나누어 그려보자.

【그림 6-37】 수출기업의 배리어 포워드전략의 내재가치

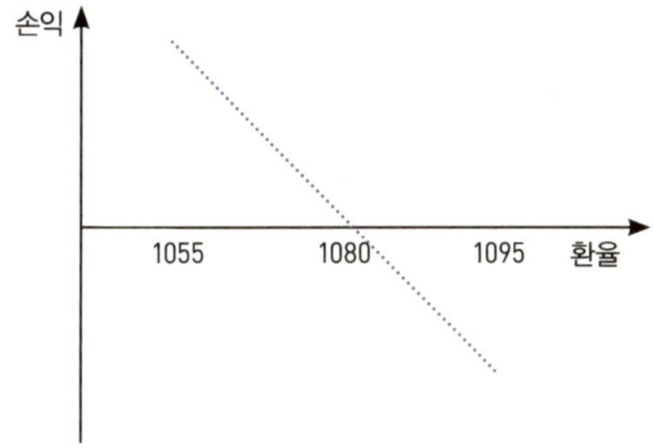

배리어를 감안하지 않고 같은 행사가격인 1080원 풋옵션 매입의 내재가치와 콜옵션 매도의 내재가치를 합성하면 1080원 합성선물환거래 매도와 같다. 이제 배리어를 감안하면 아래의 만기손익구조를 그릴 수 있다. 1055원 이하에서는 녹아웃되고, 1095원 이상에서는 녹인되는 것을 알 수 있다.

【그림 6-38】 수출기업의 배리어 포워드전략의 만기손익구조

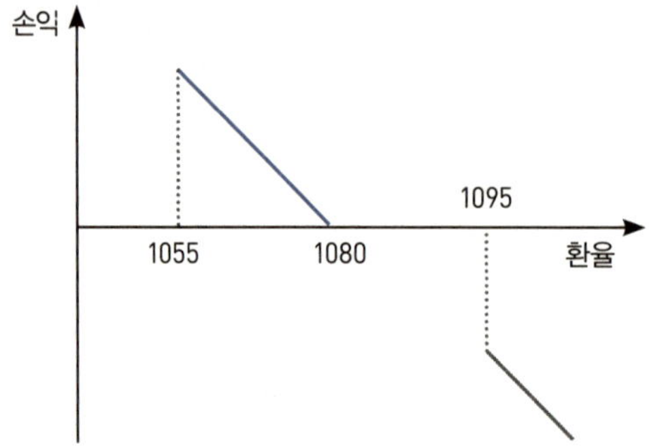

1) 1050원

풋옵션이 녹아웃되기 때문에 달러를 1050원에 매도해야 함. 거래일 선물환율인 1070원에 비해 매우 불리함.

2) 1060원

풋옵션을 행사하여 선물환율인 1070원보다 유리한 1080원에 매도할 수 있음.

3) 1090원

매도한 콜옵션이 행사되지 않기 때문에(만기손익구조가 X축이기 때문에 헤지되지 않았음을 알 수 있음) 거래일 선물환율인 1070원보다 유리한 1090원에 달러를 매도함.

4) 1110원

1080원 up & in(유로피안 배리어: 1095원) 콜옵션을 매도했기 때문에 콜옵션이 행사되어 1080원에 달러를 매도해서 거래일 선물환율인 1070원보다 유리함.

라. 용도

만기일에 환율이 녹아웃 배리어 아래로 크게 하락하지만 않으면 선물환율보다 유리하게 달러를 매도할 수 있는 여지를 조건부로 확보할 수 있는 전략임.

정리하는 코너

합성선물환의 변형(3)

이 전략은 합성선물환의 변형으로 행사가격은 같게 하고, 배리어를 추가한 상품이었다. 합성선물환의 변형(3)에 해당한다.

8. 녹아웃 포워드전략

녹아웃 포워드전략(knock-out forward)은 만기일에 환율이 녹아웃 배리어(유로피안)에 도달하지만 않으면 일반 선물환율보다 유리한 계약환율로 거래할 수 있는 장외 통화옵션전략이다.

8-1. 수입기업

가. 환율 예측

만기일 환율이 녹아웃 배리어(1105원) 위까지 큰 폭으로 상승하지는 않을 것으로 예상됨.

나. 전략 구성

1060 up & out(유로피안 배리어: 1105원) 콜옵션을 매입하고, 행사가격과 녹아웃 배리어가 동일한 풋옵션을 매도하여 제로코스트로 전략을 구성함.

다. 만기손익구조

헤지결과와 만기손익구조를 도출하기 위해 다음의 환율 시나리오별(1050원, 1100원, 1120원)로 두 옵션의 행사여부를 '네'와 '아니오'라고 구분하고 달러를 얼마에 매입할 수 있는지를 독자가 먼저 알아보고 정답과 비교해보자.

빈칸에 대한 정답은 참고문헌 앞 〈별도 구성〉에서 확인할 수 있다.

표 6-12 수입기업의 녹아웃 포워드전략의 만기손익

구 분 / 환 율	1050원	1100원	1120원
1060원 녹아웃(배리어: 1105원) 콜옵션			
1060원 녹아웃(배리어: 1105) 풋옵션			
달러 매입 환율			

모든 빈칸을 바르게 채운 독자들이 많길 바란다. 이제 만기손익구조를 두 단계로 나누어 그려보자.

【그림 6-39】 수입기업의 녹아웃 포워드전략의 내재가치

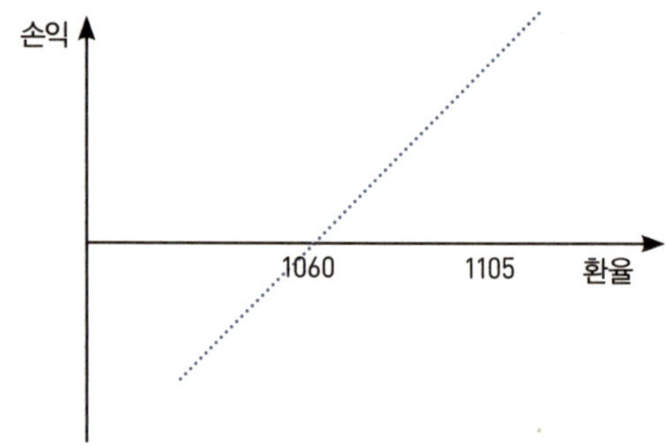

배리어를 감안하지 않고 같은 행사가격인 1060원 콜옵션 매입의 내재가치와 풋옵션 매도의 내재가치를 합성하면 1060원 합성선물환거래 매입과 같다. 이제 배리어를 감안하면 다음 〈그림 6-40〉의 만기손익구조를 그릴 수 있다.

【그림 6-40】 수입기업의 녹아웃 포워드전략의 만기손익구조

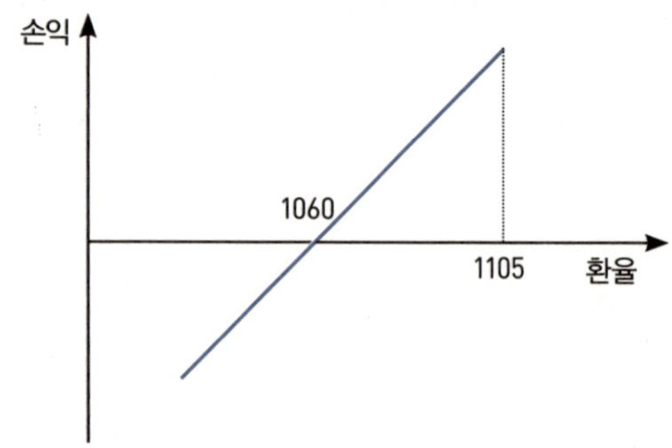

1) 1050원

매도한 풋옵션이 행사되어 만기일 환율은 1050원이지만 달러를 1060원에 매입해야 함. 그러나 거래일 선물환율인 1070원보다 유리함.

2) 1100원

매입한 콜옵션을 행사하여 만기일 환율은 1100원이지만 달러를 1060원에 매입할 수 있어 거래일 선물환율인 1070원보다 유리함.

3) 1120원

매입한 콜옵션과 풋옵션이 모두 녹아웃되어 헤지되지 않았기 때문에 달러를 만기일 환율인 1120원에 매입해야 함. 만기손익구조가 X축이기 때문에 헤지되지 않았다는 것을 확인할 수 있음.

세 가지 환율 시나리오 가운데 가장 불리한 헤지결과임.

라. 용도

만기일 환율이 녹아웃 배리어 위까지 큰 폭으로 상승하지만 않으면 거래일 선물환율보다 유리한 환율로 환리스크를 관리할 수 있음.

8-2. 수출기업

가. 환율 예측

만기일에 환율이 knock-out(1030원) 배리어 아래까지 큰 폭으로 하락하지는 않을 것으로 예상함.

나. 전략 구성

1080 down & out(유로피안 배리어: 1030원) 풋옵션을 매입하고, 행사가격과 녹아웃 배리어가 동일한 콜옵션을 매도하여 제로코스트로 전략 구성함.

다. 만기손익구조

이번에도 헤지결과와 만기손익구조를 도출하기 위해 다음의 환율 시나리오별(1020원, 1060원, 1100원)로 두 옵션의 행사여부를 '네'와 '아니오'라고 구분하고 달러를 얼마에 매도할 수 있는지를 독자들이 먼저 알아보고 정답과 비교해보자.

빈칸에 대한 정답은 참고문헌 앞 〈별도 구성〉에서 확인할 수 있다.

표 6-13 수출기업의 녹아웃 포워드전략의 만기손익

구분 / 환율	1020원	1060원	1100원
1080원 녹아웃(배리어: 1030원) 풋옵션			
1080원 녹아웃(배리어: 1030원) 콜옵션			
달러 매도 환율			

모든 빈칸을 바르게 채웠길 바란다. 이제 만기손익구조를 두 단계로 나누어 그려보자.

【그림 6-41】 수출기업의 녹아웃 포워드전략의 내재가치

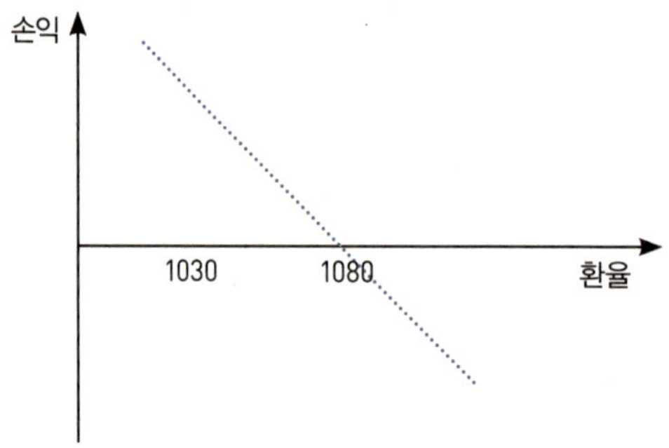

배리어를 감안하지 않고 같은 행사가격인 1080원 풋옵션 매입의 내재가치와 콜옵션 매도의 내재가치를 합성하면 1080원 합성선물환거래 매도와 같다. 이제 배리어를 감안하면 다음의 만기손익구조를 도출할 수 있다.

【그림 6-42】 수출기업의 녹아웃 포워드전략의 만기손익구조

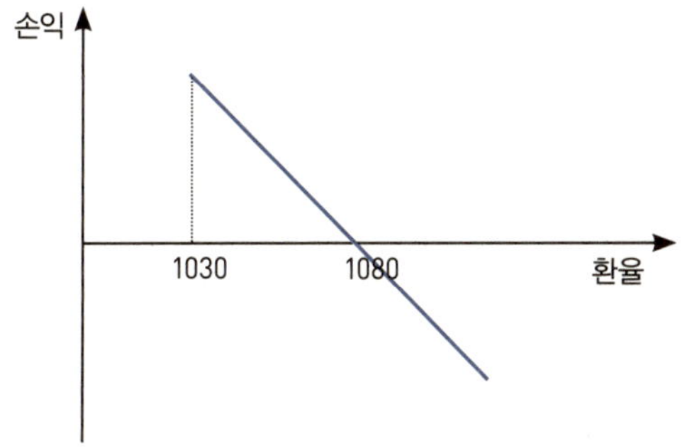

1) 1020원

매입한 풋옵션이 녹아웃되어 헤지가 되지 않아 달러를 1020원에 매도함. 거래일 선물환율인 1070원에 비해 매우 불리함. 세 가지 환율 시나리오 가운데 가장 불리한 헤지결과임.

2) 1060원

매입한 풋옵션을 행사하여 달러를 1080원에 매도하여 거래일 선물환율인 1070원보다 유리함.

3) 1100원

매도한 콜옵션이 행사되어 달러를 1080원에 매도함. 만기일에 환율이 상승한 것에 따른 이익을 향유하지 못하지만 거래일 선물환율인 1070원보다 유리함.

라. 용도

만기일 환율이 녹아웃 배리어 아래까지 큰 폭으로 하락하지만 않으면 거래일 선물환율보다 유리한 환율로 환리스크를 관리할 수 있음.

9. 키코거래

9-1. 왜 키코거래를 했는가?

정리하는 코너

2008년부터 …

키코거래가 큰 파장을 일으켰다. 그러나 키코를 처음 거래한 것은 2005년경부터였다.
당시 우리나라 대부분의 기업은 달러/원 환율이 계속해서 하락할 것으로 예상했기 때문에 선물환 매도헤지 수요가 점증했다. 그리고 달러와 원화의 금리가 역전되어 달러/원 스왑포인트가 음수(-)가 되어 선물환율이 현물환율보다 낮았다.

수출기업은 롱 포지션을 헤지하기 위해 당시 활용하던 장외 통화옵션전략들(지금까지 공부한 전략들)보다 더 유리하게 달러를 매도할 수 있는 전략이 필요했다.

인디언의 후예(?)인 은행원들은 기업의 요구를 충족시키기 위해 다른 매입 및 매도 비율과 배리어옵션을 가미한 새로운 형태의 전략을 출시하기 시작했다. 이하에서는 수출기업 사례만 설명한다.

9-2. 키코거래의 첫 단추는 타겟 포워드전략

앞에서 선물환거래로 헤지 목적을 달성할 수 없을 때 타겟 포워드전략을 활용하면 그 목적을 달성할 수 있는 것을 살펴보았다.

예를 들면 수출기업이 거래일 선물환율(지금부터는 950원)보다 유리한 환율로 달러를 매도하기 위해 내가격(960원) 풋옵션 1배수 매입과 외가격(960원) 콜옵션 2배수 매도로 타겟 포워드전략을 만들 수 있었다.

쉬어가는 코너 **이 전략은 …**

기업이 예상한대로 환율이 하락하면 유리한 헤지결과를 달성한다. 그러나 환율이 상승하면 손실은 급증한다. 그럼에도 불구하고 타겟 포워드전략보다 더 유리하게 달러를 매도할 수 있을 수 있는 전략이 필요했다.
달러/원 환율이 하락할 것이라는 강한 믿음 때문이었다.

9-3. 녹아웃 타겟 포워드전략과 스트립 녹아웃 타겟 포워드전략

기존 타겟 포워드전략보다 더 유리한 환율에 달러를 매도하려면 어떻게 하면 될까? 배리어 옵션을 타겟 포워드전략에 탑재할 경우 환율이 녹아웃 배리어 이하로 하락하면 옵션이 소멸되는 위험은 있지만 타겟 포워드전략보다 유리한 환율에 달러를 매도할 수 있는 녹아웃 타겟 포워드전략(KO target forward)을 만들 수 있다.

가. 전략 구성

965원 down & out(아메리칸 배리어: 890원) 풋옵션 1백만 달러 매입
965원 down & out(아메리칸 배리어: 890원) 콜옵션 2백만 달러 매도

나. 만기손익구조

헤지결과를 알아보기 위해 만기일의 환율 시나리오별(880원, 만기일까지 890원 이하에서 거래되지 않았고 900원, 만기일까지 890원 이하에서 거래되지 않았고 990원일 때)로 나누어서 살펴보자.

1) 880원

환율이 배리어를 지나쳐서 두 옵션 모두 녹아웃되었기 때문에 헤지되지 않았음. 만기일 환율인 880원에 달러를 매도하기 때문에 거래일 선물환율인 950원에 비해 매우 불리함.

2) 만기일까지 890원 이하에서 거래되지 않았고 900원

매도한 콜옵션은 행사되지 않음. 환율이 녹아웃 배리어에 도달하지 않았기 때문에 풋옵션을 행사하여 965원에 매도할 수 있어 거래일 선물환율인 950원에 비해 유리함.

3) 만기일까지 890원 이하에서 거래되지 않았고 990원

매도한 콜옵션이 행사되어 2백만 달러를 965원에 매도함. 만일 수출기업이 수출대금으로 1백만 달러만 수취한 경우 수출기업은 2백만 달러 가운데 1백만 달러를 만기일 환율인 990원에 매입하면 25원(=965원-990원)의 손실이 발생하여 헤지 대상인 1백만 달러를 940원(=965원-25원)에 매도하는 결과임.

거래일 선물환율인 950원에 비해 불리함. 만기일 환율이 상승할수록 낮은 환율에 매도하는 결과가 될 수 있음.

쉬어가는 코너 **스트립(strip)**

기업이 일정한 기간 동안 매월 같은 만기일에 같은 금액을 같은 환율로 헤지하려고 하는 경우, 예를 들면 12개의 같은 조건인 옵션전략을 하나의 패키지로 거래하는 것이다.

이때부터 수출기업은 예를 들어 1년 동안 매월 특정 만기일에 일정 금액을 같은 환율로 한꺼번에 12개 만기의 패키지로 거래하는 스트립을 가미한 스트립 녹아웃 타겟 포워드전략(strip KO target forward)을 거래했다. 그런데 이 전략은 만기일까지 모든 영업일에 녹아웃 여부를 관찰하는 'anytime KO' 조건이었다.

정리하는 코너

'anytime KO'의 함정

스트립 녹아웃 타겟 포워드전략의 단점은 무엇일까?

이 전략을 활용할 경우 만기일 이전에 환율이 한번이라도 배리어에 도달하면 down & out(아메리칸 배리어)옵션이 소멸되기 때문에 남은 여러 만기월에 대한 헤지가 불가능하다.

9-4. Window KIKO 1:1전략

스트립 녹아웃 타겟 포워드전략의 단점을 보완하기 위해 환율이 최종 만기일 이전에 배리어에 도달하더라도 해당 관찰기간의 옵션만 소멸시키고, 남은 기간은 관찰기간별로 배리어 도달 여부를 관찰하는 옵션전략을 거래하기 시작했다.

배리어에 도달하면 옵션이 소멸되는 것을 해당 관찰기간에만 적용한다는 뜻에서 'window' 라고 불렀다.

이하 예시에서 1년 par forward 환율(1년 동안 같은 선물환율을 적용하는 par forward거래에 적용하는 환율로, 1년 동안 월별 선물환율의 현재가치를 가중평균하여 산출한다)은 950원으로 가정한다.

가. 전략 구성

954원 down & out(910원 배리어) 풋옵션 1백만 달러 매입

954원 down & out(910원 배리어) 콜옵션 1백만 달러 매도

954원 double KO(910원/982원 배리어) 콜옵션 1백만 달러 매입

나. 만기손익구조

헤지결과를 알아보기 위해 관찰기간 중의 환율 시나리오별(900원, 910원과 982원 사이였고 915원, 910원과 982원 사이였고 980원, 910원 이하인 적이 없고 982원 이상에서 거래된 적이 있으며 915원, 910원 이하인 적이 없고 982원 이상에서 거래된 적이 있으며 1000원)로 살펴보자.

1) 900원

환율이 배리어를 지나쳐서 모든 옵션은 녹아웃되기 때문에 해당 관찰기간은 헤지되지 않음. 현물환율인 900원에 1백만 달러를 매도하기 때문에 거래일 par forward 환율인 950원에 비해 매우 불리함. 그러나 남은 관찰기간(들)의 옵션은 유효함.

2) 910원과 982원 사이였고 915원

매도하고 매입한 두 콜옵션은 행사되지 않음. 풋옵션을 행사하여 1백만 달러를 954원에 매도할 수 있음. 거래일 par forward 환율인 950원에 비해 유리함.

3) 910원과 982원 사이였고 980원

풋옵션은 행사하지 않음. 매도하고 매입한 두 콜옵션이 모두 행사되어 옵션거래에 따른 포지션은 스퀘어됨. 1백만 달러를 현물환율인 980원에 매도함. 거래일 par forward 환율인 950원에 비해 매우 유리함.

4) 910원 이하인 적이 없고 982원 이상에서 거래된 적이 있으며 915원

매도한 콜옵션은 행사되지 않고, 매입한 콜옵션은 녹아웃됨. 풋옵션을 행사해서 1백만 달러를 954원에 매도함. 거래일 par forward 환율인 950원에 비해 유리함.

5) 910원 이하인 적이 없고 982원 이상에서 거래된 적이 있으며 1000원

풋옵션은 행사하지 않음. 매입한 콜옵션은 녹아웃됨. 매도한 콜옵션이 행사되어 1백만 달러를 954원에 매도해야 함. 거래일 par forward 환율인 950원에 비해 유리함.

정리하는 코너

아직까지는 …

위에서 살펴본 것처럼 window KIKO 1:1전략이 그렇게 심각하지 않다. 즉, 해당 관찰기간에 환율이 하락하여 910원 배리어에만 도달하지 않으면 거래일 par forward 환율인 950원보다 유리한 954원 또는 954원과 982원 사이에 헤지할 수 있기 때문이다. 그런데 왜 키코거래가 그렇게도 세상을 뒤흔들었던 것일까?

9-5. Window KIKO 1:2전략

Window KIKO 1:1전략보다 더 높은 행사가격으로 거래하려면 매도하는 배수를 늘려서 레버리지효과를 달성할 수 있다. 이러한 전략으로 차츰 Window KIKO 1:2전략을 거래하기 시작하고, Window KIKO 1:3전략 등 더 높은 비율로 거래하기도 했다.

가. 전략 구성

965원 down & out(910원 배리어) 풋옵션 1백만 달러 매입
965원 down & out(910원 배리어) 콜옵션 2백만 달러 매도
965원 double KO(910원/982원 배리어) 콜옵션 2백만 달러 매입

정리하는 코너

합성선물환의 변형(2)와 (3)의 합성

이 전략은 또 다른 합성선물환의 변형으로, 매입 및 매도한 비율이 다르고 배리옵션을 추가하여 전략을 만들었다. 합성선물환의 변형(2)와 (3)의 합성에 해당한다.

나. 만기손익구조

헤지결과를 알아보기 위해 관찰기간 중의 환율 시나리오별(900원, 910원과 982원 사이였고 915원, 910원과 982원 사이였고 980원, 910원 이하인 적이 없고 982원 이상에서 거래된 적이 있으며 915원, 910원 이하인 적이 없고 982원 이상에서 거래된 적이 있으며 980원, 910원 이하인 적이 없고 982원 이상에서 거래된 적이 있으며 1000원)로 살펴보자.

1) 900원

환율이 배리어를 지나쳐서 모든 옵션은 녹아웃되었기 때문에 해당 관찰기간은 헤지되지 않았음. 만기일 현물환율인 900원에 1백만 달러를 매도하기 때문에 거래일 par forward 환율인 950원에 매우 불리함. 그러나 남은 관찰기간(들)의 옵션은 유효함.

2) 910원과 982원 사이였고 915원

매도하고 매입한 두 콜옵션은 행사되지 않음. 풋옵션을 행사하여 1백만 달러를 965원에 매도할 수 있음. 거래일 par forward 환율인 950원에 비해 유리함.

3) 910원과 982원 사이였고 980원

풋옵션은 행사하지 않음. 매입하고 매도한 두 콜옵션이 모두 행사되어 포지션은 스퀘어됨. 1백만 달러를 현물환율인 980원에 매도함. 거래일 par forward 환율인 950원에 비해 매우 유리함.

4) 910원 이하인 적이 없고 982원 이상에서 거래된 적이 있으며 915원

매입한 콜옵션은 녹아웃되고, 매도한 콜옵션은 행사되지 않음. 풋옵션을 행사해서 1백만 달러를 965원에 매도함. 거래일 par forward 환율인 950원에 비해 유리함.

5) 910원 이하인 적이 없고 982원 이상에서 거래된 적이 있으며 980원

풋옵션은 행사하지 않음. 매입한 콜옵션은 녹아웃됨. 매도한 콜옵션이 행사되어 2백만 달러를 965원에 매도해야 함. 추가로 매도한 1백만 달러를 만기일 환율인 980원에 매입하면 15원(=980원-965원)의 손실이 발생하여 1백만 달러를 950원(=965원-15원)에 헤지하는 결과가 되어 거래일 par forward 환율인 950원과 같음.

6) 910원 이하인 적이 없고 982원 이상에서 거래된 적이 있으며 1000원

풋옵션은 행사하지 않음. 매입한 콜옵션은 녹아웃됨. 매도한 콜옵션이 행사되어 2백만 달러를 965원에 매도해야 함. 추가로 매도한 1백만 달러를 만기일 환율인 1000원에 매입하면 35원(=1000원-965원)의 손실이 발생하여 1백만 달러를 930원(=965원-35원)에 헤지하는 결과가 되어 거래일 par forward 환율인 950원에 매우 불리함.

환율이 상승할수록 손실이 커지면서 경제적 및 사회적 문제를 야기함.

정리하는 코너

위에서 …

살펴본 것처럼 만기일의 환율이 1000원까지만 상승했어도 그렇게 심각한 문제가 되지는 않았을 것이다. 그러나 글로벌 금융위기 이후 달러/원 환율은 1500원을 뚫고 폭등했기 때문에 키코 거래에 따른 손실은 엄청났다.

환율 폭등뿐만 아니라 레버리지를 1:2가 아니라 1:3 이상으로 거래했기 때문에 손실은 천문학적으로 늘어났다.

키코거래에 따른 피해를 조금이라도 줄일 수 있는 방법은 없었을까? 수출기업이 헤지해야 할 금액이 1백만 달러인 경우, 위에서 살펴본 것과 같이 헤지할 금액보다 많은 2백만 달러 콜옵션을 매도했기 때문에 환율이 상승할수록 손실이 눈덩이처럼 커졌다.

헤지 대상 금액의 절반만 거래했더라면 손실이 그렇게 커지는 않았을 것이다.

9-6. Window KIKO 1:2전략이 시사하는 점은 무엇인가?

흔히 키코거래라고 하지만 그것이 window KIKO 1:1전략 또는 window KIKO 1:2전략에 따라 만기손익구조가 다르다는 것을 쉽게 알 수 있다. 하지만 일반인들은 그것을 구분하지 않고 주로 window KIKO 1:2전략에 대해서 말하는 경향이 있다.

이것만 보아도 이제는 어느 정도 잊혀져 가고 있는 그 거래에 대한 올바른 이해가 부족했다는 것을 알 수 있다.

쉬어가는 코너

수면제와 window KIKO 1:2전략의 공통점은?

키코거래로 온 나라가 떠들썩할 때 친구들과 술자리를 한 적이 있다. 친구 가운데 하나가 "너도 은행 다닐 때 그걸 팔았냐?"하며 거칠게 따지듯 물었다.
성질이 급한 그런 친구에게 이 책을 권하거나 장황하게 키코거래의 모든 것을 차분하게 설명할 수 없다. 그래서 '야, 수면제가 좋은 거냐? 나쁜 거냐?'라고 그에게 반문했다.
어떤 사람이 고민이 많아 잠을 자지 못해서 의사의 처방에 따라 수면제를 먹고 정상적으로 자게 된다면 그 수면제는 매우 유용하다. 그러나 그가 나쁜 마음을 먹고 수면제를 한꺼번에 30알을 먹는다면 그 수면제는 분명 유해하다.
이처럼 수면제 자체는 중립적이지만 그것을 어떻게 사용하는가에 따라 매우 다른 결과를 가져온다.

당시 키코거래는 나름대로 필요했지만 그것을 거래한 은행들과 기업들이 중립적인 키코거래를 매우 유해한 방향으로 사용했다. 소를 잃는 것 못지 않게 중요한 것은 외양간을 잘 고쳐서 다시는 도둑이 넘보지 못하도록 해야 한다.

키코거래는 우리나라 금융산업 발전에 있어 너무나 큰 대가를 치른 성장통이었다. 즉, 키코거래를 판매한 은행은 그 상품의 위험에 대해 완전하게 고지를 하였는지 반문하고 싶다. 그리고 기업은 스스로 각 전략에 대한 만기손익구조를 확인하고 거래했는지 자문해야 한다는 것이다.

정리하는 코너

키코 소송에 대한 대법원 판결 내용

지리한 키코 소송은 2013년 9월 26일에 대법원 판결이 나오면서 새로운 국면으로 접어들었다. 주된 판결 내용은 다음과 같다.

1. 키코계약에서 손실이 발생하지만 보유 외환에서 이득이 발생하므로 키코거래는 환헤지 목적에 부합한다.
2. 불공정 여부는 계약시점을 기준으로 판단하며, 그 이후에 손익이 발생하더라도 불공정은 아니다.
3. 판매 이익금, 수수료 및 마이너스 시장 가치 등에 대해 은행의 설명 의무는 없다.
4. 환투기 목적으로 키코거래를 사용한 경우 적합성 원칙 및 설명 의무 위반에 해당하지 않는다.
5. 기업 경영을 위협하는 과도한 키코 계약을 권유한 것은 적법성 의무를 위반한 것이다.

10. 장외 통화옵션전략을 마무리하며

선도형 파생금융상품의 만기손익구조는 대칭적인 롱 또는 숏이다. 그래서 이들 상품들을 이해하고 마케팅하는 것은 쉽다. 그러나 보다 다양한 고객의 수요를 충족시키기 위해서는 다양한 장외 통화옵션전략을 마케팅해야 한다. 레인지 포워드전략이나 시걸전략 등은 그리 복잡하거나 위험하지도 않다.

그런데 이런 전략보다 다소 복잡한 전략을 마케팅할 경우 이미 경험한 키코사태와 같은 상황을 되풀이해서는 안 된다. 이제는 완전판매해야 한다.

정리하는 코너

금융인과 기업 담당자의 각오

은행의 담당자가 고객에게 마케팅할 옵션전략에 대해 본서에서 설명한 방법 또는 더 좋은 방법으로 만기일 환율 시나리오에 따른 만기손익구조를 정확하게 설명하여 고객이 잘 이해할 수 있도록 해야 한다.

그리고 또 하나 명심할 것은 통화옵션전략에서 가장 중요한 것 가운데 하나는 환율변동성이다. 그러므로 만기일까지 환율변동성에 대한 고객의 예측이 중요하다는 것도 잘 설명해야 완전판매이다.

기업의 담당자는 어떤 종류의 금융상품이라도 그 내용을 정확히 알고, 그 거래결과를 감당할 수 있을 때만 거래하자.

주요내용 종합정리

⊙ 옵션은 옵션매입자가 옵션매도자와 사전에 정한 가격으로 기초자산을 매입(콜옵션) 또는 매도(풋옵션) 할 수 있는 권리를 사고파는 파생금융상품이다. 권리와 의무가 동시에 존재하는 선도형 파생금융상품과 달리 옵션은 옵션매입자는 권리만, 옵션매도자는 의무만 가진다. 이런 옵션의 특징을 활용하여 금융기관, 기업 또는 일반투자자는 헤지거래, 투기거래 및 차익거래를 할 수 있다.

⊙ 옵션의 기본적인 용어인 콜옵션, 풋옵션, 행사가격, 만기일, 정산일 등에 대해 이해해야 한다. 특히 옵션프리미엄에 대해서 정확하게 공부해야 옵션의 다양한 전략을 이해하고 옵션을 적절하게 활용할 수 있다. 옵션프리미엄은 만기일 이전에는 내재가치와 시간가치의 합이고, 만기일에는 내재가치로 구성된다. 통화옵션프리미엄의 결정 요소에는 만기일, 행사가격, 현물환율, 환율변동성 및 스왑포인트이다. 이 가운데 환율변동성이 가장 중요하다.

⊙ 옵션전략은 크게 ① 표준형전략(콜매입, 콜매도, 풋매입, 풋매도) ② 변동성전략, ③ 손익을 일정한 범위에서 고정시키는 전략(각종 스프레드전략)과 ④ 장외(OTC)에서 자주 거래하는 전략 등으로 나눈다. 이 모든 전략들의 만기손익구조를 잘 이해한 뒤 활용해야 한다.
옵션전략은 선도형 파생금융상품의 대칭적인 만기손익구조와 달리 비대칭적인 만기손익구조로 인해 매우 탄력적이다. 만기손익구조를 정확하게 이해하기 위해 만기일의 내재가치와 옵션을 거래할 당시의 옵션프리미엄을 알면 된다. 본서에서는 이들 둘을 각각 순차적으로 고려하는 새로운 방법을 시도했다.

⊙ 표준형전략을 매입할 때 지급하는 비싼 옵션프리미엄의 부담을 줄이기 위해 고안한 이색옵션은 옵션전략을 더욱 다양하게 한다. 정액수수옵션은 만기일에 내가격상태이면 사전에 약정한 일정금액을 지급하고, 아니면 아무것도 지급하지 않는다. 그러므로 정액수수옵션은 만기일에 얼마만큼 내가격상태에 있는가는 의미가 없고 내가격인지 아닌지 여부가 중요하다.
배리어옵션은 옵션을 거래할 때는 두 가지 가격(행사가격과 배리어)이 관련된다. 기초자산 가격이 배리어에 도달하면 어떤 상황이 발생하는가에 따라 배리어옵션은 두 가지로 나눈다. 녹아웃옵션은 시작할 때 표준형옵션과 마찬가지이지만 기초자산 가격이 배리어에 도달하면 옵션이 없어진다. 반면에 녹인옵션은 배리어에 도달하면 비로소 옵션의 효력이 발생한다.

⊙ 장외 통화옵션전략은 선물환거래나 통화선물의 좋은 대안이며, 그 아이디어의 출발점은 합성선물환이다. 등가격 콜옵션 매입과 등가격 풋옵션 매도로 합성선물환 매입, 등가격 콜옵션 매도와 등가격 풋옵션 매입으로 합성선물환 매도를 만들 수 있다.

주요내용 종합정리

장외 통화옵션전략은 합성선물환을 변형하여 매입하고 매도하는 행사가격을 다르게 하여 다양한 전략을 만들 수 있다. 그리고 매입하거나 매도하는 옵션의 비율을 달리 하여 보다 탄력적인 만기손익구조를 만들수 있다. 앞의 두 가지 방법으로 원하는 만기손익구조를 만들 수 없으면 주로 배리어옵션 등 이색옵션을 추가하여 보다 다양한 전략을 만들 수 있다.

⊙ 레인지 포워드전략은 외가격 콜옵션(또는 외가격 풋옵션)과 외가격 풋옵션(또는 외가격 콜옵션)을 1:1의 비율로 동시에 매입 및 매도하여 옵션프리미엄을 동일하게 하여 제로코스트로 전략을 수립한다. 만기일 환율이 일정한 범위 안에서 좁게 형성될 것으로 예측하는 수입기업 또는 수출기업이 활용할 수 있는 전략이다.

타겟 포워드전략은 선물환율보다 유리한 계약환율로 일정금액을 헤지할 수 있는 장점이 있다. 그러나 만기일 환율에 따라 추가로 특정 금액을 같은 계약환율로 거래해야 하기 때문에 과대헤지가 될 위험이 있다.

프로핏테이킹 포워드전략은 일정한 환율까지는 거래 당시의 선물환율보다 유리한 환율로 거래할 수 있고 일정한 환율 수준을 벗어나더라도 손실의 일정부분을 보전받을 수 있는 전략이다.

시걸전략은 3개의 행사가격(동일한 금액의 옵션 하나를 매입하고 두 개의 옵션을 매도)으로 구성하며, 만기일 환율 시나리오에 따라 4개 구간의 만기손익구조를 가진다.

배리어 포워드전략은 만기일 환율이 옵션을 거래할 때 정한 배리어에 도달하지 않으면 선물환율보다 유리한 환율로 거래할 수 있지만 배리어에 도달하면 녹아웃 또는 녹인되면서 불확실성이 커질 수 있는 전략이다.

녹아웃 포워드전략은 만기일에 환율이 녹아웃 배리어에 도달하지만 않으면 일반 선물환율보다 유리한 계약환율로 거래할 수 있는 장외 통화옵션전략이다.

키코거래는 경제 및 사회적으로 큰 이슈가 되었던 장외 통화옵션전략이다. 키코거래의 첫 단초는 타겟 포워드전략이고, 이 보다 더 유리한 환율에 거래하려던 수출기업들이 녹아웃 타겟 포워드전략과 스트립 녹아웃 타겟 포워드전략에 이어 Window KIKO 1:1전략을 거래하다가 본격적으로 문제가 되었던 것은 Window KIKO 1:2전략 등 레버리지를 크게 했던 전략들이었다. 일부 금융기관은 불완전판매를 했고, 일부 기업들은 만기손익구조를 정확하게 이해하지 못하고 활용했기 때문에 큰 문제가 되었다.

연습문제

01. 만기일까지 환율변동성이 확대되고 환율이 상승할 것으로 예상할 때 적절한 투기목적의 전략으로, 특히 현재의 시장변동성이 낮다고 판단할 때 적절한 전략은?

① 콜매입
② 풋매입
③ 콜매도
④ 풋매도

다음의 설명이 맞으면 O, 틀리면 X를 하시오.

02. 콜옵션(call option)은 옵션매입자(options buyer)가 옵션매도자(option seller)에게 기초자산(underlying asset)을 약정된 기일에 약정된 가격(행사가격)으로 매도할 수 있는 의무(obligation)가 아닌 권리(right)를 가지는 상품이다. (   )

03. 옵션에는 옵션 매수자가 옵션을 만기에만 행사할 수 있는 (   ) 타입과 옵션 만기까지 언제라도 권리를 행사할 수 있는 (   ) 타입이 있다.

정답해설

01. ①

02. X 〈해설〉 콜옵션(call option)은 옵션매입자(options buyer)가 옵션매도자(option seller)로부터 기초자산(underlying asset)을 약정된 기일에 약정된 가격(행사가격)으로 매입할 수 있는 의무(obligation)가 아닌 권리(right)를 가지는 상품이다.)

03. (유로피안), (아메리칸)

208 쪽

구분	선물환거래	외환스왑	통화스왑
원금교환 여부 및 이자교환 여부	있음 (NDF거래는 없음)	있음	있음 (초기: 선택사항)
	없음	없음	있음
원금교환 시기 및 적용환율	초기(없음)	초기(현물환율)	초기(현물환율*)
	만기(선물환율)	만기(선물환율)	만기(현물환율*)
활용 사례	수출기업: 매도 수입기업: 매입	선물환거래의 만기일 단축/연장 금리차익거래 등	외화자산 또는 외화부채의 환 및 금리리스크 헤지 등

265 쪽

구 분 / 환 율	S_T < 1060원	1060원 < S_T < 1080원	1080원 < S_T
1080원 콜옵션	아니오	아니오	네
1060원 풋옵션	네	아니오	아니오
달러 매입 환율	1060원	당시 현물환율	1080원

270 쪽

구 분 / 환 율	1020원	1100원
1060원 콜옵션	아니오	네
1060원 풋옵션	네	아니오
달러 결제 환율	1100원	1060원

286쪽

구분/환율	1030원	1050원	1083원	1090원
1060원 녹아웃(배리어: 1085원) 콜옵션	아니오	아니오	네	네(?)
1060원 녹인(배리어: 1045원) 풋옵션	네	네(?)	아니오	아니오
달러 결제 환율	1060원	1050원	1060원	1090원

289 쪽

구분/환율	1050원	1060원	1090원	1110원
1080원 녹아웃(배리어: 1055원) 풋옵션	네(?)	네	아니오	아니오
1080원 녹인(배리어: 1095원) 콜옵션	아니오	아니오	네(?)	네
달러 매도 환율	1050원	1080원	1090원	1080원

292 쪽

구 분 / 환 율	1050원	1100원	1120원
1060원 녹아웃(배리어: 1105원) 콜옵션	아니오	네	네(?)
1060원 녹아웃(배리어: 1105) 풋옵션	네	아니오	아니오(?)
달러 매입 환율	1060원	1060원	1120원

294 쪽

구 분 / 환 율	1020원	1060원	1100원
1080원 녹아웃(배리어: 1030원) 풋옵션	네(?)	네	아니오
1080원 녹아웃(배리어: 1030원) 콜옵션	아니오(?)	아니오	네
달러 매도 환율	1020원	1080원	1080원

참고문헌

I. 국내문헌

⊙ 금융감독원(2002), 『알기쉬운 외환리스크관리』, 탑존

⊙ 금융감독원(2003), 『기업 외환리스크 관리 세미나 자료』

⊙ 강철준(1998), 『금융선물 · 옵션거래』, 경문사

⊙ 권성일(2004), 『금융기관의 기업금융설계와 위험분석』, 한국금융연수원

⊙ 김수제(2005), 『나는 외환시장으로 간다』, 한스미디어

⊙ 김운섭(2005), 『외환딜링』, 한국금융연수원

⊙ 노덕현(2003), 『기업 환리스크 관리』, 두남

⊙ 다케나카 마사하루 · 구보타 마코토(1992), 『통화옵션전략』, 매일경제신문사

⊙ 박정수 · 정경태 · 이철민(2000), 『고급파생금융상품의 실무』, 형설

⊙ 박재인 · 오세돈(2003), 『엑셀로 쉽게 배우는 VaR 환리스크 관리』, 세경사

⊙ 성용모(2003), 『 외환위험관리 』, 형설

⊙ 성태홍 · 정해근 · 최도성(2003), 『파생금융상품과 금융위험관리』, 경문사

⊙ 윤창현(2004), 『파생금융상품론』, 도서출판 경문사

⊙ 윤채현(2000), 『환율을 알아야 재테크에 성공한다』, 도서출판 불소리

⊙ 윤채현 · 박준민(2009), 『지금 당장 환율공부 시작하라』, 한빛비즈㈜

⊙ 이명석 · 이성돈 · 정대용 · 정경태(2003), 『외환관리실무』, 한국무역협회

⊙ 이성열(2009), 『지금 당장 환위험을 관리하라』, 한빛비즈㈜

⊙ 이진순(2003), 『한국경제: 위기와 개혁』, 21세기북스

⊙ 이참수 · 정기성(2002), 『BIS와 금융기관 경영관리』, 두남

⊙ 이창복 · 윤창현(2000), 『금융선물 · 옵션거래』, 한국금융연수원

⊙ 지호준(2000), 『외환관리』, 경문사

⊙ 최기억(2005), 『환율지식은 모든 경제지식의 1/3』, 기획출판 거름

⊙ 최영한(2005), 『스왑』, 한국금융연수원

⊙ 최원근 · 고종문 · 소영일(1999), 『 금융옵션』, 박영사

⊙ 한국경제신문(2007), 기사

⊙ 한완선(2002), 『금융스왑의 이해』, 두남

Ⅱ. 외국문헌

- Alan McDougall(1999), 「*Mastering Swaps Markets*」, Prentice Hall
- Dunnan Pack(1993), 「*Market Movers*」, Warner Books
- Gavin Gary and John Watson(1995), 「*The Swaps Compendium*」, Euromoney Publications
- John C. Hull(2000), 「*Options, Futures, and Other Derivatives, 4th edition*」, Prentice Hall
- Kevin B. Connolly(1999), 「*Buying and Selling Volatility*」, John Wiley & Sons
- Philippe Jorion(1997), 「*Value at Risk*」, Irwin
- Satyajit Das(1994), 「*Swap & Derivatives Financing, revised edition*」, McGraw-Hill
- Sheldon Natenberg(1994), 「*Options Volatility & Pricing*」, Irwin

■ **저자 김 운 섭**

- 경북대학교 인문대학 영어영문학과 졸업
- 연세대학교 경영대학원 경제학과 졸업
- 뱅크오브아메리카 서울지점 자금부
- LG종합금융 국제금융팀
- 크레디리요네은행 서울지점 자금부
- (현)한국금융연수원 겸임교수

■ **저서**

- 『수출입 및 환리스크관리』, 공저, 한국금융연수원(2013)
- 『파생금융상품의 이해』, 공저, 한국금융연수원(2009)
- 『외환딜링』, 한국금융연수원 (2004)
- 『외환실무』, 공저, 형설(2000)

환리스크 관리

초판 1쇄 인쇄	2005년 10월 27일
전정 5판 1쇄	2025년 6월 17일
저 자	김운섭
발 행 인	이준수
발 행 처	한국금융연수원 출판미디어사업부 (03053) 서울특별시 종로구 삼청로 118
전 화	02)3700-1500
팩 스	02)3700-1530
홈 페 이 지	www.kbi.or.kr
등 록	1990년 4월 20일(제1-1040호)

〈정가 : 25,000원〉 ISBN 978-89-287-8269-7 13320

※ 본 도서는 한국금융연수원과 허가 없이 무단 전재 또는 복사를 금하며, 적발시 저작권법에 의하여 민 · 형사상의 책임 및 징역·벌금 등의 불이익을 당할 수 있습니다.

※ 도서의 오류내용(오탈자 등)을 제보해주시어 채택되신 분께는 소정의 상품을 보내드리오니 독자 여러분들의 많은 참여 바랍니다.(상세정보는 www.kbi.or.kr 참조)

※ 본 도서의 내용은 한국금융연수원의 견해와 다를 수 있습니다.

한국금융연수원 자격검정시험 안내

• 「국가공인자격」은 자격기본법에서 정한 기준과 절차에 따라 국가가 공인한 자격으로 신용분석사, 여신심사역, 국제금융역, 자산관리사(FP), 신용위험분석사(CRA), 외환전문역 I종, 외환전문역 II종 등 7개의 자격이 있습니다.

• 「자체인증자격」은 우리 원이 인정, 수여하는 자격으로 공개시험형 자체자격인 프라이빗 뱅커(CPB), 은행텔러, 영업점 컴플라이언스 오피서(은행)(보험)(증권), KBI 금융DT 테스트, 자금세탁방지 업무능력 검정시험 등 7개 자격이 있습니다.

구분	자격명 (공인/등록번호)	응시료	자격소개
국가공인자격	신용분석사 (제2024-1호) (2008-0438)	전과목 : 66,000원 1부 : 28,000원 2부 : 39,000원	금융회사의 여신관련 부서에서 기업에 대한 회계 및 비회계자료 분석을 통하여 종합적인 신용상황을 판단하고 신용등급을 결정하는 등 기업신용 평가업무를 담당하는 금융전문가
	여신심사역 (제2024-2호) (2008-0439)	전과목 : 66,000원 1부 : 28,000원 2부 : 39,000원	금융회사의 여신심사 담당자로서 경제상황과 기업의 재무, 비재무상태 등을 분석, 파악하여 적정한 대출심사 의견서 작성, 대출이율 및 대출기간 결정 등 대출실행 여부를 판단하고 자금의 효율적 운용, 대손 방지를 위한 제반조치, 여신의 법률적 검토, 사후관리업무 등 여신업무와 관련한 종합적인 업무를 수행하는 금융전문가
	국제금융역 (제2021-1호) (2008-0440)	전과목 : 66,000원 1부 : 33,000원 2부 : 33,000원	금융회사의 국제금융 관련 부서에서 국제금융시장의 동향파악, 분석 및 예측 등을 통하여 외화자금의 효율적 조달과 운용업무를 담당하고 이에 따른 리스크관리 등 국제금융 관련 업무를 수행하는 금융전문가
	신용위험분석사(CRA) (제2023-2호) (2008-0442)	1차 : 77,000원 2차 : 88,000원	금융회사 및 기업신용평가기관 등에서 개인과 기업에 대한 신용상태를 조사평가하고 신용위험을 측정 · 관리하는 여신전문가
	자산관리사(FP) (제2020-1호) (2008-0441)	전과목 : 55,000원 1부 : 28,000원 2부 : 28,000원	금융회사 영업부서의 PB(Private Banking) 팀에서 고객의 수입과 지출, 자산 및 부채현황, 가족상황 등 고객에 대한 각종 자료를 수집, 분석하여 고객이 원하는 Life Plan 상의 재무목표를 달성할 수 있도록 종합적인 자산설계에 대한 상담과 실행을 지원하는 금융전문가
	외환전문역 I종 (제2020-1호) (2008-0436)	전과목 : 55,000원	금융회사의 외환업무 중 외국환 거래 법규 및 외환거래실무를 이해하고 고객의 외화 자산에 노출되는 각종 외환 리스크를 최소화시키는 등 주로 개인 외환과 관련된 직무를 담당
	외환전문역II종 (제2020-1호) (2008-0436)	전과목 : 55,000원	금융회사의 외환업무 중 수출입업무 및 이와 관련된 국제무역규칙을 이해하고 외환과 관련된 여신 업무를 수행하는 등 주로 기업 외환과 관련된 직무를 담당
자체인증자격	은행텔러 (2008-0437)	전과목 : 55,000원	창구에서 일어나는 제반업무에 대해 신속하고 친절한 업무수행과 정확한 업무처리로 고객에게 도움을 주고 상담을 통해 문제해결을 하도록 도와주는 금융전문가
	영업점 컴플라이언스 오피서(은행) (2010-0118) (보험, 증권) (2013-0702,0703)	전과목 : 각 44,000원	금융회사의 영업점에서 준법관련 법규와 감독기관의 감독규정이 정한 내용과 취지를 충분히 이해하고 업무 수행과정에서 이를 준수하며, 영업점에서 발생 가능한 금융사고 및 민원사항이 발생하지 않도록 사전적 예방 차원에서 그 준수사항의 이행을 점검하는 금융전문가(은행, 보험, 증권 분야별로 자격이 구분됨)
	프라이빗뱅커 (CPB) (2018-004091)	1차 : 110,000원 2차 : 342,000원 (실무교육)	개인고액자산가의 자산 및 수익증대를 실현하기 위해 금융분야 전반에 걸쳐 종합적인 금융상담과 실행을 지원할 수 있는 최고급 수준의 금융자산설계전문가
	KBI 금융DT 테스트 (2021-001872)	전과목 : 44,000원	금융인 및 예비금융인을 대상으로 디지털금융 전반에 대한 기본지식과 업무활용능력 등 금융DT 관련 기본역량 평가
	자금세탁방지 업무능력 검정시험 (2023-004792)	전과목 : 66,000원	금융시스템을 이용한 자금세탁행위와 공중협박자금조달행위를 적발 및 예방할 수 있는 전문적인 업무역량 평가

소비자 알림사항

• 상기 "프라이빗뱅커(CPB)", "영업점컴플라이언스 오피서(은행)(보험)(증권)", "KBI 금융DT 테스트", "은행텔러", "자금세탁방지 업무능력 검정시험" 자격은 자격기본법 규정에 따라 등록한 민간자격으로, 국가로부터 인정받은 공인자격이 아닙니다.
• 민간자격 등록 및 공인 제도에 대한 상세내용은 민간자격정보서비스 (www.pqi.or.kr)의 '민간자격 소개'란을 참고하여 주십시오.

기타

• 응시료 환불 규정 : 접수기간 중 100%, 접수기간 종료 후 시험일 5일전 18시까지 50% 환불/이후 환불 불가
• 자격 공인번호는 재공인시점에 따라 변경될 수 있으며, 응시료, 환불규정 등은 응시 시점에 따라 변경될 수 있으니 자격시험 응시 전 반드시 한국금융연수원 홈페이지에서 응시하고자 하는 자격시험에 관한 최신 정보를 확인하시기 바랍니다. 자격시험에 관한 자세한 사항은 한국금융연수원 홈페이지를 참조하시기 바랍니다.
• 주소 : 서울특별시 종로구 삼청로 118 / TEL : 02-3700-1500 / 홈페이지 : www.kbi.or.kr